Kellie Lail

P9-DDI-799

Auf geht's!

beginning German language and culture
third edition

live oak multimedia

created by:

Lee Forester and David Antoniuk

research, writing, and production by:

Lee Forester

David Antoniuk

Christina J. Wegel

Samantha Michele Riley

Pennylyn Dykstra-Pruim

Jacob Douma

photography by:

David Antoniuk

distributor:

evia learning

www.aufgehts.com

Auf geht's!

Copyright © 2005, 2009, and 2015 by Live Oak Multimedia, Inc.

First edition, 2005.
Second edition, 2009.
Third edition, 2015.

Published by:
Live Oak Multimedia, Inc.
www.liveoakmm.com

Distributed by:
Evia Learning, Inc.
www.evialearning.com

Photographs copyright © 2005, 2009, and 2015 by David Antoniuk, except for the following photographs (and other realia) as noted:

pp. 14, 30, 213, 281, 285: Unknown photographers. **pp. 139 (i), 179, 238 (a)**: agency-x, Wolfgang Moreis. **p. 125**: text; adapted from www.de.travel.yahoo.com. **p. 144**: text; www.mitfahren.de. **p. 162**: text; adapted from www.waldorfschule.de. **pp. 189-190, 192**: texts; adapted from http://europa.eu. **p. 201**: text; information from www.bern.ch. **p. 224**: text; information from www.bmg.bund.de. **p. 234**: nurTV, Gong Verlag GmbH. **p. 260**: texts; Deutsches Rotes Kreuz e.V.; WWF Deutschland; Habitat for Humanity, Deutschland e.V. **p. 272**: text; Achim Schmidtmann. **p. 274**: Ernst Haas, Getty Images. **p. 282**: NARA, 260-MGG-1061-1. **p. 283**: NARA, ARC_91079. **p. 285**: text; adapted from www.bundespraesident.de. **p. 286**: NARA, ARC_541692. **p. 287**: text; information from www.dhm.de. **p. 294**: text; http://idw-online.de/pages/de/news30342.

Auf geht's! is sponsored in part by the Fund for the Improvement of Postsecondary Education (FIPSE), U.S. Department of Education.

All rights reserved. No part of this book shall be reproduced, stored in a retrieval system, or transmitted by any means, electronic, mechanical, photocopying, recording, or otherwise, without written permission from the publisher. Although every precaution has been taken in the preparation of this book, the publisher and author assume no responsibility for errors or omissions. Nor is any liability assumed for damages resulting from the use of the information contained within.

ISBN 978-1-886553-47-7

9   8   7   6   5   4   3   2   1

Printed in China

Bodensee, Lindau

An dieser Stelle möchten wir ganz herzlich den vielen Beteiligten danken, die bei der Informationssammlung mitgeholfen und insbesondere an den Interviews teilgenommen haben. Ohne diese freundliche Unterstützung wäre ein solches Projekt gar nicht möglich gewesen.

Special thanks to those who've contributed with texts, comments, testing, and encouragement:

Richard Langston
Samantha Riley
Jill Gabrielsen-Forester
Brigitte Rossbacher
Elizabeth Schreiber-Byers
Jennifer Orr
Nick Ostrau
Susanne Gomoluch
David Cunningham
Joseph Magedanz
Hartmut Rastalsky

Christine Bodden
Patience Graybill
Sara Budarz
Greta Wirtz
Marlies Hofer
Brian Gibbs
Barbara Gügold
Giselher Klose
Federica Guccini
Sandra Günther
Diana Rosenhagen

Charlotte Werrmann
Julia von Bodelschwingh
Andrea Dortmann
Helene Zimmer-Loew
Donna Van Handle
Bob Fischer
Eva Meilaender
Karin Schuerch
Jiri Burgerstein
Theodor Rathgeber
UNC Chapel Hill TAs

And we remain indebted to the people at FIPSE for their support and encouragement with the 1st edition (2001-2004), though some have now moved on: Mike Nugent, Frank Frankfort, and the rest of the staff.

Table of Contents

Grammatik – Table of Contents

An introduction to *Auf geht's!*

Welcome to *Auf geht's!*. We are excited to have you with us!

Auf geht's! has two overarching goals: **cultural proficiency** and **language proficiency.** We hold both goals as equally important for foreign language courses. We hope students finish this first year with a basic proficiency in German, but we also hope they come away with a working knowledge of the German-speaking world, able to connect on a personal level with native speakers (even if it be in English!).

Auf geht's! is a **content-based curriculum**, meaning that cultural topics are the organizing factor of the course sequence. Language instruction serves the purpose of equipping students with the linguistic tools necessary to interact around cultural topics; grammar is not the focus of the course. Cultural topics begin with the individual and what is immediate to students (family and friends, student life and pastimes), moving outward to the community and city (restaurants and night life, work and health) and to the nation and world (celebrations and stereotypes, traveling at home and abroad). Students will be asked to share opinions and experiences, write reactions and essays and do all sorts of language tasks, but always around specific cultural content.

Where does this cultural content come from? **Hundreds of hours of interviews** with individuals from the German-speaking world provide the cultural content for *Auf geht's!*. On a daily basis, students will work with these interview texts, both in written and audio forms, analyzing and negotiating content and exploring the use of language. These interviews not only provide a wealth of cultural information but also serve as rich sources of linguistic input for the language learner.

Our language proficiency goal for this first-year course is the **intermediate-low level according to the ACTFL proficiency guidelines (2012)**. What this means is that by the end of the year-long course, students should be able to "express personal meaning by combining and recombining what they know (…) into short statements and discrete sentences" on topics related to "basic personal information (…) and some immediate needs." This goal is achieved in *Auf geht's!* through task-based activities that require students to express themselves in German in relation to a cultural topic and by providing a variety of models that serve as aids to student production.

Auf geht's! also includes **professional photographs** from our own bank of over 80,000 photos taken expressly for this project, capturing moments of everyday life in the german-speaking world. Simply by thumbing through the *Lernbuch*, users can appreciate the content and the quality of these photographs. Instructors will also find these visuals instrumental for classroom conversations or activities.

Our greatest hope is that this course be a **life-changing experience** for students and instructors. First-year German!? Life-changing!? Exactly. For us, beginning German is not merely a "service course" to meet core graduation requirements. We believe that by engaging the cultures, as well as the language, students will have transformative experiences in the classroom. Whether students choose to continue in German or not, we hope that the cultural and language formation they receive through *Auf geht's!* allows them to appreciate and value the German-speaking cultures and gracefully navigate intercultural interactions.

München

How it works

What is *Auf geht's!*

The *Auf geht's!* program emphasizes both language and culture, using three equal but distinctive elements: interactive software, this *Lernbuch*, and time in class.

Interactive

To prepare for class, work first with the interactive software to get introduced to new words and cultural information you need to communicate effectively.

Lernbuch

After completing the software, work in this book to practice vocabulary, express yourself in writing and read authentic German texts. The *Lernbuch* also contains classroom activities; bring it to class each day.

Class time

In class, you will work on your speaking and listening skills as well as learn from the others in the class and from the instructor.

Learning strategies

Ultimately, you need to figure out how you learn best. Here are a few tips:

Attersee, AT

Spread it out

It is much more efficient to study in frequent, shorter sessions than to cram everything into a mega-session once a week.

Review

Learning a new word or phrase usually takes at least 60 successful recalls or uses. You can never review too much!

Ask questions

Communicate with your instructor when you are unclear on the language, culture or what you are supposed to do for class.

Make connections

If you don't know any German speakers, go meet some. There is no substitute for real people and real relationships.

Lernbuch icons

Here are some explanations of the icons you'll encounter when using the *Lernbuch*.

In-class activities

Whenever you see this icon, it's time for some small group conversation practice (your instructor will tell you the specifics).

Writing assignment – use separate paper

This involves a writing activity to be done on a separate piece of paper, either by hand or in a word processing program.

Ich heiße…

Model text

German text in the faint red box is either a model or a sentence starter, with tips for completing the task.

Writing box

Writing boxes are for just that: writing! Because of the way your brain processes information, there is no replacement for writing things by hand when learning a new language.

Mittwoch Freitag…

Tip box

Tip boxes contain useful hints for either speaking in class or working on your writing assignments in the *Lernbuch*.

1.1 Hallo!

Culture: Greetings / What is culture?
Vocabulary: Alphabet & numbers
Grammar: Subject pronouns / present tense

A. Guten Tag! Write an appropriate greeting from the first blue box for each time of day listed. Then answer the questions that follow. Keep in mind that German schedules use a 24-hour clock: 13.00 is 1:00 PM.

Guten Morgen!	Guten Tag!	Guten Abend!
9.00		21.15
15.00		7.30
11.00		13.00

Hallo!	Tschüss!	Auf Wiedersehen!

How do you say hello to other
students in class?

How do you say goodbye to other
people in class?

How do you greet and say goodbye
to your instructor?

B. Hallo! Practice the following brief exchange with a partner. Then, when everyone can do it relatively quickly, go around the class and meet as many people as you can in German! Make sure to give a quick, firm handshake when you first meet!

Note: *ß* is pronounced like
'ss', so *heiße = heisse.*

Student 1:

Hallo!

Ich heiße [Name] .

Freut mich!

Tschüss!

Student 2:

Hallo!

Ich heiße [Name] .

Freut mich auch!

Tschüss!

C. Das Alphabet Practice repeating the German alphabet, led by your instructor. You can learn how to pronounce German letters on your own, too, in the *Auf geht's!* interactive.

Note: To pronounce *ü*, say the German letter *I* (rhymes with 'see') but round your lips like you are saying the German letter *U* (rhymes with 'do').

D. Wie schreibt man das?

Take turns with your partner spelling one word from each group. Circle the word your partner spells.

1	2	3
zwei	eins	sie
drei	auf	sah
sei	aus	so

4	5	6
zehn	Alphabet	Wiedersehen
Zahn	Aussprache	wie heißen
Zoo	Anfang	woher

7	8	9
kann	wie	Laute
kennt	viel	Leute
konnte	Vieh	Lieder

E. Buchstabierwettbewerb

Practice pronouncing these words with your instructor. Then spell the words aloud with a partner following this example:

> Student 1: Wie schreibt man Frankfurter?
> Student 2: Frankfurter. F-r-a-n-k-f-u-r-t-e-r. Frankfurter.
> Student 1: Richtig! / Falsch!

Semester	Sauerkraut	Audi	Berlin
Kindergarten	Frankfurter	Spiel	Volkswagen
Kindermusik	Bratwurst	Kuchen	Mercedes
Einstein	Knoblauch	Schwarzkopf	Porsche

F. Namen

With a partner, go back and forth pronouncing a name from each group below. Circle the name your partner says and spell it out. Then alternate pronouncing the remaining names.

1	2	3
Jan	Sabine	Ernst
Julia	Sebastian	Elsa
Jonas	Simon	Elizabeth

4	5	6
Bettina	Ralf	Heike
Bernd	Rudolf	Helmut
Birgit	Renate	Holger

7	8	9
Armin	Leo	Charlotte
Astrid	Lukas	Christian
Andrea	Lotte	Claudia

G. Zahlen

Review counting from zero to ten in German using finger counting the German way (see the *Auf geht's!* interactive). Then test a partner by holding up your fingers to represent a number between 0 and 10. Have your partner say the correct number *auf Deutsch*!

H. Was verbindest du mit Amerika?

Circle the word in each pair that you think better represents the USA culturally.

Ein Big Mac oder ein Hot Dog

Baseball oder NASCAR

Country-Musik oder Hip Hop

Ein SUV oder ein Pick-Up

USA Today oder Facebook

Wall Street oder das Pentagon

Los Angeles, Chicago oder New York

Now compare your responses with a partner:

Mit Amerika verbinde ich eher X als Y.

Ja, ich auch! / Nein, ich nicht.

I. Schilder

Take turns with a partner choosing an image and saying the numbers you see in that image as single digits. Your partner listens and points to the image you are looking at.

J. Was sagst du?

Write out how you would respond to the following prompts.
Practice these aloud so that you can use them in class.

Hallo!

Wie heißt du?

Woher kommst du?

Wie alt bist du?

K. Sich kennenlernen

Using the questions in activity J, interview several other students, noting down each one's name, home city and age in the boxes provided.

Name	Heimatstadt	Alter

L. Super!

Answer the questions about your favorite *Lieblingsdinge* in the spaces provided.
You will be sharing your answers in class.

Was ist dein Lieblingsrestaurant?   Mein Lieblingsrestaurant ist   .

Was ist dein Lieblingsfilm?   Mein Lieblingsfilm ist   .

Was ist deine Lieblingsstadt?   Meine Lieblingsstadt ist   .

Was ist deine Lieblingsband?   Meine Lieblingsband ist   .

Was ist dein Lieblingsvideo-   Mein Lieblingsvideospiel ist   .
oder Computerspiel?

M. Interview

Ask a partner the questions from activity L and listen for his or her answer. Feel free to respond in German.

Natürlich!	*Of course!*
Wie bitte?	*What?*
Interessant…	*Interesting…*

Bad Griesbach

N. Begrüßungen   You are learning that German has formal and informal ways of speaking. Write appropriate hellos and good-byes between the people below at the time of day indicated and with the level of formality or informality required.

		hello	*goodbye*
9.00 Uhr	Ulrike and her boss at work		
15.00 Uhr	Uwe and Kristin in class		
6.45 Uhr	Frau Möller and Frau Schröder at the bakery		
20.00 Uhr	Professor Lauwitz and a student after a seminar		
13.00 Uhr	Herr Kranz and Frau Lange at the office		
16.00 Uhr	Susanne and her mother at a café		

O. Rate mal!   German and English are closely related languages. Read the German words below aloud and write your guess of their meaning in English in the boxes provided.

Licht

Feuer

Leder

Blumen

Rotes Kreuz

Altpapier

Wetterstation

P. Sara stellt sich vor

Sara introduces herself below. With a bit of thought, you can make some educated guesses about what new German words mean from the context (not always, but often). It helps that German and English are closely related and share many words in common, even though they look somewhat different at first. Read through what Sara says and answer the questions.

Sara (Bad Homburg, DE): Also ich heiße Sara. Ich komme aus Bad Homburg und meine Eltern sind aus Italien. Also meine Mama ist Halbitalienerin und mein Papa ist ganzer Italiener. Ich bin 16 Jahre alt, ich habe auch eine Schwester und sie ist 18 und wir fahren eigentlich jedes Jahr nach Italien meine Großeltern besuchen, weil die da alle wohnen. Und auch meine restliche Familie wohnt in Italien, nur ein paar wohnen hier in Deutschland.

1. Sara describes her *Mama* and *Papa* as *Eltern*. What do you think *Eltern* means? Does it seem like an English word?

Grandparents? sounds like enderly

2. Sara mentions the country *Italien*. What country do you think that is?

3. From the context, what do you think *Halbitalienerin* means? What about *ganzer Italiener*?

4. Sara mentions a family member who is a *Schwester*. What could that be in English?

5. If *sechs* = 6 and *zehn* = 10, what do you think *sechzehn* means?

6. With what you have deduced about *Eltern*, and Sara's family traveling to *Italien* for a visit, what do you think *Großeltern* could be?

7. *Familie* obviously means family. What do you think *restliche Familie* could mean from the context?

Q. Sich vorstellen

Using all the language tools (words, phrases, sentences) you have encountered so far, write a brief introduction of yourself covering such elements as: name, age, favorite restaurant, favorite film, favorite music group, or favorite anything now that you know how to use *Lieblings-*.

1.2 Wer sind Sie?

A. Persönliche Daten   Respond to the questions in full sentences.

1. Wie heißt du?

2. Wie alt bist du?

3. Wie heißen deine Eltern[1]?

4. Wie ist deine Adresse zu Hause?

5. Wie ist deine Handynummer?

6. Wie heißt dein(e) Dozent(in)[2] für Deutsch?

---

1 *parents*
2 *instructor*

B. Formular   Write down six pieces of information in English that you would expect to provide when filling out some kind of official form.

Now work with a partner to complete as much information about yourself as you can on this German application form. Try to guess the meaning of words from context. Look up words on the internet if you are really stuck.

Anmeldung	Zu meiner Person:	
Name	ggf. Geburtsname	Vorname
Geburtsort	Geburtsdatum	Geschlecht – bitte ankreuzen m ☐ w ☐ x ☐
Staatsangehörigkeit	(bitte entsprechend int. Kfz-Kennung eintragen, z.B. F=Frankreich, D=Deutschland, CZ=Tschechien)	Telefon / E-Mail
Straße/Haus-Nr.	PLZ	Wohnort

1. What do you think the difference is between *Name* and *Vorname*?

2. What do you think *Geburtsname* means?

3. What do you think *Geschlecht* means?

4. *PLZ* is an abbreviation for *Postleitzahl*. What do you think it means?

die Geburt – *birth*
der Ort – *place*
der Staat – *country*

C. Buchstabieren

Spell one of the words in each column for your partner and have your partner circle the one you spell. Then spell the remaining two words together.

1	2	3	4
kann	Zehen	Sie	Wien
kennt	sehen	sei	Wein
Kunde	sahen	zieh	wann

5	6	7	8
holen	wie	wie alt	Pizza
Höhle	Vieh	wie ist	Peter
höher	weil	wieder	Pate

D. Aussprache

Pronounce the words below. Guess what they mean.

Italien

Jamaikaner

Ozean

Belgien

Europa

Spanien

Großbritannien

Kassel Weltmeisterschaft Party

E. Fragen

Complete the questions and answers below. Practice reading them aloud.

Information	Frage	Antwort (about you)
Name	Wie heißt du ?	Ich heiße Kellie
Adresse	Wie ist deine Adresse ?	Meine Adresse ist 2014 N Park Drive
Handy	Wie ist deine Handynummer?	Meine Handynummer ist 591-2861
Alter	Wie alt bist du ?	Ich bin neunzehn Jahre alt
Wohnort	Wo wohnst du ?	Ich wohne in Stillwater
Semester	Wie viele Semester studierst du schon?	Ich studiere schon vier Semester.
Geburtsort	Wo bist du geboren ?	Ich bin in Lawton geboren.

F. Interview

Exchange information with two students in class. Practice asking and answering (numbers, letters and all) in nice German sentences. Take notes for exercise G below.

Name	moddy stillwater	chrischen stillwater
Wohnort	neunzehn	zwanzig
Alter		
Zahl der Semester	drei	
Adresse an der Uni	43	
Telefonnummer		240 3878
Geburtsort		
Lieblingsrestaurant		
was ist dein Lieblingsfilm	Perks of being a wallflower	pulp fiction

G. Berichten

Report the info you recorded in the exercise above.
Here are some helpful phrases for reporting:

Prompts	Responses
Name	Das ist…
Wohnort	Er / Sie wohnt in…
Alter	Er / Sie ist… Jahre alt.
Zahl der Semester	Er / Sie studiert schon… Semester.
Adresse	Er / Sie wohnt in der… Straße…
	(*or*) Seine / Ihre Adresse ist…
Telefonnummer	Seine / Ihre Telefonnummer ist…
Geburtsort	Er / Sie kommt aus…
Lieblingsrestaurant	Sein /Ihr Lieblingsrestaurant heißt…

Here are a few more tips:

1. To say 'his' instead of 'he', use *sein* instead of *er*: *sein Lieblingsrestaurant, seine Adresse*

2. To say 'her' instead of 'she', use *ihr* instead of *sie*: *ihr Lieblingsrestaurant, ihre Adresse*

3. Don't forget to use the correct verb form, based on the subject:
    ich wohne → *er/sie wohnt*   *ich* **bin** → *er/sie* **ist**   *ich studiere* → *er/sie studiert*

H. Zahlen von 0 bis 20   Write the correct numeral equivalent of each number below.

elf

fünf

neunzehn

vierzehn

zwanzig

sechzehn

null

zwei

siebzehn

neun

Inning am Ammersee

I. Zeig mal!   In pairs, take turns saying any of the numbers below and see how fast your partner can point to it.

1	2	3	4	5	6	7	8	9	10
11	12	13	14	15	16	17	18	19	20

J. Mathe   Take turns with your partner solving the math problems below and saying them aloud.

$2 + 13 = 15$	Zwei plus dreizehn ist gleich fünfzehn.
$12 - 1 = 11$	Zwölf minus eins ist gleich elf.
$4 \times 2 = 8$	Vier mal zwei ist gleich acht.
$15 \div 3 = 5$	Fünfzehn geteilt durch drei ist gleich fünf.

1. $6 + 12 =$
2. $7 + 9 =$
3. $11 + 8 =$
4. $15 + 2 =$

5. $14 - 10 =$
6. $20 - 7 =$
7. $15 - 7 =$
8. $19 - 2 =$

9. $3 \times 5 =$
10. $6 \times 3 =$
11. $4 \times 4 =$
12. $7 \times 2 =$

13. $20 \div 5 =$
14. $18 \div 3 =$
15. $12 \div 6 =$
16. $10 \div 2 =$

K. Wo wohnst du?   Ask four classmates for their home address. Be sure to get the correct numbers and spelling of the street name *auf Deutsch*.

Wo wohnst du?
Ich wohne in der Craig-Straße 211 in Chattanooga.

Name	Straße und Hausnummer	Wohnort

L. Sich vorstellen   Read the short introductions here and answer the questions below.

Torgunn: Ja, ich bin Torgunn Raske. Ich komme aus Oldenburg, das ist in Nordwestdeutschland, bin zwanzig Jahre alt und studiere Englisch und Sport.

Marinko: Also, mein Name ist Marinko Novak. Ich komme aus Kroatien. Ich bin dreiundfünfzig Jahre alt, verheiratet, habe zwei Kinder und lebe und arbeite seit 1971 in Frankfurt.

Henning: Also, ich heiße Henning Hauer. Geboren bin ich in Darmstadt. Ich wohne und arbeite in München. München liegt in Bayern. Ich habe eine Frau, bin verheiratet also. Und eine Tochter, die im Moment zweieinhalb Jahre alt ist.

Nicole: Ja, ich komme aus Bad Harzburg in der Nähe von Göttingen und ich studiere in Göttingen Wirtschaftspädagogik und Englisch auf Lehramt[1].

Stephanie: Also, ich heiße Stephanie Graner, komme aus Erfurt. Das ist in Thüringen, in Ostdeutschland. Ich studiere in Göttingen in Westdeutschland. Das ist so im Norden. Und ich bin zweiundzwanzig Jahre alt.

Peter: Ja, mein Name ist Peter Fiedler. Ich komme aus Uslar in der Nähe von Göttingen. Ja, ich bin Student, ich studiere Englisch und Biologie auf Lehramt.

---

1   auf Lehramt studieren – *to study to be a teacher*

1. Wer hat Kinder?   *Marinko, Henning*

2. Wer studiert?   *Torgunn, Nicole, Stephanie, Peter*

3. Wer kommt aus Ostdeutschland?   *Stephanie*

4. Wer ist verheiratet?   *Marinko, Henning*

5. Wer ist 20 Jahre alt?   *Torgunn*

6. Wer studiert Englisch?   *Torgunn, Nicole, Peter*

7. *Find and circle the following words or phrases in German in the texts, and write them in the spaces provided. Try not to use a dictionary!*

English	German
married	*verheiratet*
daughter	*Tochter*
near	*in der Nähe*
in the north	*im Norden*
children	*Kinder*
two and a half	*zweieinhalb*

Salzburg, AT

8. *What are two other ways they share their name besides* Ich heiße?

Also mein Name ist
Ja, ich bin

9. *How do these six people start their responses? How do you start answering a question in English?*

They start by introducing themselves while I usually just answer a question.

Look through the texts again and underline every verb that has ich *as its subject. Then double-underline every verb that has a different subject and draw an arrow to the subject.*

M. Aussprache

Practice pronouncing these words carefully with a partner, saying each syllable clearly. Spoken German tends to pronounce each syllable without reducing it as can happen in US/Canadian English. Work particularly on difficult words such as the ever-popular *Psychologie*. In the box before each word, write the number of syllables you think the word has.

Biologie	Informatik	Theaterwissenschaft
Chemie	Pädagogik	VWL
BWL	Philosophie	Soziologie
Französisch	Politikwissenschaft	Maschinenbau
Geschichte	Psychologie	Geologie

N. Was ist das?

Practice terms for fields of study with a partner. Say the first part of the word, and have your partner say the whole word, as such:

Fran...   Französisch

After that is going well, do the same activity but have your partner just say the ending of the word:

Ge...   ...schichte

An...	In...	Politik...
Bio...	Kommun...	Psych...
B...	Kun...	Re...
Che...	Maschin...	So...
Deu...	Mu...	Spa...
Elektro...	Päda...	Spo...
Fran...	Philo...	The...
Ge...	Phy...	V...

Bregenz, AT

O. Ich über mich

Write a short paragraph with information about yourself on a separate sheet of paper. Include your school contact information. The model text can serve as a guide.

Ich heiße Laurie. Meine Adresse ist Bancroft Straße 2427. Meine Telefonnummer ist 397-1082. Ich bin 18 Jahre alt. Ich komme aus Kalifornien, aus Gilroy. Meine Adresse an der Uni ist Scott Hall 214. Meine E-Mail-Adresse ist laurie_4971@gmail.com.

Pronounce @ as *ett* and a period as *punkt*. You might use these additional phrases:

Meine Adresse an der Uni ist...
Meine Telefonnummer an der Uni ist...
Meine E-Mail-Adresse ist...

1.3 Wie viel?

A. Kurse und Fächer   For each subject, write S if you had it in *der Schule* and U if you took or are taking it at your college.

Biologie	Physik	Kommunikationswissenschaften
Anglistik	Religion	Politikwissenschaft
Deutsch	Geschichte	Theaterwissenschaft
BWL	Spanish	Mathematik
Chemie	VWL	Psychologie

B. Was studierst du?

Ask four classmates what their major is. If anyone doesn't have one yet, ask what she or he might want to major in.

> Was studierst du?   Ich studiere Chemie.
> Ich weiß noch nicht.
>
> Was möchtest du studieren?   Vielleicht Geschichte.

C. Was lernst du gern?   Write in three courses you enjoy and three that you find boring.

Ich lerne gern ...

Ich finde ... langweilig

D. Ich finde das langweilig   Using your preferences from 1.3C, write three sentences, two that are true and one that is not.

> Ich lerne gern Mathe.
> Ich finde Geschichte interessant.
> Ich finde Biologie langweilig.

E. Wie schreibt man das?   Take turns with a partner spelling one word from each column. Circle the word your partner spells. Then alternate spelling the remaining two words.

1	2	3	4	5	6	7
Kirche	der	machen	Kiel	springen	Ziel	rauchen
kehren	das	Mädchen	Kehle	sprechen	Zoll	riechen
Küche	Durst	müssen	kahl	Sprachen	zählen	rächen

F. Schwer oder leicht?   Take turns with a partner saying various majors and responding *Das ist schwer!* or *Das ist leicht.*

> *Example:*
> Französisch   Das ist leicht!

G. In die Ecke!   Your instructor will name two choices of possible majors and point to different corners of the room for each. Choose the one you prefer by moving quickly to the corner designated. No slacking!

Rathaus
12   30

Bärengraben
Seminar
▮ Schosshalde
Zentrum Paul Klee

Läuferplatz
Marzilistrasse
▮ Dampfzentrale

H. Zahlen   Working with a partner, take turns reading a number from this list. Your partner must point to the number you read as quickly as possible.

10	21	30	42	51	62	70	83	90
13	22	33	43	52	63	71	84	91
16	24	35	44	56	66	73	87	92
17	27	36	47	58	67	77	88	95
19	28	39	48	59	68	79	89	97

I. Verben   Choose an appropriate verb for each blank, and make sure the verb form matches the subject!

wohnen	heißen	sein	kommen

Meine Schwester _heißt ist_ älter als ich.

Wir _kommen_ nicht aus den USA.

Ich _wohne_ in der Burgstraße.

Woher _kommst_ der Präsident?

Meine Schwestern _seinen sind_ Joanne und Tami.

Torgunn _kommt_ aus Oldenburg.

Mein Papa _seinet_ Klaus. _heißt_

Wir _wohnen_ auf dem Campus.

J. Drei Familien

Read about three German families and answer the questions that follow.

Robert (Herne, DE): Mein Vater heißt Michael. Meine Mutter heißt Susanne. Meine Eltern kommen aus Herne zwischen[1] Dortmund und Essen. Ich wohne in Herne, studiere aber in Dortmund.

Melanie (Stuttgart, DE): Meine Mutter kommt aus Stuttgart und ist Deutsche. Mein Vater kommt aus Frankreich[2]. Ich habe eine ältere[3] Schwester. Wir sind in Deutschland aufgewachsen[4].

1 between
2 France
3 older
4 sind ... aufgewachsen – grew up

Sigrun (Wien, AT): Ich habe zwei Brüder. Sie sind ein bisschen jünger[5] als ich. Der eine Bruder ist schon verheiratet und hat zwei Kinder und der andere hat eine Freundin. Mein Vater ist Universitätsprofessor an der Technischen Universität in Wien und meine Mutter ist Lehrerin[6] in einer Schule.

5 younger
6 teacher

Wer hat Geschwister?

Wer studiert?

Wie heißt die Mutter von Robert?

Wer ist Halbdeutsche?

Wo arbeitet der Vater von Sigrun?

K. Meine Familie

Describe the age and height of your family members in the boxes below. Use the shortcuts you learned in the interactive to approximate their height in meters. Substitute other people if any do not apply to you.

Meine Mutter ist 47. Sie ist nicht alt. Sie ist 1,65m groß.

Mein Vater

Meine Mutter

Mein Bruder

Meine Schwester

Mein Großvater[7]

Meine Großmutter[8]

Mein Hund[9]

Meine Katze[10]

7 grandfather
8 grandmother
9 dog
10 cat

Aachen

L. Interview

With a partner, ask each other the questions below and fill in the information your partner gives. Your information is in activity K, of course.

Mein Vater / Meine Mutter ist verstorben.
My father / mother passed away.

Ich habe keine Brüder / keine Schwestern.
I don't have any brothers / sisters.

Wie heißt du?

Wie groß ist dein Vater?

Wie groß ist deine Mutter?

Wie alt ist dein Großvater?

Wie alt ist deine Großmutter?

Wie groß ist dein Bruder?

Wie groß ist deine Schwester?

Wie alt ist dein Hund?

Wie alt ist deine Katze?

M. GW oder NW?

For each subject listed, write GW if you think it is a *Geisteswissenschaft*, SW if you think it's a *Sozialwissenschaft* and NW if you think it is a *Naturwissenschaft*.

Chemie

Physik

Geschichte

Kunst

VWL

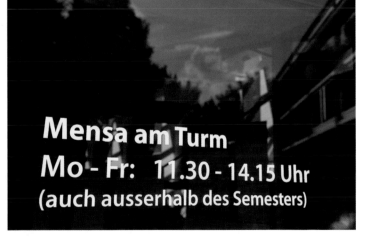

Mensa am Turm
Mo - Fr: 11.30 - 14.15 Uhr
(auch ausserhalb des Semesters)

Psychologie

Geologie

Soziologie

Biologie

Anglistik

N. Mein Studium

Read the following excerpts about university studies and answer the questions that follow.

Heiko (Eschwege, DE): Also, ich studiere hier in Göttingen Physik am Institut für Biophysikalische Chemie der Max-Plank-Gesellschaft. Ich schreibe momentan eine Arbeit über die Thermodynamik von Membranen.

Christian (Freiburg, DE): Mein Vater ist Lehrer, hier an der Schule in Freiburg und unterrichtet dort Chemie und Physik und Mathematik. Und meine Schwester studiert Germanistik und Kunstgeschichte.

Hanane (Marokko): Also, ich habe zwei Brüder, die Germanistik studiert haben. Der eine Bruder wohnt in Holland in Rotterdam und der andere ist Deutschlehrer in Marokko. Ansonsten habe ich eine Schwester, sie studiert Jura, und die andere Schwester beginnt jetzt, Anglistik zu studieren.

Martin (Idstein, DE): Also, ich heiße Martin und studiere jetzt in Göttingen Physik seit fünf Jahren. Ich habe mich ja eigentlich schon von Kind an für Physik interessiert und für Naturwissenschaften im Allgemeinen, Technik.

Göttingen

Peter (Uslar, DE): Ja, mein Name ist Peter. Ich komme aus Uslar, das ist eine kleine Stadt in der Nähe von Göttingen. Ja, ich bin Student hier in Göttingen, ich studiere Englisch und Biologie.

Wer studiert Naturwissenschaften?		Wer liest gern Literatur auf Englisch?	
Wer studiert Geisteswissenschaften?		Wer hat vier Geschwister?	
Wer studiert NW und GW?		Wer weiß viel über Chemie?	

Based on the texts above, how would you say the following sentences in German?

I'm writing a paper now about Shakespeare.

I've been studying biology for four years.

Ann Arbor is a small city near Detroit.

O. Wie fragt man?   How would you ask about the following information in German?

Name

Alter

Adresse

Geburtsort

Semester

Größe[1]

Hauptfach[2]

Handynummer

---

1   *height*
2   *academic major*

P. Interview

Interview two other students you have not yet met in your course with the questions you wrote in activity O. Be prepared to introduce the person to the class.

Großer Tiergarten, Berlin

Das ist Kevin. Er kommt aus Beaverton in Pennsylvania. Er…

Das ist Christina. Sie kommt aus Seattle. Sie…

Q. Ein Freund von mir

Pick a friend of yours to describe in some detail. Make sure to use vocabulary and structures you have learned in this unit. Things you can describe:

Wohnort	Geburtsort
Alter	Hauptfach/Kurse
Größe	Persönlichkeit

Meine Freundin heißt Carly. Sie kommt aus Florida. Sie wohnt jetzt in Colorado. Sie studiert Biologie und English an der Uni. Sie ist 19 Jahre alt. Sie lernt Biologie, Geschichte und Mathe. Sie findet Biologie sehr interessant. Sie findet Chemie sehr schwer. Carly ist intelligent und freundlich. Sie ist 1,70m groß.

1.4 Wie ist das Wetter?

Culture: Small talk
Vocabulary: Describing the weather
Grammar: Basic word order

A. Das Wetter in Deutschland

This weather map is for March 1st in Germany. Use the information on the map to fill in the first two columns below. Then check today's weather online for these German cities and fill in the remaining information. Make sure you write the date in the correct German fashion!

Es ist schön.
Es ist heiß.
Es ist kalt.
Es regnet.
Es ist bewölkt.
Es ist heiter.
Es ist windig.

Hamburg
14 / 4

Berlin
11 / 3

Köln
10 / 1

Dresden
9 / 3

Frankfurt
7 / 1

München
2 / -2

	Das Wetter am 1.3.	Die Temperaturen am 1.3.	Das Wetter heute	Die Höchsttemperatur heute
Berlin				
Hamburg				
Köln				
Frankfurt				
Dresden				
München				

B. Wie ist das Wetter in...?

Using models from 1.4A, choose two German cities and describe today's weather more completely for each one. Use as many weather phrases as you can. Impress your teacher and classmates!

Stadt 1:

Stadt 2:

C. Wetterbilder

Look at the images below and write a short caption for each one describing the weather and anything else you think is relevant. Be as thorough as possible and guess what season you think it might be.

der Frühling   der Sommer   der Herbst   der Winter

Mosel

Lueg, CH

Baden-Baden

Nordhessen

D. Ist es kalt?

With a partner, take turns reading the temperatures (in Celsius) below. Then, decide which of the following statements describes each temperature best: *es ist (sehr) warm, es ist schön, es ist (sehr) kalt.*

S1: 21 Grad.
S2: Es ist warm.

25°   -11°   31°   -1°   10°   38°

Now write six different temperatures in degrees centigrade. Alternate reading a temperature in German to your partner following the model above and having your partner respond in German whether it's (very) cold, (very) hot, or just right.

25

E. Wie ist das Wetter hier?   Check the most logical conclusion or explanation for each statement.

1. In Schleswig-Holstein ist das Gras sehr grün.

☐ Es regnet dort nie.
☐ Es regnet dort sehr viel.

2. Frankfurt am Main ist im Herbst windig.

☐ Es ist dort teils bewölkt.
☐ Es ist dort heiß.

3. Im Schwarzwald ist im Winter alles weiß.

☐ Es schneit dort oft.
☐ Auch im Winter ist es dort sehr warm.

4. In der Schweiz ist Skifahren ein Nationalsport.

☐ In den Alpen gibt es viel Schnee.
☐ Normalerweise regnet es dort im Winter.

5. Wien hat einen großen Markt im Freien[1].

☐ Das Wetter im Sommer ist sehr oft kalt und regnerisch.
☐ Im Sommer ist es oft sehr schön und warm.

Can you locate any of these places on the maps in your book?

1 *outdoor market*

F. Smalltalk über das Wetter   Although you have been in your German class now for a couple of weeks, you probably don't know everyone yet. Get up and introduce yourself to one of your classmates. Ask the questions below and also chat about the weather in your respective hometowns.

Wie heißt du?

Woher kommst du?

Ist das eine große oder eine kleine Stadt?

Was studierst du?

Was ist dein Lieblingsrestaurant?

Wie ist das Wetter in *[hometown]* im Frühling/Sommer/Herbst/Winter?

Ist es regnerisch im Frühling?

Ist es schwül im Sommer?

Ist es windig im Herbst?

Ist es kalt im Winter?

Schneit es im Winter?

G. Was fehlt?   Fill in the blanks with the missing word.

1. Januar   März

2. Donnerstag   Samstag

3. Montag   Mittwoch

4. April   Juni

5. Juli   September

6. Mittwoch   Freitag

7. Oktober   Dezember

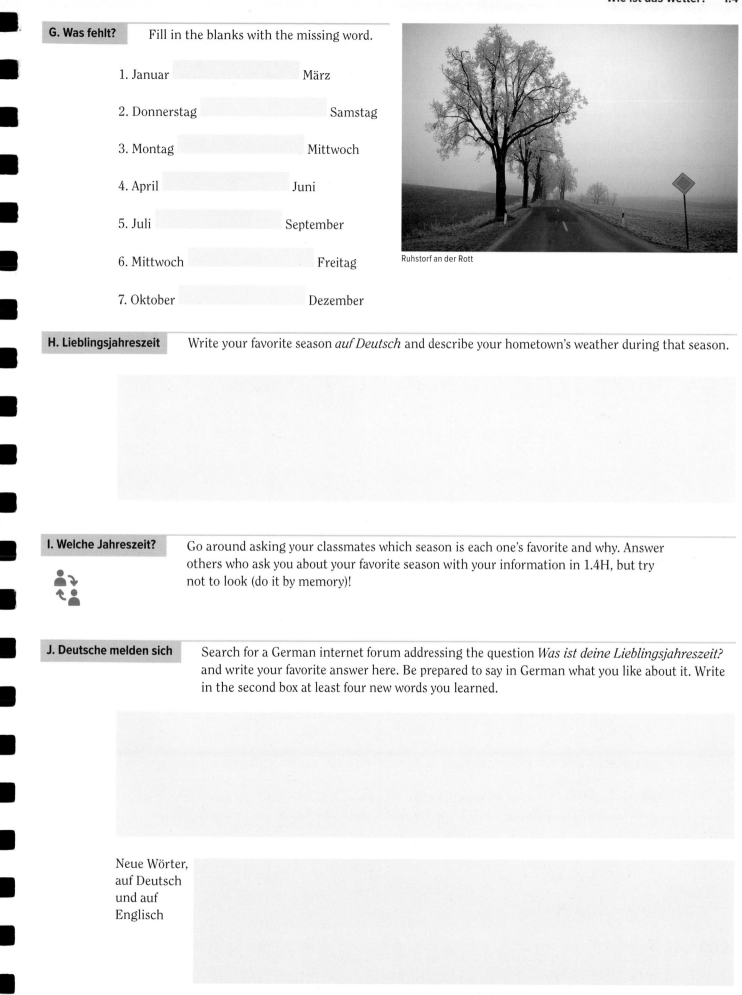

Ruhstorf an der Rott

H. Lieblingsjahreszeit   Write your favorite season *auf Deutsch* and describe your hometown's weather during that season.

I. Welche Jahreszeit?   Go around asking your classmates which season is each one's favorite and why. Answer others who ask you about your favorite season with your information in 1.4H, but try not to look (do it by memory)!

J. Deutsche melden sich   Search for a German internet forum addressing the question *Was ist deine Lieblingsjahreszeit?* and write your favorite answer here. Be prepared to say in German what you like about it. Write in the second box at least four new words you learned.

Neue Wörter,
auf Deutsch
und auf
Englisch

K. Das Klima   The following are descriptions of the weather in Berlin in four different seasons. Read through them and answer the questions that follow.

1. Oft kalt, grau, sehr viel Schnee. Aber der Schnee ist nicht so ein schöner Schnee, sondern das wird ganz schnell dreckig[1] und grau.

2. Schön, manchmal[2] warm oder richtig heiß, blauer Himmel[3]. Kann etwas schwül werden. Manchmal bewölkt und Regen, aber oft ganz schön. Zwischen 20 bis 30 Grad, meistens nicht mehr als 35 Grad.

3. Sehr schön, also normalerweise sehr schön. Warm, angenehm[4], 15 bis 20 Grad, nicht zu stickig, nicht sehr schwül. Schön. Sonnig.

4. Relativ regnerisch, Temperaturen würde ich sagen sind auch noch angenehm, nicht zu kalt, aber stürmisch auch oft. Und viel Regen.

1   dirty
2   sometimes
3   sky
4   pleasant

Oberbaumbrücke, Berlin

Which seasons do you think are described in each interview above?
Mark each as Frühling, Sommer, Herbst oder Winter.

1. _____   3. _____

2. _____   4. _____

Pick words or short phrases from the texts above and write them next to the season you associate them with (multiple seasons are fine):

Frühling _____   Herbst _____

Sommer _____   Winter _____

Wie ist das Wetter in deiner Heimatstadt? *Describe the weather in your home town for each season using TWO German words or phrases, each taken from the texts above or your vocabulary list ONLY.*

Frühling _____   Herbst _____

Sommer _____   Winter _____

L. Konversation

Spend a minute reviewing the questions below and then have a conversation with another student you haven't talked to (much) yet. Greet each other in German and ask each other as many questions as possible. Answer your partner's questions, too, of course! See how many you can get through in the time your instructor allows.

Wie heißt du?

Wie schreibt man das?

Woher kommst du?

Wo wohnst du?

Wie ist deine Adresse?

Was studierst du?

Welche Kurse hast du?

Welche Kurse findest du interessant?

Welche Kurse findest du langweilig?

Wie alt bist du?

Wie ist deine Telefonnummer?

Was ist dein Lieblingsrestaurant?

Was ist dein Lieblingsfilm?

Was ist dein Lieblingskurs?

Naschmarkt, Wien, AT

Ist Deutsch leicht oder schwer?

Wie ist das Wetter heute?

Wie ist das Wetter zu Hause?

Was ist deine Lieblingsjahreszeit?

M. Das Wetter zu Hause

Describe the weather in your hometown. Use the vocab hints to make your writing more interesting.

Ich komme aus Pittsburgh. Im Winter ist es dort sehr kalt. Es schneit oft. Es ist nicht windig. Im Sommer ist es ziemlich heiß. Die Sonne scheint nicht oft. Es regnet manchmal.

im Winter	*in the winter*
im Sommer	*in the summer*
viel	*a lot*
ein bisschen	*a little*
ziemlich	*fairly*
oft	*often*
manchmal	*sometimes*
sehr	*very*

Giswil, CH

2.1 Familie

Culture: Family and relatives
Vocabulary: Describing people
Grammar: Stem-changing verbs / *gern* + verb

A. Die Familie Bach

Below is a list of Johann Sebastian Bach's children. With a partner, put your knowledge of German pronunciation to the test and read the names aloud. You may beg your instructor for help if things get too difficult. Some of these names now sound old-fashioned, but many are still in use today.

J.S. Bach und Maria Barbara Bach

1708-1774	Catharina Dorothea
1710-1784	Wilhelm Friedemann
1713-1713	Johann Christoph & Maria Sophia
1714-1788	Carl Philipp Emanuel
1715-1739	Johann Gottfried Bernhard
1718-1719	Leopold Augustus

J.S. Bach und Anna Magdalena Wilcken

1723-1726	Christiana Sophia Henrietta
1724-1763	Gottfried Heinrich

J.S. Bach und Anna Magdalena Wilcken (*cont.*)

1725-1728	Christian Gottlieb
1726-1781	Elisabeth Julianna Friederica
1727-1727	Ernestus Andreas
1728-1733	Regina Johanna
1730-1730	Christiana Benedicta Louise
1731-1732	Christiana Dorothea
1732-1795	Johann Christoph Friedrich
1733-1733	Johann August Abraham
1735-1782	Johann Christian
1737-1781	Johanna Carolina
1742-1809	Regina Susanna

B. Daten

Practice saying the dates in the list above. The first part of each year is read *siebzehnhundert*. The second part you already know. For example, 1774 is pronounced:

siebzehnhundertvierundsiebzig

C. Wann sind sie geboren?

With a partner, alternate asking and answering when one of Bach's children was born or died.

Fragen: Wann ist NAME geboren?
Wann ist NAME gestorben?

Wann ist Ernestus Andreas geboren?
Siebzehnhundert... siebenundzwanzig.

D. Wie, wer, welche?   Answer the following questions about Bach's family.

1. Wie viele Kinder hat Bach?

   Er hat neunzehn Kinder.

2. Wie viele Kinder sind als Kind gestorben[1]?

   neun

3. Wer sind die Brüder von C.P.E. Bach?

   W.F., J.C., J.G., und L.A.

4. Wie viele Halbbrüder hat Regina Susanna?

   sechs,

---

1 *died as children*

E. Was machst du? Look at the sentences below and check the box corresponding to who is performing the action. Then write the English meaning.

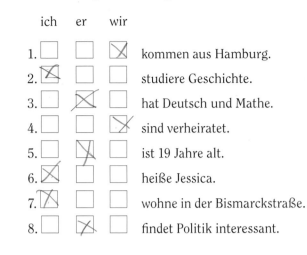

	ich	er	wir		English meaning
1.	☐	☐	☒	kommen aus Hamburg.	They come from Hamburg.
2.	☒	☐	☐	studiere Geschichte.	I study history.
3.	☐	☒	☐	hat Deutsch und Mathe.	He has german and math.
4.	☐	☐	☒	sind verheiratet.	They are married.
5.	☐	☒	☐	ist 19 Jahre alt.	He is 19 years old.
6.	☒	☐	☐	heiße Jessica.	I am Jessica.
7.	☒	☐	☐	wohne in der Bismarckstraße.	I live on Bismark street.
8.	☐	☒	☐	findet Politik interessant.	He finds politics interesting

F. Carstens Stammbaum Read through the short text about Carsten's family and then sketch his family tree below.

Ich habe eine sehr große Familie. Mein Großvater väterlicherseits[1] heißt Karl. Er ist 2003 gestorben. Meine Großmutter väterlicherseits heißt Anna. Mein Großvater mütterlicherseits[2] heißt Otto. Meine Großmutter mütterlicherseits heißt Hilde. Mein Vater heißt Gerhard und meine Mutter heißt Kristine. Ich habe zwei Brüder. Sie heißen Maik und Martin. Ich habe auch zwei Schwestern, Ute und Diana. Mein Vater hat zwei Schwestern, Birgit und Renate. Tante[3] Renate ist meine Lieblingstante. Meine Mutter hat einen Bruder, Ralf.

1 *on my father's side*
2 *on my mother's side*
3 *aunt*

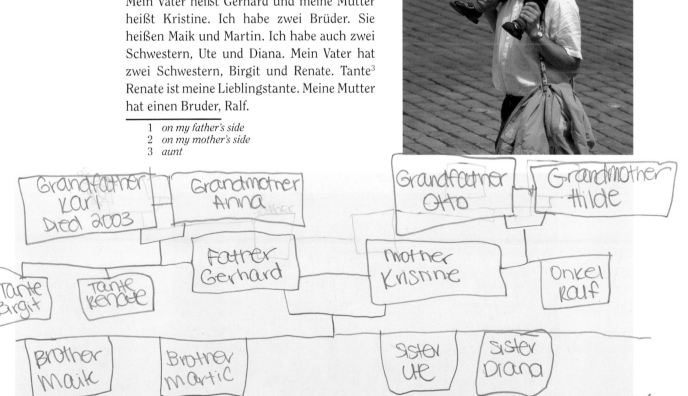

G. Mein Stammbaum

Draw your family tree, including at least three generations and eight names. You may also use family tree software if you like (and print it out for class). Then, on a separate sheet of paper, prepare a list of questions about your *Stammbaum* that you will pose to other students in class.

Wie heißen meine Eltern?
Wie heißt meine Großmutter mütterlicherseits?
Wie viele Brüder habe ich?
Wie heißen meine Kusinen?
Wie viele Cousins habe ich väterlicherseits?
Habe ich eine Stiefmutter?

H. Info-Austausch

Working in groups of three, show your family tree and then ask your partners the questions you prepared in 2.1G. Answer each other in good German!

Hildesheim

Wie heißen meine Eltern?

Sie heißen Richard und Susanne.

Wie viele Brüder habe ich?

Du hast zwei Brüder.

I. Aussprache — Practice saying these words/phrases aloud with a partner.

wohnen	zwanzig	Österreich
zwei	Soziologie	kühl
ich auch	Schüler	groß
Adresse	schön	Universität
Deutsch	schwer	Psychologie

J. Meine Verwandten — In groups of three, fill in the first column below with your extended family's information, sub-dividing by *mütterlicherseits* and *väterlicherseits*. Then find out from your two classmates the size of their extended families.

	Ich		Mitarbeiter #1		Mitarbeiter #2	
	m	v	m	v	m	v
Onkel						
Tanten						
Großväter						
Großmütter						
Cousins						
Kusinen						
Neffen						
Nichten						

> Wie viele Onkel hast du?
>
> Ich habe drei Onkel: zwei mütterlicherseits und einen väterlicherseits.

K. Vergleichen — In the same groups as 2.1J, help each other write two sentences comparing the size and makeup of your families.

L. Die Familie   Read through these descriptions of families and answer the questions that follow. Place the number of each question next to the place where you find the answer in the text.

Nina (Wuppertal, DE): Ja, mein Name ist Nina. Meine Mutter heißt Martina, sie ist jetzt 53 oder so. Mein Vater heißt Joachim Emil, ist auch so um die 50 und er lebt jetzt mit seiner neuen Lebensgefährtin[1] in Köln. Ich habe zwei Schwestern. Ich bin die mittlere Schwester, bin auch schon Tante. Meine ältere Schwester hat zwei Mädchen. Sie sind mittlerweile schon 13 und 11. Ich habe auch eine jüngere Schwester, sie studiert auch gerade.

Fanny (Berlin, DE): Mein Name ist Fanny, ich bin 25 Jahre alt, ich komme aus Berlin, ich bin in Berlin geboren. Ich habe keine Geschwister. Meine Eltern, ja, meine Mutter ist Lehrerin[2], Deutsch und Englisch, und mein Vater arbeitet an der Humboldt-Uni, ist Professor am Institut für Amerikanistik. Ich habe nur eine kleine Familie.

Felix (Berlin, DE): Also meine Eltern heißen Michael und Gisela. Sie wohnen in Berlin. Ich habe einen älteren Bruder Florian. Er ist 35 Jahre alt, wohnt auch in Berlin und arbeitet im Altenheim[3]. Und ja, wir sehen uns[4] nicht so oft.

Silia (Tübingen, DE): Ja, ich heiße Silia. Ich bin 31 Jahre alt und arbeite an meiner Dissertation. Ich bin auch Mama seit Juni. Ich komme ursprünglich aus Tübingen. Meine Mutter ist Deutsche und mein Vater Amerikaner. Ich habe zwei jüngere Schwestern und einen älteren Bruder. Mein Bruder wohnt in Berlin. Eine meiner Schwestern wohnt in Hamburg und macht dort ihr Medizin-Studium. Und die andere Schwester wohnt in den USA, in Colorado Springs. Mein Bruder ist 34 und meine Schwester ist jetzt 29 und die jüngste ist 27.

1   domestic partner
2   teacher
3   (restaurant name)
4   see each other

1. Whose parents are no longer together?

2. Who is an only child?

3. Who is the youngest sibling?

4. Who has nieces?

5. Who has the most siblings?

6. Who is currently studying at a university?

M. Wie sagt man das?   Look through the texts in 2.1L again and use the technique of "creative copying" in order to figure out how one would say the following in German.

1. I have two younger brothers.

2. I am originally from San Francisco.

3. My sister lives in San Antonio.

4. I was born in Los Angeles.

5. I'm an uncle now.

N. Was man gern lernt For each prompt, write a sentence about yourself or someone you know who likes to do the activity listed using (verb) + *gern*.

Französisch lernen:
Meine Mutter lernt gern Französisch.

Chemie

Physik

Biologie

Englisch

Deutsch

Psychologie

Geschichte

Japanisch

O. Wie alt sind sie? Practice numbers by going up to fellow students and asking about the age of their family members.

Wie alt ist dein Vater?   Hast du Geschwister? Wie alt sind sie?

Wie alt ist deine Mutter?   Wie alt ist dein Hund / deine Katze ?

P. Wer ist das? Prepare a description of three famous characters from television shows. Complete this on a separate sheet of paper and bring it to class.

Start by giving basic family information, then describe the family members or friends and associates (no names, just descriptions!) and finally some information on the character. Your description should be about 10 sentences long. Be sure to stick with vocabulary you think everyone will understand! The idea is to start general and then get progressively more specific.

Diese Figur hat einen Bruder, eine
    Schwester, eine Mutter und einen Vater.
Die Mutter ist sehr nett.
Der Vater ist sehr laut und faul.
Die Schwester ist ein Baby.
Der Bruder ist sehr laut.
Die Mutter hat blaues Haar.
Der Vater isst viele Donuts.
Der Bruder fährt gern Skateboard.
Die Familie wohnt in Springfield.

[Answer: Lisa Simpson]

Q. Ratespiel Now use the three descriptions you prepared in 2.1P in a guessing game. With several partners, take turns reading your descriptions, sentence by sentence. The partners should try to guess your characters.

2.2 Persönlichkeit

Culture: Friendship
Vocabulary: Describing personality
Grammar: Articles & possessive adjectives

A. Gegensätze   For each adjective, write a German word that is the opposite or contrasts with it.

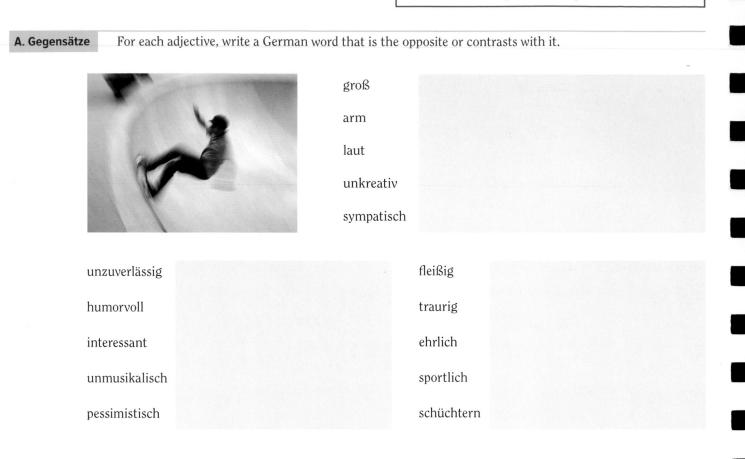

groß

arm

laut

unkreativ

sympatisch

unzuverlässig	fleißig
humorvoll	traurig
interessant	ehrlich
unmusikalisch	sportlich
pessimistisch	schüchtern

B. Beschreibungen   Write three adjectives (using the ones from 2.2A, your vocabulary lists or other German words you know) to describe the people listed.

drei Adjektive

Mein Vater ist…

Meine Mutter ist…

Mein Bruder ist…

Meine Schwester ist…

Mein(e) beste(r) Freund(in) ist…

Mein(e) Dozent(in) ist…

Mein(e) Mitbewohner(in)[1] ist…

Ich bin…

---
1 *roommate*

C. Was ist ideal?   Pick the three best adjectives for the ideal people below.

Der ideale Vater ist…

Die ideale Mutter ist…

Der ideale Bruder ist…

Die ideale Freundin ist…

Der ideale Mitbewohner ist…

Mein ideales Ich ist…

D. Info-Austausch   In small groups, compare your answers from 2.2C above.

Christin:	Die ideale Freundin. Wie ist sie?
Eric:	Die ideale Freundin ist treu, ehrlich und sportlich.
Christin:	Meine ideale Freundin ist auch treu und ehrlich. Aber sie ist auch reich!

E. Vergleiche   Compare three real people from 2.2B to your ideals in 2.2C.

und	*and*
aber	*but*
auch	*also*
Sie sind sich ähnlich.	*They are similar.*
Sie sind beide…	*They are both…*

Mein Vater und der ideale Vater sind sich ähnlich. Sie sind beide humorvoll und sympathisch. Der ideale Vater ist auch reich, aber mein Vater ist nicht reich.

Der ideale Mitbewohner ist ruhig, sympathisch und humorvoll, aber mein Mitbewohner ist laut, konservativ und langweilig.

1.

2.

3.

F. Stereotype Stereotypes can be destructive, but if handled correctly they can also give us insights into differences and attitudes towards differences. Let's explore some of our stereotypes. We are not assuming that we actually BELIEVE them to be true or to apply to everyone. We are looking at stereotypes as objects of cultural investigation. Complete these sentences using appropriate vocabulary. Remember to focus on the positive.

1. Die typische Amerikanerin ist …

Hilfsbereit

2. Der typische Deutsche ist …

schüchtern

3. Der typische Italiener ist …

laut

4. Die typische Studentin an meiner Uni / an meinem College ist …

müde

5. Deutsche und Amerikaner sind beide…

Freundlich

6. Deutsche sind… , aber Amerikaner sind…

formal , laut

G. Bin ich ein Klischee? Compare yourself to your stereotype of someone from your country using three adjectives for each description.

Die typisch Amerikan ist laut, fleißig, freundlich.

Ich ban auch fleißig und freundlich, aber auch aufgeschlossen.

Die typische Kanadierin ist fleißig, ehrlich und schüchtern. Ich bin auch fleißig und ehrlich, aber auch selbstbewusst und aufgeschlossen.

Use your dictionary if you don't know the German word for a person from your home country.

H. Beschreibungen   Write a description in German of three people who fulfill the criteria below. Your classmates will need to guess who you are describing, so make it challenging but not totally obscure.

Famous political figure:

Famous actor:

Famous singer:

Er kommt aus …	He's from…
Sie ist für… bekannt.	She's known for…
Ihr Mann ist…	Her husband is…
Sein Sohn ist…	His son is…
Ihre Tochter ist…	Her daughter is…
Politiker/in	politician
Schauspieler/in	actor
Sänger/in	singer

I. Ratespiel   Read your descriptions to your partner(s). They have to guess who is being described.

Wer ist das?	Who is it?
Ich glaube, das ist…	I think it's…
Nochmal!	Try again!
Richtig!	Right!
Falsch!	Wrong!

J. J.S. Bach   Here is a short text about Johann Sebastian Bach that you can read with minimal help. Read the text and answer the questions in English.

Leipzig

1. **Learn the art of good guessing.** Don't look up every word. Make a guess based on the topic, context, and how the word looks. Do you recognize parts of the word? Does the word look similar to an English word that would make sense?

e.g., *Oratorium* is a kind of music Bach wrote. Which?

e.g., *kinderreich* is made of two words: *kinder* and *reich*. If Bach was not *reich* but was *kinderreich*, what could this mean?

e.g., Johann Christian Bach was *Organist*. What could this be?

2. **Remember that all nouns are capitalized in German.** This includes names (*Anna Magdalena*), cities (*Erfurt, Eisenach*) and other nouns (*Komponist, Klavier*). If you don't know a word in the middle of a sentence, at least you will know if it's a noun or not.

Johann Sebastian Bach (1685-1750) ist als großer Komponist bekannt[1]. Er ist eine Hauptfigur[2] des Barocks. Sein Oratorium *Johannes-Passion* und sein *Weihnachtsoratorium* sind berühmt[3], aber viele Menschen, die Klavier[4] spielen, kennen auch seine Inventionen und Sinfonien.

Er war fleißig, kreativ und musikalisch (natürlich!). Bachs Vater, Großvater und Urgroßvater waren auch musikalisch. Die ganze Familie war in Erfurt und Eisenach als Musiker bekannt. Seine erste[5] Frau war Maria Barbara Bach. Seine zweite Frau war Anna Magdalena Wilcken. Sie war Sängerin[6]. Anna war treu und zuverlässig. Die Familie war nicht reich, aber sie war kinderreich. Mit Maria hatte Bach sieben Kinder und mit Anna dreizehn Kinder.

Drei von Bachs Söhnen sind bekannt. Carl Phillip Emanuel Bach (1714-1788) war Musiker für Friedrich den Großen. Johann Christoph Friedrich Bach (1732-1795) war Musiker in Bückeburg. Und Johann Christian Bach (1735-1782) war Organist in Mailand[7] (Italien). Später war er Musiker für die Königin Englands. In England war er auch Klavierlehrer für Wolfgang Amadeus Mozart.

1   *well known*
2   *main figure*
3   *famous*
4   *piano*
5   *first*
6   *singer*
7   *Milan*

Thomaskirche, Leipzig

1. How long and when did Bach live?

2. Bach's era is known as what period?

3. How many generations of the musical Bach family are mentioned?

4. How many children did Bach have in total?

5. Which instrument did Bach play?

6. What was Bach's connection to Mozart?

K. Fakten Make your best guess. Answers may be revealed in class.

1. Bach composed so much music that to write all of it out by hand would take someone…

    a. 20 years
    b. 30 years
    c. 40 years
    d. 50 years

Hint: Experts suspect that his second wife helped him write out much of his music, including weekly cantatas he composed for worship services.

2. Bach had the following surgery without anesthesia (because it didn't exist):

    a. Appendix removal
    b. Hand surgery
    c. Cataract removal
    d. Wisdom teeth extraction

Hint: Some historians link this surgery to his death in 1750.

3. Extraterrestrials can listen to Bach's music.

    True
    False

Nikolaikirche, Leipzig

2.3 Interessen

A. Sportarten Write the German word or phrase for each picture.

Golf spielen   laufen   Basketball spielen
Ski fahren   Baseball spielen   Gewichte heben
Fahrrad fahren   trainieren   Fußball spielen
Football spielen   schwimmen   Hockey spielen

✓

Hockey spielen   Gewichte heben   Fahrrad fahren

Fußball spielen   Golf spielen   trainieren

Basketball spielen   laufen   football spielen

Ski fahren   Schwimmen   Baseball spielen

B. Sport treiben Ask your partner whether she or he participates in the sports listed above in exercise A.

Spielst du Fußball?   Ja, ich spiele oft Fußball.
Läufst du?   Nein, ich laufe nicht.
Schwimmst du?   Ja, ich schwimme oft!

nie	never
nicht	not
oft	often
manchmal	sometimes

C. Fragen

Answer these questions using German sports words.

1. Treibst du Sport? Wenn ja, welche Sportart?

3. Welche Sportarten sind nicht olympisch?

2. Welche Sportart treiben viele Amerikaner, aber nicht viele Deutsche?

4. Was ist der Lieblingssport von vielen StudentInnen[1]?

1   Studenten und Studentinnen

D. Vereine

Use your favorite internet search engine and look up the word *Verein*. You may well have over 10,000,000 hits! Write in the box below five interesting German *Vereine* that you find.

E. Mitbewohner gesucht

Many students in Germany live in *Wohngemeinschaften* (*WG*), which are shared apartments or floors of a house where each person has a room and everyone shares the kitchen, living spaces, bathroom, etc. You often need to apply to be accepted into a *WG* as the current residents want to make sure you are compatible.

Write a personal ad on an index card describing yourself and saying what sort of people you would like to live with. Write your name on the back of the card. Listen to the ads as your instructor reads them, and see if you can guess who wrote each card.

Ich bin fleißig und oft fröhlich. Ich bin sehr groß und sportlich. Ich bin auch zuverlässig, schüchtern und ruhig. Meine idealen Mitbewohner sind aufgeschlossen, fleißig, und arbeiten viel. Sie finden Sport interessant.

Fritzlar

43

F. Wiederholung Complete the statements below. Make sure your answers are singular or plural as appropriate.

Der Sohn von meinen Eltern ist mein _____ .

Der Mann von meiner Tochter ist mein _____ .

Der Bruder von meinem Vater ist mein _____ .

Die Mutter von meiner Frau ist meine _____ .

Die Söhne von meinem Bruder sind meine _____ .

Die Eltern von meinen Eltern sind meine _____ .

Die Töchter von meiner Tante sind meine _____ .

Die Frau von meinem Bruder ist meine _____ .

G. Namen Write the names of classmates who answer affirmatively to the questions below. You may only ask each classmate one question. Remember to respond in complete sentences. Shout *Halt!* when you finish!

Hast du Neffen?

Leben alle deine Großeltern noch?

Hast du einen Schwager?

Hast du mehr als zehn Cousins und Kusinen?

Hast du einen jüngeren Bruder?

Hast du mehr als drei Tanten?

Ist dein Mitbewohner oder
deine Mitbewohnerin politisch engagiert?

Hast du einen festen Freund[1] oder
eine feste Freundin[2]?

1 *festen Freund* – steady boyfriend
2 steady girlfriend

H. Die Familie von meinem Deutschprof Write down three questions to ask your instructor about her or his family. As the instructor responds to the questions, sketch out her or his family tree on a separate sheet of paper.

I. Hobbys   What does Susanne (Cuxhaven, DE) do in her free time? Circle the pictures below that she mentions.

Ich interessiere mich für Musik. Ich lese sehr viel und sehr gerne. Ich mache ein bisschen Sport, gerade so im Sommer. Ich gehe ganz gerne schwimmen oder Inline skaten. Und was mache ich sonst so? Mich sehr viel mit Freunden treffen[1], in die Kneipe gehen, ins Kino oder ins Theater gehen.

---

1   *These phrases have the verb at the end. They are equivalent to saying "meeting a lot with friends."*

J. Was sind deine Hobbys?   Fill in the blanks to begin writing about your hobbies. Look above at Susanne's text to get ideas of what the sentences can look like.

Ich interessiere mich für *(noun)*   .

Ich *(verb)*   sehr viel und sehr gerne.

Ich mache   Sport.   (sehr wenig / ein bisschen / viel)

Und was mache ich sonst noch?   ,

                                                      und   .

K. Ein guter Freund   Write what you think the three most important characteristics of a good friend are. Then, in groups of four, ask what each classmate thinks and note the answers in the boxes provided.

sportlich   ehrlich
humorvoll   aufgeschlossen
musikalisch   selbstbewusst
nachdenklich   konsequent
intelligent   hilfsbereit
zuverlässig   reich

Wie ist ein guter Freund / eine gute Freundin?
Ein guter Freund ist ehrlich und hilfsbereit.
Er ist nicht langweilig.

Berlin

Ich   Student #2

Student #1   Student #3

L. Hobbys Read the following texts about interests and answer the questions that follow.

Nina (Wuppertal, DE): Mein Vater spielt Klavier und Keyboard, und er spielt so freizeitmäßig in einer Jazzband mit seinem Zwillingsbruder[1]. Sein Zwillingsbruder ist Schlagzeuger[2]. Wir spielen manchmal mit ihnen, wenn die ein Sommerfest haben. Meine jüngere Schwester singt nur, und ich singe und spiele Gitarre, und mein Vater singt auch und spielt eben Klavier. Das ist dann immer ganz lustig.

---
1 *twin brother*
2 *drummer*

Fanny (Berlin, DE): Wir gehen gerne, leider[3] sehr selten, aber sehr gerne, ins Konzert oder in die Oper oder ins Theater. Aber wir haben nicht so viel Freizeit zusammen. Aber wenn, dann gerne auch ins Café oder mal natürlich mit Freunden treffen oder mal ins Kino gehen oder abends weggehen. Tanzen gehen, auch sehr selten aber gerne.

Felix (Berlin, DE): Also ich mache viel Sport, ich laufe, ich fahre Fahrrad, schwimme, wenn ich Zeit habe, habe früher so 10 Jahre Fußball gespielt, aber jetzt nicht mehr. Ich treffe mich mit Freunden, wenn ich Zeit habe, und spiele ein bisschen Gitarre ab und zu so hobbymäßig.

Jesko (Berlin, DE): Schwimmen, schwimmen, schwimmen, Flöte[4], Fahrrad fahren und Briefmarken sammeln[5].

---
3 *unfortunately*
4 *flute*
5 *stamp collecting*

First, underline all sports that are mentioned.
Then circle all musical instruments.

Wer musiziert gern?

Wer macht lieber kulturelle Aktivitäten?

Wer treibt gern Sport?

Wer geht nicht oft weg?

Wer schwimmt sehr gern?

Wer spielt Gitarre?

Was machen diese Leute gern? *Answer in complete sentences! Watch those verb endings, and don't forget the word* gern.

Nina

Fanny

Felix

Jesko

M. Spielst du gern...? Working with a partner, ask each other if you like playing various things.

Here are some things you might play.

Spielst du gern Gitarre?	Ja, ich spiele gern Gitarre.
Spielst du gern Karten?	Nein, ich spiele nicht gern Karten.

Brettspiele spielen

Karten spielen

Baseball spielen

Klavier spielen

Tennis spielen

Videospiele spielen

Gitarre spielen

Schach spielen

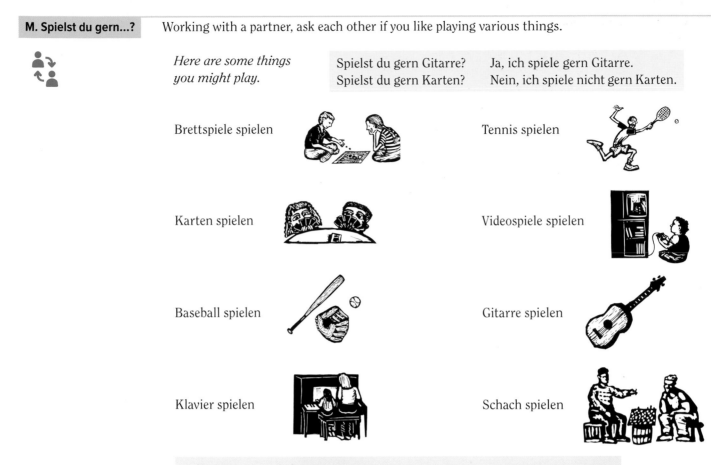

If you use the phrase "Ich... sehr viel...", *your verb must match your subject. For example:* Ich spiele sehr viel Golf.

N. Meine Hobbys

Write an essay of 75 words about your hobbies and interests. Feel free to use your responses from 2.3J as a basis for the essay, as well as Susanne's comments in 2.3I or the interviews from the *Auf geht's!* interactive.

Deutsche Friesenpferdezüchter

Modell 1: Ich interessiere mich für viele Dinge. Meine Familie treibt gern Sport. Wir spielen oft Tennis zusammen. Ich spiele auch oft Karten und Videospiele.

Modell 2: Ich habe viele Interessen. Im Winter lese ich gern. Im Sommer wandere ich oft. Ich interessiere mich auch für Musik.

Ich spiele sehr gern Basketball.
Ich interessiere mich für...
Im Sommer treibe ich viel Sport.
Ich fahre im Winter gern Ski.
Ich spiele oft Gitarre.
Ich finde Brettspiele wirklich interessant.
Ich gehe gern ins Konzert.

2.4 Ich über mich

Culture: *Vereine*
Vocabulary: Describing self
Grammar: Comparative forms

A. Fragen stellen   Review your previous work in this book and write the questions needed to elicit the following information. Write down your own answers.

Name	Wie heißt du?	Ich heiße Matt.

	Frage	deine Antwort
Age		
Home state		
Semester of study		
Major		
Favorite hobby		
Favorite sport		
Favorite film		
Number of siblings		
Weather in hometown in the winter		

B. Interviews   Using the questions in 2.4A above, interview a classmate and note the answers in the boxes provided.

Alter

Heimatstaat

Zahl der Semester

Hauptfach

Lieblingshobby

Lieblingssportart

Lieblingsfilm

Anzahl der Geschwister

Wetter in der Heimatstädt im Winter

C. Was machst du lieber?

Working in pairs, ask which of two options is preferable, following the example.

Was machst du lieber:
fernsehen oder Musik hören?

Ich höre lieber Musik.

segeln / Tennis spielen

ins Kino gehen / ins Konzert gehen

schwimmen / laufen

Computerspiele spielen / Fußball sehen

lesen / mit Freunden reden

Brettspiele spielen / Gedichte lesen   → poetry

schlafen / auf Partys gehen

Fahrrad fahren / einkaufen gehen

D. Meine Freunde

Using the phrases in 2.4C above, write five sentences *auf Deutsch* about the following people. Make sure you conjugate the verb according to the subject!

Ich …

Mein Freund/meine
Freundin…

Meine Freunde…

Meine Freunde
und ich…

Meine Familie…

E. Der vs. ein

For the following sentences, write in *der, die* or *das* if you need to say 'the' or *ein* or *eine* if you need to say 'a'. The exact form depends on the gender (or number) of the noun, of course.

Mein Vater ist _____ größte Mann in der Familie. Er ist _____ sehr ruhiger Mensch.

Meine Mutter ist _____ emanzipierte Frau. Sie ist _____ kleinste Person in der Familie.

Diemarden ist _____ kleines Dorf in der Nähe von Göttingen. _____ Dorf ist sehr schön.

F. Sein, ihr oder Ihr?

The possessives *sein* (his, its), *ihr* (her, their) and *Ihr* (your, polite) usually need practice. Fill in the blanks with the correct form, and remember that you might need an -e ending!

Paul ist groß, aber _____ Schwester ist größer.

Violas Vater fährt schnell, aber _____ Mutter fährt noch schneller.

Herr Meyer, wie heißt _____ Lieblingsrestaurant?

Mein Bruder heißt Christian. _____ Hobbys sind Lesen und Schwimmen.

G. Meine Eltern   Viola (Göttingen, DE) describes her parents here. Read her descriptions and compare her parents to your parents or to another close relative. Review 2.2E for the structures you might need.

Mein Vater ist der älteste in der Familie. Er ist 56 Jahre alt und sehr schwer. Er ist sehr stämmig[1], nur 1,78 Meter groß und wiegt aber so um die 100 Kilo. Er ist also übergewichtig, aber trotzdem sportlich. Er ist ein sehr ruhiger Mensch, introvertiert, eigentlich der Wissenschaftler[2], also sehr nachdenklich. Er arbeitet sehr viel, ist ein Workaholic, aber er ist sehr sensibel[3], man kann auf alle Fälle mal mit ihm reden[4].

---

1   *stocky*
2   *scientist*
3   *sensitive*
4   *you can talk with him*

Comparison

Meine Mutter ist 54 Jahre alt, 1,71 Meter groß, schlank und sportlich. Sie ist so der Gegensatz[5] zu meinem Vater. Das ist ja sehr häufig[6] so. Sie ist dynamisch, aktiv, sehr emotional und der Mann im Hause. Also, sie trifft die Entscheidungen[7] und sie fährt Auto, mein Vater sitzt daneben[8] und fürchtet sich[9], wenn sie fährt. Meine Mutter ist auch berufstätig[10], ist also eine emanzipierte Frau.

---

5   *opposite*
6   *often*
7   *makes the decisions*
8   *next to (her)*
9   sich fürchten – *to be afraid*
10 *employed*

Comparison

H. Violas Eltern auf Besuch   Reread Viola's comments about her parents in 2.4G above. Write three things you could do with them if they were to visit you in your hometown, keeping in mind the way Viola describes them.

I. Plurals

Forming plurals is a bit more complicated in German than English.
For practice, write the plural forms of the words given.

die Kusine	die		das Hauptfach	die
die Tante	die		das Dorf	die
die Frau	die		der Vater	die
das Kind	die		die Schwester	die
der Neffe	die		das Kino	die
das Spiel	die		die Mutter	die
die Kneipe	die		die Party	die
das Theater	die		der Mann	die

What different ways of making plurals do you notice from the examples above? Do you see any possible patterns?

J. Was hörst du gern?

Music is a big part of life. Get together with a fellow student and describe what you listen to and when, *auf Deutsch*! Simply replace the word *lerne* in the example with each verb (or pick your own). Make sure to change the ending!

> Was hörst du, wenn du lernst?
> Wenn ich lerne, höre ich gern ...

trainieren
laufen
arbeiten
lesen
Videospiele spielen
relaxen
tanzen
Auto fahren

Rock
Pop
Oldies
Musicals
klassische Musik
Hip Hop
Metal
Electro
Alternativ
Country
Weltmusik
Blues
Jazz
Opern
Gospel
Hörbücher
Podcasts

Passau

K. Welche Musikrichtung?   Read the following descriptions of preferred music styles and answer the questions that follow.

Sophie (Frankfurt, DE): Klassische Musik höre ich gerne und wenn ich Auto fahre, Radio. Und ich bin ein großer Fan von Filmmusik. Also, bei Filmen ist die Musik ganz wichtig.

Esther (Berlin, DE): Ich bin ein klassischer Typ eigentlich, ja also, Bach, Mozart, Beethoven, Violinen- und Viola-Konzerte und so.

Lisa (Göttingen, DE): Ich höre eigentlich[1] ganz gerne elektronische Musik. Also eher in die House Richtung[2]. Das ist so das, was ich eigentlich ganz gerne mag.

1   *really*
2   *direction*

Moritz (Bad Homburg, DE): Vor allem[3] Jazz, viel Jazz, weil das einfach interessant ist, mit den Improvisationen. Das ist interessanter als Rock oder Pop für mich. Und so Gitarrenmusik, Flamenco, Flamencogitarre, aber auch viel brasilianische Musik.

Rebekkah (Saltzgitter, DE): Also, deutsche Musik finde ich nicht so schön. Englische Texte finde ich besser. Ich höre meistens so Pop-Rock, manchmal in die Richtung Punk. Und ganz schrecklich[4] ist Electro und House und Techno. Und Schlager, die deutschen Schlager. Auch schrecklich.

3   *especially*
4   *awful*

Wer hört vielleicht gern Symphonien?

Wer hört vielleicht gern Techno?

Wer geht vielleicht gern ins Kino?

Which two people are the least musically compatible?

Which person is closest to your musical tastes?

Was empfiehlst du? *For each person, write a song, artist, band or album that you recommend and one sentence in German why.*

Philip Glass. Seine Musik ist klassisch und sehr interessant.

für Sophie

für Esther

für Lisa

für Moritz

für Rebekkah

Hard aber Herzlich

SA 26.09.   *tangente*
Alternative ♥ Indie

L. Rate mal!

The following are some German bands. Write your guess as to what *Musikrichtung* you think they represent. Feel free to check them out on the internet to see if you guessed correctly!

Fettes Brot *(fat bread)*

Die Ärzte *(the doctors)*

Panzerballett *(tank ballet)*

Tokio Hotel

Juli

M. Ich über mich

Write an essay of approximately 150 words about yourself and your family. You already know how to express a great number of things on this topic. Review the phrases below to get started.

Ich heiße…
Meine Adresse ist…
Ich bin… Jahre alt.
Ich komme aus…
Meine Hobbys sind…

Ich studiere… als Hauptfach.
Ich studiere… als Nebenfach.

Ich bin… Meter groß.
Ich wiege… Kilo.
Ich bin x, y und z.
Ich… gern.

Es gibt… Personen in meiner Familie.
Ich habe einen Bruder / zwei Brüder.
Ich habe eine Schwester / zwei Schwestern.
Ich habe keine Geschwister.

Mein Vater heißt…
Meine Mutter ist… Jahre alt.
Mein Bruder ist… Meter groß.
Meine Schwester… gern.
Mein Großvater ist… Jahre alt.
Meine Großmutter ist x, y und z.

Brienz, CH

Einschulungstag an der Grundschule   Göttingen, Deutschland

Rhätische Bahn   Graubünden, Schweiz

«Frischer Suuser» mit Fleischplatte   Rüdlingen, Schweiz

Kuchenbuffet auf einem Weinfest an der Mosel   Ellenz-Poltersdorf, Deutschland

3.1 Studentenleben

Culture: Student & campus life
Vocabulary: Technology & school items
Grammar: Subjects & objects / *nicht* & *kein*

A. Was habe ich? For each vocab word, complete the sentence *Ich habe…* by writing a form of *ein*, *kein*, a number or *viele*, adding the plural ending if you need it (i.e., if there is more than one)!

| die Uhr | Ich habe keine Uhr. |
| das Buch | Ich habe viele Bücher. |

1. der Laptop, -s

2. das Tablet, -s

3. das Smartphone, -s

4. das Auto, -s

5. der Rucksack, ¨-e
   → pl = Rucksäcke

6. der Fernseher, -

7. die Spielkonsole, -n

8. die Kreditkarte, -n

9. der MP3-Player, -

10. der Drucker, -
    printer

11. die Gitarre, -n

12. der Hund, -e

13. die Katze, -n

14. der Fisch, -e

15. der Bruder, ¨

16. die Schwester, -n

17. der Onkel, -

18. die Tante, -n

19. der Ordner, -
    Binder

20. das Heft, -e
    notebook

- means not add ending

¨ means umlaut a vowel

Make root plural

B. Hast du einen Hund? Find a partner and look at activity A above.

Ask each other if you have the various objects listed. Try to answer without looking at what you already wrote (but you can "cheat" if you have to).

Remember: *eine Lampe* (feminine), *ein Buch* (neuter) but *Ich habe* **einen** *Laptop* (masculine).

Whenever masculine nouns are a direct object, you have to change *ein* to *einen*.

C. Das Allerwichtigste

From the objects listed, write the three you absolutely need and one you don't need at all. Then interview two other students and write their responses in the boxes provided.

Ich brauche meinen Laptop, mein Auto und meine Kreditkarten.

Ich brauche keinen MP3-Player.

Ich

Student #1

Student #2

der Laptop

das Handy

das Tablet

das Auto

der Fernseher

die Bücher

der MP3-Player

die Kreditkarte

die Spielkonsole

der Rucksack

D. Meine Kommilitonen

From all the objects listed in 3.1C, what do you think your classmates' top three items are? Note them in the box.

ENDLICH DA!
Samsung GALAXY S4

Now survey as many of your classmates as you can in the time allotted by your instructor to confirm or disprove your suspicions. Record their responses.

Welche Objekte brauchst du unbedingt?

E. Wie viele?

Working with a different partner, pick an object and guess how many of them your partner has. See how often you can get the right answer.

Du hast ein Auto, stimmt das?
Nein, ich habe zwei Autos.

Du hast zwei Rucksäcke, richtig?
Richtig!

F. Die Mensa

A *Mensa* is a special cafeteria associated with German universities. Read the following text, and then complete the activity that follows.

Die Mensa in Deutschland ist eine Cafeteria, wo Studenten und Universitätsbedienstete[1] essen. Mittagessen gibt es montags bis freitags, meistens von 11.45 bis 14.00 Uhr. Es gibt meistens 2-4 Menüs[2], darunter auch ein vegetarisches Essen. Der Staat subventioniert[3] die Mensas an deutschen Universitäten. Also ist das Essen billig. Ein Gericht kostet zwischen €1,60 und €3,50. Die Preise für Universitätsbedienstete und Gäste sind höher. Oft gibt es eine internationale Woche.

1 *university employees*
2 Menü – *complete meal*
3 *subsidizes*

So funktioniert die Mensa: Zuerst kauft man eine Essenskarte. Ein Angestellter[4] in der Mensa scannt die Essenskarte. Das Essen kommt auf einem Fließband[5]. Man stellt den Teller[6] auf ein Tablett und findet einen Tisch. Eine Mensa hat oft ca. 200 Tische. Oft gibt es mehrere[7] Mensas an einer Universitätsstadt.

4 *employee*
5 *literally: assembly line*
6 *plate*
7 *several*

Ein Vergleich. *Write four German sentences comparing a university cafeteria or similar establishment you're familiar with to the German Mensa, pointing out similarities and differences.*

STUDENTENWERK	BERLIN
Anstalt des öffentlichen Rechts	

Speiseplan Mi., 12.06.2013 — Mensa HU Süd

Tagesübersicht

		Preise Studierende | Mitarbeiter | Gäste
Salate	Große Salatschale(13,27)	1,55 € | 2,35 € | 3,10 €
	Kleine Salatschale(13,27)	0,50 € | 0,75 € | 1,00 €
Essen	Eine gebratene Hähnchenkeule mit Geflügelrahmsauce(30)	1,25 € | 1,95 € | 2,50 €
	Eine gebackene China - Knusperschnitten bunter Sojasauce (6,21,27,28,31,36)	1,35 € | 2,05 € | 2,70 €
	Milchreis Indische Art(26,30)	1,35 € | 2,05 € | 2,70 €
Beilagen	Dillkartoffeln	0,55 € | 0,85 € | 1,10 €
	Basmatireis	0,50 € | 0,80 € | 1,00 €
	Geschmorter Fenchel	0,50 € | 0,80 € | 1,00 €
	Zucchini - Paprikagemüse(27)	0,50 € | 0,80 € | 1,00 €

⤷ bell pepper

Die mensa in Deutschland ist eine Cafeteria und in America ist restaurants.

Die mensa in Deutschland ist das Essen billig und das Restaurant in America ist das Essen teuer.

G. Was gibt es im Seminarraum?

Working with a partner, describe in German what things you see in your classroom. You can count precisely if you like, or use more general terms for plurals. Make sure to use the correct forms of *ein* and *kein*!

ein paar – *a few*
mehrere – *several*
viele – *many*

Es gibt einen Beamer im Seminarraum. Es gibt drei Tafeln und sieben Fenster. Es gibt kein Whiteboard und keine Marker.

H. Wie viele hast du?

Working with vocabulary for this unit (and the last one), ask your partner how many of something he or she has. When you answer, give the number (approximating if necessary using *einige – mehrere – viele*). Work on getting those plural forms correct!

Wie viele Schwestern hast du?
Ich habe keine Schwestern.

Wie viele Bücher hast du?
Ich habe viele Bücher.

As a bonus, say whether you have more of the thing in question than the student who answered.

Wie viele Gitarren hast du?
Ich habe eine Gitarre.
Ich habe mehr Gitarren als du!

I. Die Cafeteria

Students naturally have opinions about cafeteria food. Working with a partner, create a list of pros (yes, there are pros) and cons of eating at your campus cafeteria.

> Das Essen ist…
> Es kostet…
> Die Cafeteria serviert nicht genug…
> Es gibt…

J. Mensa vs. Cafeteria

Lisa (Göttingen, DE) spent a year in a US high school as an exchange student. She compares a US cafeteria to the German *Mensa*. Read what she says about it and answer the questions.

Das Mittagessen in der Cafeteria, das finde ich auch sehr schön, mit den ganzen Tischen. Und man kennt das ja aus den Filmen, dass dann die Cheerleader immer am gleichen[1] Tisch sitzen, und das war bei uns in der High School auch so. Das finde ich ganz nett. Das kennt man ja nicht aus der Schule hier in Deutschland. Das hat man vielleicht ein bisschen, wenn man studiert, mit der Mensa, dass man mittags gemeinsam essen geht. Das geht nicht mit der Schule in Deutschland, weil die Schule ja meistens einfach[2] nicht so lange dauert. Deutsche Schulen haben nicht diese Cafeteria, wo alle zum Essen gehen. Das finde ich eigentlich[3] ganz schön in Amerika.

---

1 *same*
2 *simply*
3 *actually*

Richtig oder Falsch? *Mark each sentence below as true or false. Write the number of the sentence next to the information about it in the text.*

1. Lisa thinks American school cafeterias are nice.

2. Lisa was familiar with cafeterias from movies.

3. German secondary schools have cafeterias too.

4. German *Mensas* at a university are sort of like cafeterias.

5. The German school day is the same length as in the US.

Draw a simple map of either your high school cafeteria or your current cafeteria. Label which groups sit where and give a short description in German of what they are like.

Salzburger Christkindlmarkt, AT

> Hier sitzen die [Gruppe]. Sie sind sehr laut.
> Hier sitze ich mit meinen Freunden.

K. Was bringst du mit?

Write down the classes you have this term. For each class, list some things that you bring to class *auf Deutsch*. Make sure to use the accusative case endings since they are direct objects!

> Deutsch: Ich bringe mein Buch, ein Heft, Stifte und meinen Laptop mit.

Für Deutsch brauche ich Brille, ein Heft, und einen Ordner.

Für Chemie brauche ich einen Ordner, einen Laptop, und einen Stift.

Für Biologie brauche ich einen Laptop, Zettel, und einen Kuli.

L. Hast du einen Laptop?

Working with a partner, ask what sorts of things you each have in your backpacks (or bag). Using different sorts of questions, you can also ask about the basic qualities of the items.

> Hast du Hefte in deinem[1] Rucksack?
>
> Sind die Bücher neu oder alt?
>
> Welche Farbe hat dein Rechner?
>
> Hast du einen Laptop in deinem Rucksack?
>
> Hast du ein Tablet in deiner Tasche?
>
> ---
> 1 *Don't worry about the –em ending. We'll cover that in unit 4.*

M. Mein Rucksack

Describe the contents of your *Rucksack* in some detail. Give a basic description of the more interesting items. You will undoubtedly need to look up some words. When doing so, make sure you have the correct words, which you can often verify by checking them on an image database such as Google Images. Make sure you find the gender of the word, too, so that you can put the correct ending on *ein*, and also make sure you find the correct plural ending if needed. Isn't German fun?

> In meinem Rucksack habe ich drei Hefte und vier Bücher. Ich habe heute auch meinen Laptop in meinem Rucksack. Mein Laptop ist neu und sehr schnell!

3.2 Bei mir

Culture: Describing others
Vocabulary: Clothing & colors
Grammar: *möchte*

A. Farben   Answer the questions below using appropriate German color terms.

Wien, AT

Welche Farbe(n) hat…	dein Auto?
	dein Fahrrad?
	dein Computer/Laptop?
	dein Sofa?
	dein Wintermantel?
	dein Rucksack?
	dein Handy?
	deine Nationalflagge?
Welche Farbe haben…	deine Schuhe?
Welche Farbe ist…	deine Lieblingsfarbe?

B. Interview   Ask a partner the questions above.

Mein Auto ist…
Meine Nationalflagge ist…
Meine Schuhe sind…
Ich habe kein Auto.
Ich habe keinen Rucksack.

C. Was trägst du, wenn…   Answer the questions about what you wear. Remember that these will be direct objects.

Was trägst du, …

wenn es heiß ist?

wenn es schneit?

wenn du zur Uni gehst?

wenn du auf eine Party gehst?

wenn du auf eine Hochzeit[1] gehst?

wenn du zu Hause bleibst[2]?

Wenn es heiß ist, trage ich Shorts und eine T-Shirt.

Wenn es schneit, trage ich ein Pulli.

Wenn ich zur Uni gehe, trage ich Shorts, eine T-Shirt.

Wenn ich eine Party gehst, trage ich eine Rock und eine Bluse.

Wenn ich auf eine Hochzeit gehst, trage ich ein Kleid.

Wenn ich zu Hause bleibst, trage ich ein Sweatshirt.

1   *wedding*
2   bleiben – *to stay*

Wenn ich zur Uni gehe, trage ich Jeans, ein Hemd und Sandalen.

die Bluse	das T-Shirt	der Anzug	der Rock
das Kleid	der Pulli	die Shorts (pl)	das Sakko
das Sweatshirt	der Bikini	die Krawatte	die Jeans

D. Was tragen sie? Write what clothing these people are wearing. Add in color adjectives using the patterns in the blue box.

eine blaue Hose   einen schwarzen Anzug
ein schönes Kleid   grüne Shorts

1. Er trägt eine braun Hose.

2. Sie trägt ein weiß Kopfhörer.

3. Er trägt einen schwarz Rucksack.

4. Sie trägt einen grau Pulli.

5. Er trägt einen schwarz Anzug.

6. Sie trägt ein weiß und schwarz Kleid.

E. Was trägt sie?  Work with a partner and ask what the people in 3.2D are wearing. When you answer, make sure that you use the accusative case. If you want to use color terms or other adjectives, follow this pattern (which we'll look at in more detail in chapter 4):

ein weiß**es** Hemd / eine blau**e** Hose / einen schwarz**en** Anzug / braun**e** Shorts

Er trägt ein (*grünes*) Hemd / eine (*alte*) Hose / einen (*schönen*) Anzug.

F. Was trägst du? With a partner, ask each other what you are wearing. Follow up with the question *Wie oft trägst du…?*.

Was trägst du jetzt?   Ich trage Shorts, eine blaue Bluse und neue Sandalen.   oft / nicht oft
Wie oft trägst du Shorts? Ich trage manchmal Shorts.   immer / nie

G. Bei mir zu Hause

Read the following descriptions of family members and then write one sentence for each description, comparing that person to someone in your family.

Lueg, CH

Mein Vater

Torgunn (Göttingen, DE): Mein Vater hat graue Haare, also grau-braun, braune Haare, kurz, einen Vollbart, braune Augen und ist so 1,75 m groß.

Nici (Braunschweig, DE): Mein Vater ist so durchschnittlich gewachsen[1], so 1,75 m ist er groß, hat weiße Haare, eine stämmige[2] Statur, ist aber nicht dick[3], und grinst[4] immer sehr gerne.

Kristiana (Göttingen, DE): Also, mein Vater kommt aus Griechenland und hat deswegen natürlich ziemlich[5] dunkle Haare und einen Vollbart. Er ist relativ klein für einen Mann, würde ich sagen, und hat immer ein Lächeln[6].

größer als – *taller than*
nicht so groß wie – *not as tall as*
hat kürzere Haare als – *has shorter hair than*
älter als – *older than*
jünger als – *younger than*

1 durchschnittlich gewachsen – *average size*
2 *stocky*
3 *fat*
4 grinsen – *to grin*
5 *somewhat*
6 *smile*

Nicis Vater ist kleiner als mein Vater.

Meine Schwester hat lange Haare, aber Moniques Schwester hat kurze Haare.

Comparisons (Vergleiche)

Meine Schwester

Claudia (Göttingen, DE): Meine Schwester ist ein bisschen kleiner als ich, so 1,65 m. Hat braune lange Haare, ist ziemlich schlank und hat blaue Augen.

Nici (Braunschweig, DE): Meine Schwester hat blonde Haare, jetzt relativ kurz, lächelt immer und ist sehr schlank.

Monique (Göttingen, DE): Meine Schwester ist zwei Jahre älter als ich. Sie ist auch ungefähr neun Zentimeter größer als ich, worum ich sie sehr beneide[7]. Sie hat kurze Haare, ganz kurze Haare. Ihre Gesichtszüge[8] sind eigentlich fast[9] wie meine. Sie hat auch blaue Augen, ziemlich volle Lippen eigentlich, zumindest die Unterlippe. Sie ist allerdings etwas stämmiger als ich.

7 beneiden – *to envy*
8 *facial features*
9 *almost*

Comparisons (Vergleiche)

H. Beschreiben   Describe the people in the photos using your best German. Feel free to use some of the phrases provided. You'll notice some endings for adjectives. For now, simply follow the patterns provided; we'll look at these endings more closely in unit 4.

kurze / dunkle Haare haben	eine rote Bluse tragen
eine Glatze / einen Bart haben	ein braunes Hemd tragen
blaue / grüne Augen haben	einen blauen Anzug tragen

1.

2.

3.

4.

5.

6.

I. Mein Kleiderschrank   Working with a partner, describe the color of some of the clothing you own. You can find the endings you need for the color adjectives in activity 3.2H above. You may need your vocabulary list for plural forms. Ask each other some questions to mix it up.

Ich habe viele blaue und schwarze Jeans.
Ich habe ein rotes Hemd.
Ich habe zwei weiße Kleider.
Ich habe keine Röcke.

Hast du einen weißen Wintermantel?
Hast du eine Krawatte?

der Anzug	die Jacke	gelb
die Jeans	das T-Shirt	grün
die Hose	der Wintermantel	braun
die Krawatte	das Hemd	rot
der Rock	das Top	schwarz
die Socken	das Kleid	weiß

J. Kleidung   Read the descriptions of what each person below says about their clothing choices and then respond to the questions that follow.

Catharina (Hamburg, DE): Meine Kleidung ist bequem und praktisch, weil ich jeden Tag Fahrrad fahre. Deshalb trage ich meistens Hosen, Strickjacken[1], T-Shirts, Tops, Blusen, ganz normale Sachen, nicht zu fein, nicht zu kurz.

Tobias (Köln, DE): Ich trage am liebsten Jeans und Pullover. Und wenn ich abends ausgehe, trage ich auch gerne mal schickere Sachen. Aber am liebsten trage ich lockere[2] Kleidung, bequeme Kleidung.

Torgunn (Göttingen, DE): Am liebsten praktische bequeme Kleidung, die nicht so schnell schmutzig wird und die man auch im Regen anziehen[3] kann. Hier regnet es ja so viel.

Tanja (Göttingen, DE): Ich trage sehr gern Jeans. Ganz normal. Bequeme Schuhe, T-Shirt, Hemd, Pullover. Also nicht unbedingt so, was im Moment trendy ist, sondern casual, also ganz normal.

1 cardigans
2 easygoing
3 to put on

Lexi (Frankfurt, DE): Am liebsten bequeme Kleidung. Bequeme, lässige[4], sportliche Kleidung. Für besondere Anlässe mag ich auch feine Kleidung, aber ich fühle mich nicht ganz wohl[5] darin. Am liebsten Hose, T-Shirt, Hemd. Dann fühle ich mich wohl. Das ist leicht zum Leben.

Monique (Göttingen, DE): Ich trage gern viel Blau, viel Blau und Schwarz. Im Sommer auch Weiß, wenn ich braun bin. Aber sonst eigentlich nicht zu schrill. Ich trage niemals pinke Sachen. Es geht nicht. Egal[6], wie schlank ich bin oder wie braun ich bin. Ganz egal. Sowas ist einfach hässlich.

4 casual
5 sich wohl fühlen – *to feel good, comfortable*
6 *it doesn't matter*

Which adjectives are mentioned most often to describe their preferred clothing?

Which particular clothing items are most often mentioned?

Was tragen diese Leute lieber: praktische oder schickere Kleidung?

Fill in the blanks below to describe how you dress!

Ich trage gern _____ , _____ und _____ .

Ich trage niemals _____ Sachen.

Ich trage meistens _____ und _____ .

Meine Kleidung ist _____ und _____ , weil ich jeden Tag

_____ . *(note that the verb comes at the end here)*

K. Was tragen die Kommilitonen?

With a partner, take turns describing someone else in the class by what he or she is wearing and other features such as hair or eye color. See if you can guess the student your partner is describing. You might want to review names before starting this activity!

> Er trägt…
> Sie hat…

L. Eine Beschreibung

Get a photo or print an image of someone you will describe. Write a paragraph-length description of the person using your best German and adapting any of the models provided as needed.

> Das ist meine Schwester. Sie heißt Tatjana und ist älter als ich. Sie hat lange, blonde Haare und braune Augen. Sie ist nicht sehr sportlich, aber sie spielt gern mit ihrer Tochter Maren. Sie ist größer als ich, ca. 1,75 m. Ich bin 1,72 m groß. In diesem Foto trägt meine Schwester ein grünes Hemd und eine braune Jacke. Sie trägt auch blaue Jeans und dunkle Sportschuhe. Außerdem hat sie eine kleine Handtasche.

M. Wie sieht sie aus?

With a partner, read the description you wrote for 3.2L while your partner makes a drawing of your description. When finished, show your partner your photo and see how closely the drawing matches!

3.3 Haus und Wohnung

Culture: Living spaces
Vocabulary: House, apartment & dorms
Grammar: Prepositions with accusative

A. Fragen   Check all the appropriate boxes. Be prepared to ask and answer these questions in class.

1. Wo wohnst du?

Ich wohne

☐ bei meinen Eltern.

☒ zu zweit mit einem Mitbewohner / einer Mitbewohnerin.

☐ allein.

☐ mit anderen in einer Wohngemeinschaft. *Grouphouse* →

☐ mit meinem Partner/meiner Partnerin[1].

☐ auf dem Campus.

☒ nicht auf dem Campus.

☐ in einem Studentenwohnheim.

☐ in einer Wohnung.

☒ in einem Haus.

☐ in einem Zimmer zur Untermiete[2].

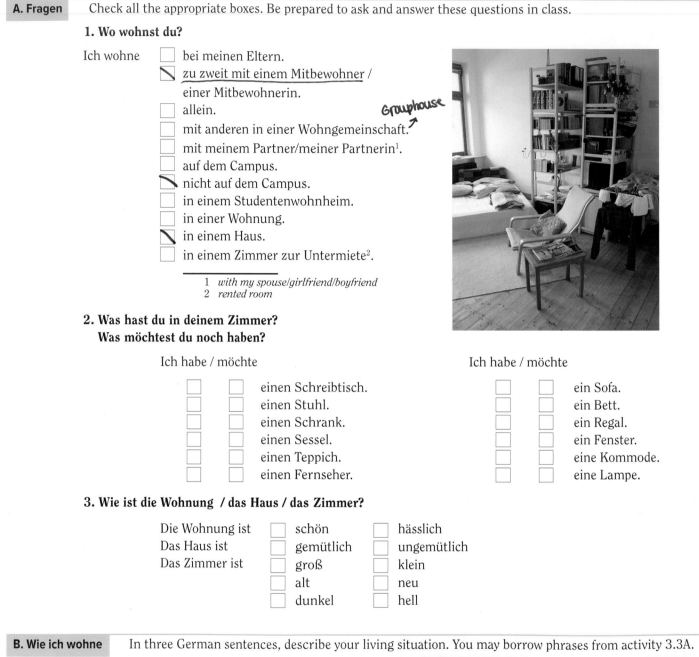

---
1 *with my spouse/girlfriend/boyfriend*
2 *rented room*

2. Was hast du in deinem Zimmer?
Was möchtest du noch haben?

Ich habe / möchte		Ich habe / möchte	
☐ ☐ einen Schreibtisch.		☐ ☐ ein Sofa.	
☐ ☐ einen Stuhl.		☐ ☐ ein Bett.	
☐ ☐ einen Schrank.		☐ ☐ ein Regal.	
☐ ☐ einen Sessel.		☐ ☐ ein Fenster.	
☐ ☐ einen Teppich.		☐ ☐ eine Kommode.	
☐ ☐ einen Fernseher.		☐ ☐ eine Lampe.	

3. Wie ist die Wohnung / das Haus / das Zimmer?

Die Wohnung ist ☐ schön ☐ hässlich
Das Haus ist ☐ gemütlich ☐ ungemütlich
Das Zimmer ist ☐ groß ☐ klein
 ☐ alt ☐ neu
 ☐ dunkel ☐ hell

B. Wie ich wohne   In three German sentences, describe your living situation. You may borrow phrases from activity 3.3A.

C. Studentenwohnheim

Students in many European countries have the option to live in student dorms, although many do not. Fill out the questionnaire below for a *Studentenwohnheim* at the *Universität Aachen*.

Studentenwohnheim Fragebogen

Hier gibt es noch ein paar persönliche Fragen zu deiner Person. Kreuze[1] die Zahlen 1 bis 5 an und zeige[2] uns, was du für ein Typ[3] bist. Es gibt keine falschen Antworten!

1 ankreuzen – *to mark, check*
2 zeigen – *to show*
3 *person*

Ich finde Partys toll.	1 ②3 4 5	Ich finde Partys schrecklich[6].
Ich unterhalte mich[4] gerne mit anderen Menschen.	1 2 ③4 5	Ich bin eine sehr private Person.
Ich bin sehr sportlich.	1 ②3 4 5	Ich bin total unsportlich.
Ich bin sehr spontan.	①2 3 4 5	Ich bin eher nachdenklich.
Ich bin ein richtig fröhlicher Mensch.	1 ②3 4 5	Ich bin eher ein trauriger Typ.
Ich gucke ständig Fernsehen[5].	1 2 3 ④5	Fernsehen interessiert mich überhaupt nicht.
Ich gehe sehr oft ins Kino.	①2 3 4 5	Ich weiß gar nicht, was ein Kino ist.
Ich spiele sehr oft Computerspiele.	1 2 3 4 ⑤	Ich mag keine Computerspiele.
Ich gehe sehr gern spazieren.	1 ②3 4 5	Ich gehe nur dann, wenn ich muss.
Ich gehe gern aus.	1 2 ③4 5	Ich bleibe lieber zu Hause.
Ich koche wahnsinnig gerne.	1 ②3 4 5	Ich „koche" nur Fischstäbchen[7].

(handwritten notes: "great" above question 1; "I like to cook a lot" / "insane" near the cooking question; "have to" near "Ich gehe nur dann, wenn ich muss.")

4 sich unterhalten mit – *to talk to*
5 Fernsehen gucken – *to watch TV*

6 *awful*
7 *fish sticks*

D. Passen wir zusammen?

Interview another student by asking the questions posed in 3.3C above. Note her or his responses and be prepared to explain in class whether you are compatible or not.

> Findest du Partys schrecklich?
>
> Ja, ich finde Partys schrecklich.
> Nein, ich finde Partys toll.
> Manchmal finde ich Partys toll, manchmal schrecklich.

Alpnach, CH

E. Unsere WG

Create a questionnaire *auf Deutsch* for potential housemates at your university based on 3.3C above. It should have at least five pairs of opposing statements.

> Ich spiele viel Basketball. 1 2 3 4 5 Ich verstehe Basketball überhaupt nicht!
>
> Ich habe viele Freunde.   1 2 3 4 5 Ich habe ein paar Bekannte.

| F. Wie wohnst du? | Read the following answers to the question *Wie wohnst du?* and answer the questions that follow. |

Nadine (Lüneburg, DE): Meine Wohnung ist sehr gemütlich. Es ist im Studentenwohnheim. Es ist eine Einzelwohnung. Ich habe meine eigene Küche und mein eigenes kleines Bad. Ich habe ganz viele Fotos von meinen Freunden und Reisefotos an den Wänden.

Lissy (Berlin, DE): Eine Freundin und ich haben jeder[1] ein Zimmer und wir teilen uns Küche und Bad. Wir haben leider kein Wohnzimmer, weil eine größere Wohnung teuer ist. Wir wohnen als Gemeinschaft[2] zusammen[3]. Manchmal kochen und essen wir zusammen. Aber sonst geht jeder seinen eigenen Weg[4]. Sie studiert an einer anderen Universität und hat einen anderen Job. Wir sind befreundet, aber wir wohnen einfach zusammen, weil es preiswerter[5] ist und weil es schöner ist, wenn man nicht allein wohnt.

1   *each*
2   *community*
3   *together*
4   *way*
5   *less expensive*

Carolin (Paderborn, DE): Ich wohne in einer WG mit meiner Mitbewohnerin Charlotte. Das ist eine Zwei-Zimmer-Wohnung direkt in der Innenstadt[6], mit Küche und Bad. Sie ist sehr zentral. Ich habe ein sehr großes Zimmer. Ich verstehe mich sehr gut mit Charlotte und deswegen möchte ich da auch nicht ohne[7] sie wohnen.

Silia (Tübingen, DE): Wir haben genau ein Schlafzimmer und ein Wohnzimmer und das ist eigentlich[8] okay, weil Noah ist ja noch ganz klein und er braucht eigentlich noch nicht sein eigenes Zimmer. Aber es ist einfach ein bisschen eng[9] mit Babybett und mit seinen ganzen Sachen[10] und unseren Sachen. Und die Küche ist auch sehr klein und wir möchten eigentlich eine größere Küche, weil wir sehr gern kochen und eigentlich auch jeden Tag kochen.

6   *downtown*
7   *without*
8   *actually*
9   *tight*
10   *things*

Underline all words that refer to rooms in the apartment.

Wer wohnt allein?

Wer hat ein Kind?

Wer wohnt in einer Wohngemeinschaft?

Wer hat wohl eine relativ kleine Wohnung?

Wer wohnt mitten in der Stadt?

What positive adjectives do you notice that refer to apartments?

Now circle all direct objects that you can find in the texts above!

G. Wie oft ...?   Answer each of these questions about yourself by filling in the blanks.

1. Wie oft isst du am Tag?   Ich ess _____ _____ mal am Tag.

2. Wie viele Stunden am Tag schläfst du?   Ich schlaf _____ Stunden am Tag.

3. Wie viele SMS schickst du am Tag?   Ich _____ _____ SMS am Tag.

4. Wie viele Stunden am Tag machst du Hausaufgaben?   Ich _____ _____ Stunden am Tag Hausaufgaben.

5. Wie oft im Monat gehst du ins Kino?   Ich _____ _____ mal im Monat ins Kino.

6. Wie viele Stunden am Tag surfst du im Internet?   Ich _____ jeden Tag _____ Stunden im Internet.

7. Wie oft in der Woche gehst du ins Fitnessstudio?   Ich _____ jede Woche _____ mal ins Fitnessstudio.

8. Wie oft im Jahr kaufst du neue Schuhe?   Ich _____ _____ mal im Jahr neue Schuhe.

H. Und du?   Ask your partner the questions in 3.3G. Find out about their habits or those of a relative, friend or roommate.

jede Woche – every week	*zweimal in der Woche* – twice a week
alle zwei Tage – every other day	*zweimal pro Monat* – twice a month
jeden Monat – every month	*nie* – never
jedes Jahr – every year	*immer* – always

I. Haustiere   Working with a partner, ask about what pets you both have. Notice that you can ask either in the singular or plural. You can also ask what the pet is like.

der Fisch, -e
der Hund, -e
die Katze, -n
die Schlange[1], -n
das Meerschweinchen[2], -
der Hamster, -
das Kaninchen[3], -
der Vogel[4], ¨-

1 *snake*
2 *guinea pig*
3 *rabbit*
4 *bird*

J. Das ist zu viel!   Working with a partner, make statements about how much time you spend on various activities. Your partner will respond by saying whether he or she thinks the amount of time you state is appropriate.

Wie oft?

X Stunden, zweimal pro Tag / pro Nacht / in der Woche / im Monat / im Jahr

schlafen	laufen
essen	schwimmen
(Deutsch) lernen	Rad fahren
online sein	Country Musik hören
ins Fitnessstudio	Videospiele spielen
gehen	Cola Light trinken

Give lengths of time for verbs and say whether it's too much or not:

Das ist (zu) wenig.
Das geht.
Das ist (zu) viel!

Student 1: Ich spiele neun Stunden pro Tag Videospiele.

Student 2: Das ist zu viel!

Berlin

K. Die Weiterbildung   Think about the educational needs of your friends and family and look for courses you think five of them could take to improve themselves. Explain your recommendations for them, using the preposition *für* (with accusative) for the people. You might want to review vocabulary related to academic subjects.

Modell: Für meinen Bruder finde ich einen BWL-Kurs. Er arbeitet nicht gern.

L. Habe ich nicht   Working with a partner, ask questions about each other's family and life, reviewing vocabulary from the last units but also working on negation with *nicht* and *kein*. Feel free to use the suggested terms or pick your own.

Cousins	laufen
Kusinen	schwimmen
Schwager	viel lernen
Großeltern	schlafen
Geschwister	segeln
Kinder	Yoga machen

Hast du Enkelkinder?
Nein, ich habe keine Enkelkinder!

Läufst du gern?
Nein, ich laufe nicht gern.

M. Mein bizarres Leben

Write an essay of at least 150 words about your unique way of life using facts from 3.3G (*Wie oft…?*) as well as the writing suggestions given here.

Opinion statements:

Es/Das ist	(nicht so) schwer.
	(nicht so) interessant.
	(nicht) zu viel.
	(un)nötig.
Ich lerne (nicht so) viel.	
Ich mache das (un)gern.	

Openers:

Mein normaler Tag ist	sehr schwer.
	leicht.
	normal.
	verrückt.

Middle text:

Ich schreibe	jeden Tag		für Deutsch		ein Quiz.
	jeden zweiten Tag		für		eine Klausur.
	jede Woche		meinen Freunden		einen Brief.
	jeden Monat		meiner/meinem		eine E-Mail.
Ich mache	jeden Tag	ungefähr		Stunden	Hausaufgaben.
	jede Woche	mehr als		Minuten	Yoga.
		insgesamt			gar nichts.
Ich arbeite	jeden Tag	ungefähr		Stunden	am Computer.
	jede Woche			Minuten	an meinem Deutsch.
					an meiner Figur.
Ich surfe	jeden Tag			Stunden	im Internet.
	jede Woche			Minuten	am Meer.
Ich arbeite	jeden Tag			Stunden	bei McDonald's.
	jede Woche				im Café.
					als Kellnerin.
					in einem Büro.
Ich faulenze	jeden Abend	ungefähr		Stunden	zu Hause.
	am Wochenende				mit Freunden.
					auf der Couch.
					vor dem Fernseher.

Closers:

Ich habe dieses Semester (nicht so) viel zu tun.

Ich habe	keine Freizeit.
	wenig Freizeit.
	nicht genug Freizeit.
	viel Freizeit.

Ich bin	gestresst[1].
	verrückt[2].
	(un)glücklich[3].

1 *stressed*
2 *crazy*
3 *(un)happy*

Mein normaler Tag ist relativ unkompliziert. Ich schlafe vier Stunden. Ich esse fünf Mal am Tag und einmal in der Nacht. Ich surfe 15 Minuten am Tag im Internet, aber ich checke meine E-Mail-Inbox dreimal pro Stunde. Ich sehe 60 Minuten am Tag fern („House of Cards" oder „The Simpsons"). Ich lerne drei Stunden am Tag und ich arbeite dreimal in der Woche bei McDonald's. Ich spiele keine Computerspiele, aber ich lese ein oder zwei Stunden am Tag Bücher oder Zeitschriften. Ich habe viel Freizeit und ich bin nicht gestresst.

3.4 Zu Hause

Culture: Running a household
Vocabulary: Yard & house work
Grammar: Verb prefixes

A. Wer macht das? Place a check next to the person in your family responsible for the tasks listed.

	ich	andere *(others)*	niemand *(no one)*		ich	andere	niemand
das Essen kochen	☑	☐	☐	die Blumen gießen	☑	☐	☐
den Tisch decken	☑	☐	☐	die Einfahrt fegen	☐	☐	☑
Geschirr spülen	☑	☐	☐	den Schnee schaufeln	☐	☑	☐
Kaffee kochen	☐	☐	☑	die Blätter harken	☐	☑	☐
staubsaugen *vacuum*	☐	☑	☐	den Rasen mähen	☐	☑	☐

B. Gern oder ungern? Pick five tasks from 3.4A and describe whether you like doing them or not.

ganz gern   nicht gern
gern   gar nicht gern
ziemlich gern

Ich koche sehr gern Kaffee.
Ich sauge gar nicht gern staub.

Ich koche gern das Essen.
Ich decke ziemlich gern den Tisch.
Ich spüle gar nicht gern Geschirr.
Ich koche nicht gern Kaffee.
Ich ziemlich gern staubsauge.

Hamburg

C. Interview Working with a partner, ask who does each activity at home and whether the person enjoys it or not.

Wer kocht zu Hause das Essen?
Mein Bruder kocht das Essen.
Kocht er gern?
Ja, er kocht total gern.

D. Was gibt es wo? With a partner, look at the list and describe what you would expect to find in each room.

Room list:

auf dem Flur, in der Küche,
im Wohnzimmer, im Esszimmer,
im Schlafzimmer, im Bad,
im Kinderzimmer, im Hobbykeller,
im Arbeitszimmer, in der Garage

> Modell:
> In der Küche gibt es einen Esstisch.

For the rooms, just use the phrases listed. You will learn more about these sorts of phrases in unit 4. For the item that is found there, remember to put it in accusative, since it is associated with the verb geben, *i.e., 'it gives a table'.*

Item list:

das Auto	das Essen
der Stuhl	die Getränke
der Fernseher	der Ofen
das Spielzeug	der Computer
der Sessel	der Schreibtisch
das Fahrrad	der Kleiderschrank
der Esstisch	die Bar

E. Gartenzwerge Read this text about garden gnomes and answer the questions that follow.

Der Gartenzwerg ist ein Bewohner[1] vieler deutscher Gärten (auch Schrebergärten). Er kommt aus Thüringen und ist über 120 Jahre alt. Der Gartenzwerg ist traditionell eine Figur aus Ton[2]. Manche moderne Gartenzwerge werden aus Plastik (und in China) hergestellt[3]. Traditionelle Gartenzwerge haben einen Bart, tragen eine rote Mütze, rauchen eine Pfeife[4] oder halten eine Laterne in der Hand. Für viele Deutsche sind sie ein Symbol des Spießbürgertums[5]. Es gibt aber auch makabre, ironische oder sogar unanständige[6] Figuren von Gartenzwergen, die von Studenten gekauft und in Gärten aufgestellt werden, um ihre Eltern und Großeltern zu ärgern[7].

1 *inhabitant*
2 *ceramic*
3 *made, produced*

4 *pipe*
5 *conservative middle class*
6 *indecent*
7 ärgern – *to annoy*

1. Woher kommt der Gartenzwerg?

2. Wie alt ist der Gartenzwerg?

3. Gibt es Gartenzwerge in deiner Heimatstadt?

4. Hast du in deiner Heimatstadt typische Figuren aus Ton oder Plastik im Garten? Was für[8] Figuren?

8 was für – *what kind of*

F. Hilfe! Die Eltern kommen!

Maike and Markus are in a panic: their parents are returning from vacation in three hours! They had promised to take care of the house and garden and not to have any wild parties while their parents were away, but you know how these things go…

Here is a list of the chores they have not done yet. Maike and Markus have 50 euros. The neighbor boy Jörg is willing to help, but he charges 10 euros an hour and only does *Gartenarbeit*.

Assign tasks to each in the order you think the chores should be performed.

Chores:

1. das Haus putzen[1] – 1,5 Stunden
2. den Müll wegräumen[2] – 15 Minuten
3. das Geschirr spülen und abtrocknen[3] – 45 Minuten
4. Lebensmittel kaufen[4] – 1 Stunde. *Costs 20 euros total if they cook dinner themselves. Costs 10 euros if they just buy necessities and order dinner out.*
5. das Abendessen kochen – 1 Stunde, *if they cook it themselves. Take-out costs 30 euros, but takes no time because the restaurant delivers.*
6. den Tisch decken – 15 Minuten
7. Blumen gießen – 45 Minuten. *Lots of flowers inside (15 minutes) and outside (30 minutes).*
8. die Einfahrt fegen – 30 Minuten
9. die Blätter harken – 45 Minuten. *Must be done before mowing.*
10. den Rasen mähen – 30 Minuten
11. den Porsche des Vaters waschen – 1 Stunde

1 *to clean the house*
2 *to take out the garbage*
3 *dry*
4 *to buy some food*

Schwarzwald

Maike	Markus	Jörg	euros spent
			chores left undone

G. Wortschatz   German has a great number of compound nouns, where two or more words are put together to make a new noun. Write as many German compound words as you can in the box using the nouns provided.

die Waschmaschine, ...

Maschine	Zwerg
Bücher	Mittel
Regal	Kühl
Fach	Garten
Schlaf	Schrank
Halt	Spül
haupt	Zimmer
Haus	Wasch

H. Hausarbeit   Combine the verbs and nouns into sentences that make sense. Remember that the nouns are direct objects, AND make sure you know whether the verb has a separable or an inseparable prefix!

die Wäsche	wegräumen
das Geschirr	decken
der Schnee	putzen
der Rasen	gießen
der Tisch	waschen
das Haus	schaufeln
der Müll	spülen
die Blumen	mähen

I. Besser für die Umwelt?   For each pair, check the item that you think is better for the environment. Naturally these questions can be very complicated!

die Wäsche trocknen	☐	☐	die Wäsche aufhängen
das Geschirr spülen	☐	☐	die Geschirrspülmaschine benutzen
den Rasen mähen	☐	☐	keinen Rasen haben
den Schnee schaufeln	☐	☐	eine Schneefräse[1] benutzen
Altpapier recyclen	☐	☐	Altpapier verbrennen
einen kleinen Kühlschrank haben	☐	☐	einen großen Kühlschrank haben

1 *snowblower*

Working with a partner, describe how your family deals with the above items. Ist das gut für die Umwelt?

> Wir haben einen Rasen und mähen den Rasen. Das ist vielleicht nicht gut für die Umwelt, aber wir finden unseren Rasen schön. Aber dafür recyclen wir alles!

J. Mehrgenerationenhaus   In Germany, *Mehrgenerationenhäuser* bring together several generations to create a space in which people of all ages can learn from one another.

Was gibt es in einem Mehrgenerationenhaus? *Place a check in the box next to items you think might be typical in a* Mehrgenerationenhaus.

Es gibt...
☐ Tische und Stühle ☐ Bücher ☐ Computer
☐ eine Küche ☐ ein Schwimmbad ☐ Betten
☐ einen Fernseher ☐ Kaffee ☐ Sofas

Now read the text and answer the questions below in complete sentences.

Das *Bundesministerium für Familie, Senioren, Frauen und Jugend* organisiert 450 Mehrgenerationenhäuser in Deutschland. In diesen Mehrgenerationenhäusern treffen sich junge und alte Menschen. Diese Menschen machen verschiedene[1] Dinge zusammen: Sie spielen Spiele, unterhalten sich[2], kochen und bilden eine Gemeinschaft[3]. In vielen Mehrgenerationenhäusern gibt es Literaturprojekte wie z.B. „Oma[4] liest". Die Idee dieses Projekts ist einfach: Kinder hören gerne Geschichten und Lesen ist gut für alle Generationen. Andere Mehrgenerationenhäuser haben ein Café für Frühstück, Mittagessen und Kaffee und Kuchen. Im Café treffen sich Jugendliche[5], Alleinlebende, Eltern und Senioren und essen gemeinsam. Speziell für Senioren gibt es auch eine „Seniorenakademie" mit Computer-Kursen.

---

1   *different*
2   sich unterhalten – *to converse*
3   *community*
4   *grandma*
5   *youth (teens)*

1. Wer organisiert die Mehrgenerationenhäuser in Deutschland?

2. Wer trifft sich in diesen Mehrgenerationenhäusern?

3. Was machen diese Menschen zusammen? Nenne zwei Beispiele!

4. Ist die „Seniorenakademie" auch für junge Menschen?

5. *What societal issues might have led the German government to establish* Mehrgenerationenhäuser?

K. Den Haushalt schmeißen   Federica (Göttingen, DE) explains how she shares household duties with her boyfriend. Read what she says and answer the questions that follow.

Seit vier Jahren wohne ich mit meinem Freund Sebastian in Göttingen zusammen. Wir haben eine schöne Wohnung mit drei Zimmern, einer Küche, einem Bad und einem kleinen Balkon. Bei so viel Platz[1] gibt es immer ganz viel im Haushalt zu tun! Wir haben keinen Putzplan, aber den brauchen wir auch nicht, denn wir haben unsere eigene Routine.

Sebastian spült das Geschirr und putzt die Küche, ich putze das Bad und räume im Wohnzimmer auf. Alles andere – einkaufen, staubsaugen, Fenster putzen, Wäsche waschen – machen wir gemeinsam. Beim Kochen wechseln wir uns ab[2], aber meistens kocht Basti, weil er früher von der

Uni nach Hause kommt als ich. Das freut mich, denn er kann sehr gut kochen!

Ich kümmere mich meistens um[3] die Post und um finanzielle Sachen wie Miete[4] und Stromrechnungen, weil Basti da nicht so viel Lust zu hat. Aber er repariert alle Dinge im Haushalt, die kaputt gehen. Bei uns geht ziemlich viel kaputt, weil fast alle unsere Geräte alte Sachen[5] von unseren Eltern sind. Aber weil Basti und ich gern Geld sparen[6], können wir uns oft auch neue Geräte leisten[7], wenn die alten kaputt gehen.

1   space
2   abwechseln – *to trade off*

3   sich kümmern um – *to take care of*
4   *rent*
5   *things*
6   *to save*
7   *to afford*

Wer macht was?	Federica	gemeinsam	Sebastian
kochen	☐	☐	☐
Wäsche	☐	☐	☐
Bad putzen	☐	☐	☐
einkaufen gehen	☐	☐	☐
Geschirr spülen	☐	☐	☐
staubsaugen	☐	☐	☐
Küche putzen	☐	☐	☐
Reparaturen	☐	☐	☐
Rechnungen	☐	☐	☐
aufräumen	☐	☐	☐

Was denkst du? Ist der Plan von Federica und Sebastian traditionell? Modern? Normal? Nicht normal?

L. Unser Haushalt   Describe how your house is run. Who does what? Use the phrases in Federica's text in 3.4K above to describe who does what, either at what you consider home or where you currently live if it's different. Look at what Federica says carefully to see how you can write your sentences!

4.1 Restaurant

A. Assoziationen — What do you associate with the following kinds of food? Write three adjectives for each item, using words from your current and past vocabulary lists.

mexikanisch — scharf, heiß, lecker

indisch — gesund, verschieden, warm

amerikanisch — schwer, teuer, gemütlich

italienisch — schön, lecker, ähnlich

thailändisch — heiß, leicht, interessant

B. Was passt gut zusammen? — From the following list, make pairs of foods that work well with each other in your opinion.

Eis und Schokolade passen gut zusammen.

| Kartoffeln- | Salat- | Schnitzel- | Wurst | Wein |
| Nudeln- | Schinken- | Suppe - | Zwiebel | Bier |

Schnitzel und Kartoffeln passen gut zusammen.
Suppe und Salat passen gut zusammen.
Schinken und Nudeln passen gut zusammen.
Zwiebel und Wurst passen gut zusammen.

C. Interview — With a partner, ask each other these questions. Be honest!

Kreuzberg Cafe, Berlin

Kochst du gern?

Kochst du gut?

Bist du Vegetarier?

Wie oft kochst du?

Für wen kochst du?

Was kannst du gut kochen?

D. Restaurants Examine the four advertisements below and answer the questions about them.

1. In welcher Stadt sind diese Restaurants?

Kassel

2. Wo kann man italienisch essen?

Ristorante Raffaello

3. Wo findet man eine Kegelbahn? *(Look up* Kegelbahn *in the internet to see what it is.)*

Landhaus Meister

4. Ich esse gern Fleisch. Wo soll ich essen gehen?

Ristorante Raffaello

5. Es ist Montag. Wo kann man essen?

~~Landhaus Meister~~, Goldener Löwe

6. Ich möchte wissen, wann *Duck Dich* geöffnet hat. Wie kann ich diese Information finden?

www.duckdich-kassel.de oe top right corner of add

7. Wo kann man billig essen?

Goldener Löwe

8. Ich will eine Party bei mir zu Hause haben. Welche Restaurants bringen mir das Essen ins Haus?

~~Goldener Löwe~~
Raffaello

9. *What do you think* Anno 1799 *means?*

Established 1799

10. *Find* Duck Dich, Landhaus Meister *or* Raffaelo *online, check out the menu and write here what dish you would like to try.*

Kartoffelcremesuppe

E. Mein Lieblingsrestaurant   Read Stephanie's (Erfurt, DE) description of her favorite restaurant and answer the questions that follow.

Das Restaurant, in dem ich gerne esse, ist in Kiel. Das ist mein Lieblingsrestaurant. Das ist ganz groß und das ist in einer ehemaligen Lagerhalle[1]. Und sie haben das ausgebaut[2], viel Holz[3], viele kleine Fenster, Kamin[4], drei Etagen[5] und sehr gemütlich, ganz viele Blumen, ganz grün und sehr groß.

---

1 *former warehouse*
2 *renovated*
3 *wood*
4 *fireplace*
5 *level, floor*

1. *List the adjectives Stephanie uses to describe her favorite restaurant.*

2. *What nouns (things) does Stephanie associate with her favorite restaurant?*

3. Was isst Stephanie gern?

    a. Fleisch
    b. Holz
    c. Blumen
    d. Das steht nicht im Text[6].

4. Was ist für Stephanie wichtig?

    a. Das Essen im Restaurant.
    b. Die Atmosphäre im Restaurant.
    c. Das Restaurant ist nicht weit weg.

---

6 *not in the text*

F. Ein Restaurant   Fill in the blanks to create a description of a restaurant near your college or university.

Das Restaurant ist _____ , _____ und _____ . *(3 adjectives)*

Das Restaurant serviert _____ und _____ . *(2 types of food)*

Das Restaurant ist für _____ bekannt[7].

---

7 *well known*

die Atmosphäre	die guten Preise	den schnellen Service
die Musik	die Weinkarte	viele Pizzasorten
die leckeren Nachtische	die vielen Vorspeisen	vegetarisches Essen
die Fischgerichte	die Nudelgerichte	die gute Bedienung

Ein Abendessen kostet so zwischen _____ und _____ Dollar.

Das Restaurant ist in der Nähe von _____ .

G. Rate mal!   Now describe your restaurant using the sentences above as a starting point.
Your classmates will try to guess which restaurant you are describing.

H. Was isst du gern? Check the boxes below and fill in answers where indicated.

1. Isst du gern... *[check applicable]* *Ich esse gern*

☐ persisch?	☒ Fast Food?	☒ in der Mensa?
☒ indisch?	☒ Nudeln?	☒ im Bett?
☒ japanisch?	☐ Pizza?	☐ vor dem Fernseher?
☐ thailändisch?	☐ Brokkoli?	☐ allein?
☒ mexikanisch?	☒ Pommes frites?	☒ mit den Eltern?
☒ chinesisch?	☒ Salat?	☐ um Mitternacht?

2. Bist du Vegetarier oder Vegetarierin?

☐ Ja, ich bin Vegetarier(in).
☒ Nein, ich bin kein(e) Vegetarier(in).
☐ Ich esse kein Fleisch.
☐ Ich esse keine Eier[1].
☒ Ich esse keine Milchprodukte. →dairy
☐ Ich esse am liebsten Fleisch.

_____
1 eggs

3. Was isst du lieber?

☒ Fleisch	oder	☐ Gemüse?
☒ Wurst	oder	☐ Schinken?
☐ Salat	oder	☒ Suppe?
☐ chinesisch	oder	☒ japanisch?
☐ Reis	oder	☒ Kartoffeln?

4. Wo isst du am liebsten?

☐ bei McDonald's.
☐ in der Mensa.
☒ in einem Café.
☒ bei meinen Eltern.
☒ bei mir zu Hause.
☒ bei Freunden.

5. Wie heißt dein Lieblingsrestaurant?

Mein Lieblingsrestaurant heißt

Stein am Rhein, CH

Die Hauptgerichte sind teuer.

6. Wie ist dein Lieblingsrestaurant?

Die _____ sind _____ .

Die _____ sind _____ .

Die _____ sind _____ .

Hauptgerichte	lecker
Getränke	billig
Salate	teuer
Nachtische	gesund
Pizzen	ungesund
Vorspeisen	

I. Interview Ask a partner questions from 4.1H above. Answer in full sentences for practice!

Isst du gern arabisch? Ja, ich esse gern arabisch.
Nein, ich esse nicht gern arabisch.

J. In welche Restaurants gehst du gern?   Read the following texts and answer the questions that follow.

Christian (Bad Homburg, DE): Am liebsten gehe ich in italienische Restaurants. Ab und an[1] gehe ich in Restaurants, die teurer sind, und dann ist es ganz egal[2], welches, ob es ein italienisches Restaurant ist oder ein deutsches Restaurant. Was wir gerne essen ist japanisch. Was ich nicht so gerne mag ist chinesisches oder thailändisches Essen.

Emily (Bad Homburg, DE): Also Pizza Hut, das ist bei uns in der Stadt, das mag ich total gerne. Oder wir haben auch ein Restaurant, das heißt Kartoffel-Küche, das ist ganz lecker dort. Manchmal fahren wir schnell zu McDonald's, wenn die Mama abends keine Zeit zum Kochen hat.

1   *every now and then*
2   *egal sein – it doesn't matter*

Sonja (Berlin, DE): Italienisch, türkisch, griechisch, chinesisch. Ich bin ziemlich[3] offen, aber ich koche auch sehr gerne. Mein Mann geht mehr essen, weil er beruflich[4] mehr unterwegs[5] ist.

Laura (Berlin, DE): Es gibt ein vietnamesisches Restaurant im Prenzlauer Berg, das heißt Vietnam Village, und ich mag das ganz gern. Es ist minimalistisch, aber trotzdem noch gemütlich. Dieses vietnamesische Essen kann ich in letzter Zeit ganz gut essen, weil sie nicht so viel Milchsachen verwenden[6]. Und sie haben auch leckere Teesorten und Currysachen.

3   *fairly*
4   *work-related*
5   unterwegs sein – *to be traveling*
6   *to use*

1. *Who likes Asian food?*

2. *Who likes to cook?*

3. *Who mentions going to a German-style restaurant?*

4. *Who is probably still living at home?*

5. *Who likes Italian food?*

6. *Who may be lactose intolerant?*

Cron & Lanz, Göttingen

Mögen vs. gern machen:
Circle all the verb forms of mögen *in the texts above, and underline any form of* gern + *verb (including the superlative* am liebsten*).*

Based on the interviews above, how can you say the following in German? Write the number of the sentence here next to the place in the texts above where you find the structure/pattern you are using.

7. *I'm very open.*

8. *My mother travels often on business.*

9. *I don't really like Mexican food.*

K. Essgewohnheiten

Write four German sentences about your eating habits.
Three sentences should be true and one should be false.

Other students will try to guess which of your statements
is false – see if you can fool them.

> Ich frühstücke nicht.
> Ich esse achtmal im Monat bei McDonald's.
> Ich esse keine Pizza.
> Mein Lieblingsessen ist Catfish mit Ketchup.
> Ich esse gern Schnecken[1].
>
> ───────────
> 1   *snails*

> einmal in der Woche – *once a week*
> zweimal im Monat – *twice a month*
> dreimal am Tag – *3 times a day*

L. Ratespiel

In small groups, read your sentences
from 4.1K above. The others in the
group must decide together which
statement is false.

Nummer 2 stimmt nicht.	*Number 2 isn't right.*
Ich glaube…	*I think…*
Nein, Nummer 2 stimmt schon.	*No, number 2 is right.*
Ich weiß es nicht.	*I don't know.*
Sagen wir Nummer 5.	*Let's go with number 5.*
Das war gelogen!	*That was a lie!*
Ätsch!	*Ha ha, fooled you!*

M. Was und wo ich gern esse

Write 6-7 sentences about a place
where you like to eat. Use the models
from 4.1E, 4.1H and the interviews in
4.1J. Your instructor will be thrilled
if you include modal verbs and
prepositions like *für* and *ohne*.

> Ich esse gern in teuren Restaurants.
> Ich gehe aber nie ohne meine
> Freunde in ein teures Restaurant.
> An meinem Geburtstag möchte
> ich bei meinem Lieblingsitaliener
> essen. Meine Eltern wollen aber
> lieber mexikanisches Essen.

4.2 Trinken

A. Wie oft? How often do you drink the following?

	nie	nicht oft	oft
Wasser	☐	☐	☒
der Kakao	☒	☐	☐
Milch	☐	☒	☐
Kaffee	☐	☐	☒
Tee	☒	☐	☐
Cola	☐	☒	☐
Cola Light	☒	☐	☐
Bier	☐	☒	☐
Rotwein	☒	☐	☐
Sekt	☐	☒	☐

sparkling wine ←

Göttingen

B. Wie oft und wann? Working with a partner, ask each other how often you each drink the beverages listed in 4.2A. Also ask your partner when he or she usually drinks them.

morgens / nachmittags / abends / am Wochenende

> Wie oft trinkst du Cola?
> Ich trinke sehr oft Cola.
> Wann?
> Morgens, nachmittags und abends. Immer!

C. Was trinkst du, wenn...? Answer the questions in complete sentences. Look carefully at the examples for the word order. The verb needs to be the second element in the sentence, even when the first is a phrase or a clause (a group of words that acts as a single unit).

> Wenn ich lerne, **trinke** ich Kaffee.
> Auf Partys **trinke** ich Bier.
> Ich **trinke** Gatorade beim Sport.

1. Was trinkst du zum Frühstück?

   Ich trinke Orangesaft zum Frühstück.

2. Was trinkst du zum Abendessen?

   Ich trinke wasser zum Abendessen

3. Was trinkst du, wenn du lernst?

   Ich trinke kaffee wann ich lerne.

4. Was trinkst du, wenn du im Stress bist?

   Ich trinke cola wann ich stress bist.

5. Was trinkst du auf Partys?

   Auf Partys trinke ich Bier.

6. Was trinkst du beim Sport?

   Ich trinke wasser beim Sport.

D. Interview Work with a partner and ask the questions in 4.2C. Try to answer without looking at what you already wrote!

E. Eine Geburtstagsparty   Read through the invitation and answer the questions in full sentences.

Einladung zu meiner 30. Geburtstagsfeier!

Wo? In der Alten Ziegelei[1] in Mainz!

(Bei mir zu Hause ist nicht genug Platz!)

Wann? Nächsten Samstag, 14. Juni, ab 18 Uhr

Warum? Weil ich älter werde (und du auch!)

Was gibt es? Bier und Essen. Alkoholfreie Getränke für die Fahrer/Kinder/Hunde

Was kannst du mitbringen? Wein, Sekt und alles, was dein Kopf erträgt[2]!

Was darfst du noch mitbringen? Hunde, Kinder, Partner! Keine Eltern… die sind zu alt!

Geschenke? Keine!

Spenden[3]? Immer willkommen!

Fragen? Ruf mich einfach an!

---

1 *brickyard*
2 *ertragen – to tolerate, bear*
3 *donations*

1. Warum gibt es eine Party?

2. Ist die Feier an einem Wochentag oder am Wochenende?

3. Wen darf man mitbringen?

4. Was gibt es auf der Feier zu trinken?

5. Was sollen die Gäste zum Trinken mitbringen?

6. Was soll man machen, wenn man Fragen hat?

Just for fun, look up where the birthday party takes place (try using „Alte Ziegelei Mainz" in a search engine).

F. Leitungswasser   Martin (Göttingen, DE) has reservations about drinking tap water in Germany. Answer the questions that follow the text and be ready to discuss your thoughts on bottled water vs. tap water.

Frage: Was halten Sie von Leitungswasser?

Martin: Also, ich trinke es eigentlich nicht. Ich kaufe immer so „Volvic" oder auch Sprudelwasser[1]. Aber es gibt viele Leute, die es trinken und dann einen Filter haben und das dann aufsprudeln[2], aber ich, ich halte nicht so viel davon[3]. Weil man auch nicht weiß, wie gut die Leitungen[4] sind und wie gut das Wasser ist, was nun wirklich bei einem ankommt. Also, wenn die es beim Wasserwerk testen, dann ist es so eine Sache[5]. Man weiß nicht, was zu Hause dann wirklich ankommt.

1   *sparkling mineral water*
2   *to carbonate*
3   viel von etwas halten – *to think highly of something*
4   *pipes*
5   Das ist so eine Sache – *That's one thing*

1. Trinkt Martin Leitungswasser?

2. Was trinkt Martin, wenn er kein Leitungswasser trinkt?

3. Was meint Martin: Trinken viele Menschen Leitungswasser oder nicht?

4. Warum trinkt er kein Leitungswasser? Markiere die richtige Antwort:

☐   Er denkt, dass das Wasserwerk nicht richtig testet.

☐   Er ist sich nicht sicher, wie gut das Wasser dann zu Hause ist.

☐   Er hat keinen Filter zu Hause.

G. Trinkwasser   Discuss what students on your campus do for water consumption. Take a look at the questions to get started.

Trinken die meisten Studenten Wasser aus einem Trinkbrunnen[6]?

Sind wiederbenutzbare[7] Wasserflaschen (z.B. von Nalgene) beliebt?

Trinken viele Studenten Fiji-Wasser?

Gibt es auf dem Campus viele Automaten, an denen man Einwegflaschen[8] kaufen kann?

Ist das Trinkwasser in deiner Stadt gut?

6   *drinking fountain*
7   *reusable*
8   *disposable bottles*

Heurige, Wien, AT

H. Wann isst du?   Write the times you normally have the following meals.

	unter der Woche	am Wochenende
Frühstück		
Mittagessen		
Abendessen		

I. Interview   Ask several students when they eat various meals.

Wann frühstückst du am Wochenende?
Wann isst du unter der Woche zu Mittag?
Wann isst du am Wochenende Abendessen?

J. Trinken: was und wann?   Write six sentences involving beverages, using a different modal verb for each (*müssen, dürfen, sollen, wollen, können*).

Im Sommer soll man viel Wasser trinken.

Man darf im Deutschunterricht keinen Schnaps trinken.

K. Was passt am besten?   Select pairs of words from the blue box below that you think fit well together. Note briefly in German why you put them together.

Apfelsaft	Obstsaft
Champagner	Pils
Kaffee	Sekt
Limonade	Tee
Milch	Weizenbier
Mineralwasser	Zitrone

Sie schmecken gut zusammen.
Sie passen gut zusammen.
Das ist eine normale Kombination.
Das ist meine eigene Kreation.

L. Almdudler

Katrin (Wien, AT) was asked: *Was vermissen Sie im Ausland am meisten?* Let's look at what she has to say about an Austrian beverage. Read the text and answer the questions that follow.

Den Almdudler. Das ist ein Getränk. Den gibt es nirgend[1]. Das ist aber was ganz typisch Österreichisches. Almdudler ist so eine Kräuterlimonade[2]. Das gibt es, glaube ich, wirklich nur bei uns. In Amerika, das Mountain Dew ist so ähnlich, glaube ich. Aber Almdudler ist ganz eigen[3].

1 *nowhere*
2 Kräuter – *herbs*
3 *unique*

1. Wie beschreibt Katrin den Almdudler?

2. Was glaubst du: Ist der Almdudler ein süßes oder saures Getränk?

3. Denkst du, dass der Almdudler Alkohol enthält[4]?

4. Schmeckt dir Mountain Dew?

4 enthalten – *to contain*

The official Almdudler *website states:* „Almdudler gilt als österreichisches Premiumprodukt und ist das Nationalgetränk der Österreicher."

5. Was ist das Nationalgetränk von deinem Land?

M. Getränke in Deutschland

From the beverages listed, choose one which you think you would enjoy and one you would not want to try. Explain your choices in German. Some you will need to look up online.

Alsterwasser	Sturm
Almdudler	Berliner Weiße
Apfelschorle	Eiswein

N. Was trinke ich?   Working with a partner, one another your preferences for drinking between two different options. Then have your partner explain briefly about his or her preference.

Kakao	Tee
Milch	Cola
Mineralwasser	Cola Light
Leitungswasser	Fanta
Kaffee	Cappuccino
Hellbier	Dunkelbier
Weizenbier	Sekt
Rotwein	Weißwein
Whiskey	Rum

Kate: Was trinkst du lieber, Bier oder Mineralwasser?
Jake: Ich trinke lieber Mineralwasser.
Kate: Warum?
Jake: Ich trinke keinen Alkohol.

Conner: Was trinkst du lieber, Coke oder Pepsi?
Melinda: Ich trinke beide nicht gern.

O. Das will ich aber nicht trinken!   In groups of three, choose from the following scenarios and situations and create a skit involving beverages. Include each of the steps listed. Be as creative as possible!

Scenarios:

- *at a small restaurant* (in einem kleinen Restaurant)
- *at the* Oktoberfest *in Munich* (auf dem Oktoberfest in München)
- *in a local bar* (in einer Bar vor Ort)
- *on an airplane* (in einem Flugzeug)

Situations:

- *important announcement*
- *personal argument*
- *disagreement about the beverage*
- *annoying waiter or flight attendant*

Steps:

- *greetings*
- *discussion of drink choices*
- *ordering beverage*
- *complaining about or praising the beverage*
- *paying for beverage*

Guten Tag!

Bitte sehr. → very good

Ich möchte (+akk.)…

Ich hätte gern (+akk.)…

Wie viel kostet das?

Das ist aber teuer.

Wie sind die Getränke?
↳ tastes
Das schmeckt nach Wasser…

Zahlen, bitte!

Auf Wiedersehen!

4.3 Stadtkalender

Culture: Cultural events
Vocabulary: Time terms / going out
Grammar: Telling time / time expressions

A. Nächste Woche   Write one activity you plan to do each day next week. Simply use the present tense and start each sentence with the appropriate day, followed by the verb.

Am Montag gehe ich ins Kino.

Mo

Di

Mi

Do

Fr

B. Und du?   Exchange information from activity 4.3A with a partner and take notes.

Was machst du nächsten Montag?

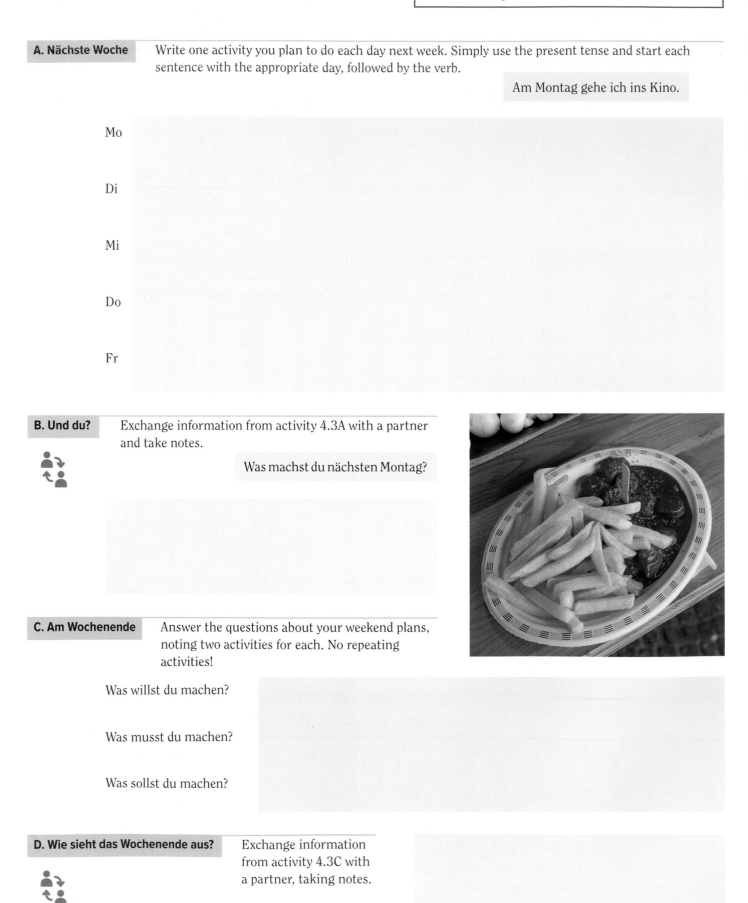

C. Am Wochenende   Answer the questions about your weekend plans, noting two activities for each. No repeating activities!

Was willst du machen?

Was musst du machen?

Was sollst du machen?

D. Wie sieht das Wochenende aus?   Exchange information from activity 4.3C with a partner, taking notes.

E. Am Wochenende Read these interviews and answer the questions below. Don't look up all the words you don't know. Try to get the gist of each interview, then look up at the most two words for each interview.

Claudia (Göttingen, DE): Meistens bin ich hier in Göttingen. Also ich fahre nicht so oft nach Hamburg nach Hause. Und wenn meine Freundinnen auch hier sind, dann machen wir mal abends was, wir gehen tanzen oder kochen oder machen irgendwelche Ausflüge[1]. Und ansonsten muss ich eigentlich auch immer noch was für die Uni machen, weil ich das während der Woche immer nicht so schaffe.

---

1 *excursions*

Subash (Kassel, DE): Das Wochenende – es ist unterschiedlich. Ich gehe ins Kino oder besuche Freunde oder koche für Freunde. Ich koche gern, weil das mein Beruf ist, der zweite Beruf. Ich gehe ins Theater oder einfach mal spazieren.

Nici (Braunschweig, DE): Ich verbringe meine Wochenenden meistens mit Lernen, besonders in der Prüfungszeit. Aber ansonsten nutze ich das halt, um meine Hobbys auszuüben, zum Beispiel Tauchen. Oder ich schlafe aus und gehe abends halt mit Freunden gerne weg oder auch mal essen.

Marinko (Kroatien): Am Wochenende sind wir manchmal mit Fahrrädern unterwegs mit der ganzen Familie oder manchmal gehen wir schwimmen oder wir gehen einfach spazieren.

1. *Who studies a lot?*

2. *Who likes cooking?*

3. *Who might you find at the movies on the weekend?*

4. *Who gets together with friends?*

5. *Who goes home to visit their parents?*

6. *Who is definitely a student?*

7. *Germans use so-called 'flavor words' when they speak informally. Underline the following words in the texts:*
   mal - *literally a short form of* einmal *('once'); it doesn't really mean anything but gives an informal feel to the sentence.*
   halt - *Another word that doesn't really mean anything, rather like 'you know' or similar filler word in conversational English.*
   was - *short for* etwas *('something'). Not to be confused with the question word* was *('what').*

8. *You are learning about different prepositions in German, such as* in *and* mit. *Underline all the prepositions you can find in the texts above. Do any of them show case endings?*

| **F. Ein typisches Wochenende** | Write five sentences about your typical weekend in the box provided. Below are some time expressions and phrases that you may wish to use. |

Time	*Activity*
freitags	lange schlafen
samstags	etwas für die Uni machen
sonntags	mit Freunden ausgehen
immer	auf eine Party gehen
oft	ins Kino gehen
manchmal	zum Gottesdienst gehen
nie / normalerweise	zu meinen Eltern fahren
um 10.00	meinen Freund/meine Freundin besuchen
von 11.00 bis 2.00	shoppen gehen

1. *Start your sentences with any time expressions indicating the day.*

2. *Then comes the verb – check your verb ending!*

3. *Put your subject (*ich*) here, immediately after the verb.*

4. *Next put any other expressions such as time of day, frequency, etc.*

5. *Finally put prepositional phrases indicating location as well as any direct objects.*

> Freitags gehe ich immer auf eine Party.
> Samstags schlafe ich lange.
> Sonntags fahre ich oft zu meinen Eltern.

Landshut

| **G. Wie ist dein typisches Wochenende?** | Work with a partner and tell him or her about your typical weekend as described in activity 4.3F. Help each other check that your words are in the correct order as per the models above. |

H. Was verbindest du mit...   Write three associations (adjectives, short phrases) you have with each term mentioned (*auf Deutsch natürlich!*).

Kino

Theater

Oper

Ballett

Disko

Stadion

I. Mit wem?   Respond to the prompts below by indicating with whom you do the following activities. Explain the person's relationship to you (i.e., *Mutter, Freund, Lehrer, etc.*).

frühstücken

Mit wem ist du zu Abend?
zu Abend essen

Mit wem gehst du ins Kino?
ins Kino gehen

Mit wem relaxst du abends?
abends relaxen

Mit wem lernst du?
lernen

Mit wem gehst du weg?
weggehen (go out)

Mit wem trainierst du?
trainieren

Mit wem redest du über Gott und die Welt
über Gott und
die Welt reden[1]

isst du
zu Mittag essen

siehst du
Filme sehen

_____
1   to talk about
life

mit meinem Mitbewohner

mit meinen Freundinnen

mit meinem Vater

mit niemandem

mit meinem Bruder

mit meinen Freunde

mit meinem Mitbewohner

mit meinen Mitbewohner und meinenFreundennin

mit niemandem

mit niemandem

Innsbruck, AT

Examples:
mit meiner Mutter / mit meinem Bruder
Jason / mit meinem Hund / allein

J. Austausch   Working with a partner, ask each other questions to elicit the answers you prepared in 4.3I above.

frühstücken: Mit wem frühstückst du?

K. Wilhelm von Shakespeare?   Read the following text about August Wilhelm Schlegel and answer the questions that follow.

Oper Leipzig

„Sein oder Nichtsein, das ist hier die Frage." Dieser Satz kommt natürlich aus Shakespeares *Hamlet*. Aber für die Deutschen ist es auch ein Satz von August Wilhelm Schlegel (1767-1845). Dieser deutsche Schriftsteller[1], Dichter[2] und Kritiker hat die Werke von Shakespeare ins Deutsche übersetzt. Schüler an deutschen Schulen und Studierende an deutschen Universitäten lesen Shakespeare im Original, aber auch in der Übersetzung[3] von A.W. Schlegel. Und wenn man in einem deutschen Theater ein Stück von Shakespeare auf Deutsch sieht, z.B. *Romeo und Julia* oder *Ein Sommernachtstraum*, dann hört man nicht nur Shakespeare, sondern auch[4] A.W. Schlegel.

1 *writer*
2 *poet*
3 *translation*
4 nicht nur ... sondern auch - *not only ... but also*

Richtig oder falsch? *Write whether each statement is true or false. Correct the false ones to make them true.*

Schlegel was a German author.

German school children read Shakespeare in English.

Schlegel wrote Ein Sommernachtstraum.

Schlegel was able to speak English.

German theaters perform Shakespeare only in English.

Schlegel was a big critic of Shakespeare's work.

L. Hamlet auf Deutsch   Look at the opening to *Hamlet's* famous monologue in English and German (translated by A.W. Schlegel) and answer the questions below.

To be or not to be, that is the question:	Sein oder Nichtsein; das ist hier die Frage:
Whether 'tis nobler in the mind to suffer	Obs edler im Gemüt, die Pfeil und Schleudern
The slings and arrows of outrageous fortune,	Des wütenden Geschicks erdulden oder,
Or to take arms against a sea of troubles,	Sich waffnend gegen eine See von Plagen,
And by opposing, end them? To die: to sleep	Durch Widerstand sie enden? Sterben – schlafen

The famous line "To be..." can be translated in German either as „Sein oder nicht sein" *or* „Sein oder Nichtsein". *What is the difference grammatically? What do you think the difference in meaning/sense might be?*

Shakespeare used a meter called 'iambic pentameter', in which a line of poetry consists of five iambs (an unstressed syllable followed by a stressed syllable). Look at the lines above and see if you can assign the stress to the syllables, using what you know of German and English pronunciation. Note: if you look up „Hamlet Monolog" *or* „Sein oder Nichtsein" *on YouTube or a similar site, you can hear Germans reading this passage.*

M. Stephanies Wochenende

In the left-hand column, fill in *auf Deutsch* what Stephanie (Dresden, DE) normally does on the weekend. In the right-hand column, fill in what you normally do on the weekend, again *auf Deutsch*.

Also, manchmal fahre ich zu meinem Freund nach Kiel oder er kommt zu mir. Und ansonsten schlafe ich lange. Ich sage aber nicht wie lange, weil es peinlich[1] ist. Und tagsüber[2] gehe ich einkaufen und abends gehe ich mit Freunden weg. Und nachmittags mache ich meistens was für die Uni.

---

1 *embarrassing*
2 *during the day*

	Stephanie	du
morgens		
vormittags		
nachmittags		
abends		

N. Meine Veranstaltung

Prepare a 1-minute presentation on an event you would like to see. Describe it in your best German and support it with a few images. Your instructor will tell you what format the presentation should be in (e.g., printed on paper, webpage, Power Point). Make it simple and clear since you will be presenting it to your group or class. Your presentation should tell the listeners something about your unique interests.

Ideas: Konzert
Film
Oper
Ballett
Theater
große Party

Film: Am Freitag läuft im Kino ein Film. Der Film heißt *Die Tribute von Panem*. Auf Englisch heißt er *The Hunger Games*. Der Film basiert auf dem ersten Roman von Suzanne Colllins. Die Stars in dem Film sind Jennifer Lawrence, Josh Hutcherson und Liam Hemsworth. Jennifer Lawrence spielt die mutige Katniss Everdeen. Katniss und die Menschen in ihrem Dorf haben immer Hunger und kämpfen um ihr Leben. Am Ende siegen Katniss und ihr Freund Peeta und gewinnen die Hungerspiele. Meine Freunde und ich finden diesen Film sehr spannend.

4.4 Partys

A. Mein Geburtstag Answer the following questions *auf Deutsch* describing your typical birthday celebration.

Feierst du deinen Geburtstag normalerweise mit einer großen, einer kleinen oder gar keiner Party?

Wen lädst du ein?

Was machst du an deinem Geburtstag?

Was isst du?

Welche Geschenke möchtest du bekommen?

Wann und wie lange feierst du? Mit wem?

B. Wie feierst du deinen Geburtstag? Work with partner and find out about *Mein Geburtstag* above by asking questions and noting the answers here.

Heidelberg

C. Wie feiert man Working with a new partner, explain how the person you worked with in 4.4B celebrates birthdays. You (should) have notes to work with; make sure to change the verb ending so that it refers to another person.

Anna hat eine kleine Party. Sie lädt Freunde, ihre Eltern und Geschwister ein.

D. Was braucht man?

For a good party (birthday or otherwise) you need to do a bit of planning. List some things *auf Deutsch* you would like for your next party!

Partymotto: Geburtstag, Oktoberfestparty, Halloweenparty, Silvesterfeier…

Partymotto

Partymusik

Partydekorationen

zum Essen

zum Trinken

Gäste

E. Was ich brauche

Based on your list in 4.4D, make a short list of things you absolutely need. Remember that these are direct objects and will need to be in the accusative case. Throw some adjectives and numbers in there to spice it up.

Ich brauche meinen iPod mit Musik.

Ich brauche viele Flaschen Cola und Sekt.

F. Feste

Which kind of *Fest* would you rather go to among those listed below? Describe why in three German sentences.

Spargelfest
Grillfest
Bierfest
Weinfest
Knoblauchfest
Schützenfest

G. Zum Geburtstag viel Glück! Read the following texts, which are responses to *Wie feierst du deinen Geburtstag?*, and answer the questions that follow.

Elke (Seesen, DE): Mein Geburtstag, wenn es geht, bei meiner Familie. Dann bekomme ich mal einen Geburtstagskuchen und die Geschenke. Früher kamen die Verwandten, und jetzt feiere ich halt mehr mit Freunden. Aber eigentlich ist Geburtstag auch gar nicht so wichtig. Es ist halt ein bisschen wie Silvester[1], weil man den auch immer feiern muss. Und das finde ich nicht immer so gut.

Tanja (Baden-Baden, DE): Meistens bin ich zu Hause. Schön ausschlafen, nachmittags gibt's Kaffee und Kuchen, die Geschenke. Und abends vielleicht ein schönes Essen. Oder man geht aus zum Essen. Und wenn man nach Hause kommt, vielleicht noch eine Flasche Sekt aufmachen. Ja, es ist ganz gemütlich und ruhig. Und wenn Freunde vorbeikommen wollen, ist es so Tag der offenen Tür[2].

1 *New Year's Eve (St. Sylvester's feast day)*
2 *lit., "day of the open door" (i.e., open house)*

Stephanie (Erfurt, DE): Geburtstag ist sehr wichtig für mich. Also ich mag Geburtstage. Ich will dann immer im Mittelpunkt stehen[3]. Normalerweise, wenn ich weg von zu Hause bin, rufen meine Eltern an. Und dann feiere ich mit Freunden. Ich mache immer eine große Party, meistens bei mir zu Hause.

Lexi (Heidelberg, DE): Geburtstag ist für mich immer etwas ganz Besonderes. Ich möchte gern bei meiner Familie sein an meinem Geburtstag und ich bin wirklich traurig, wenn ich das nicht kann. Ich muss wirklich mit meiner Familie sein und ganz traditionell am Morgen Geschenke auspacken[4] und Kerzen ausblasen[5] und die ganze Familie gratuliert und der Rest des Tages ist verschieden.

3 *to be the center of attention*
4 *to unwrap*
5 *to blow out candles*

	Elke	Tanja	Stephanie	Lexi
1. *Who likes to celebrate with family?*	☐	☐	☐	☐
2. *Who likes to have a party with friends?*	☐	☐	☐	☐
3. *Who isn't excited about her birthday?*	☐	☐	☐	☐
4. *Who probably celebrates at home?*	☐	☐	☐	☐
5. *Who sleeps in on her birthday?*	☐	☐	☐	☐
6. *Who expects a call from her parents?*	☐	☐	☐	☐

7. *Which one of these people celebrates her birthday most like you do? What is similar or dissimilar?* Schreibe drei Sätze auf Deutsch!

H. Eine gute Party

Was gehört zu einer guten Party? Make a list of things that contribute to a good party, being sure to use and include adjectives.

> gute / laute Musik
> viele / nicht zu viele Menschen

I. Feierst du gern?

Not everyone is a party person. Write 3-4 German sentences responding to the question *Gehst du gern auf Partys?*, explaining your feelings on the matter.

> Ich mag Partys, weil ich gern tanze. Aber ich gehe nicht jedes Wochenende auf Partys. Das ist mir zu viel. Einmal im Monat ist genug. Wenn ich auf Partys gehe, möchte ich nicht allein sein. Ich tanze lieber mit Freunden!

J. Wie feiert man am besten?

Describe what you think is the best way to enjoy (or at least tolerate/ survive) a party. Write 5 sentences using a different modal verb and *man* in each one.

> Auf einer guten Party soll man mit vielen Menschen reden. Man kann auch Musik mitbringen und tanzen.

Marktplatz, Hildesheim

K. Studentenpartys The follow parties were all advertised at the University of Göttingen. Read through them and answer the questions that follow.

Die Bio-Party!

Nach der ersten legendären Party im Wintersemester, geht es nun in die zweite Runde. Die Türen öffnen wir ab 22 Uhr, alles findet natürlich wieder im Club Barbilon Göttingen statt. Dort kann man auf Wunsch sogar exzellente Wasserpfeifen rauchen!

Diverse Shots: ab 1€
Markenbiere: 2€
Longdrinks: 3,50€

Wir freuen uns auf euch!

die Wasserpfeife – *hookah*
die Marke – *brand name*
sich freuen auf – *to look forward to*

Sowi-Party

Am Donnerstag, ab 22 Uhr findet die beste Party des Jahres wie immer im jT-Keller und Foyer statt.

Der Eintritt beträgt vor 0 Uhr 3€ und danach 4€.

Unsere Special: Bis 0 Uhr kosten Saurer & Pfeffi Shots nur 50 Cent und danach auch nur 1€!

Wir freuen uns auf euch und eine geile Party!

Sowi = Sozialwissenschaften
der Eintritt – *entry*
geil – *awesome*

Juristenfete

Die Juristenfete mit super Musik, bester Stimmung und den coolsten Getränken ist am Start!

Unsere DJ's erwarten Euch auf zwei Floors mit den heißesten Beats mit ganz viel Bass-Energy und freshen Clubhits zwischen House, Partymusic, R'n'B und den feinsten Sounds der Elektroszene!

+ Special bis 24:00 Uhr: Beck's für 1€
+ Flunkyballturnier
+ Chill Area, Fotoboxen u.v.m

Erasmus Party

Hallo liebe Erasmus[7] Studenten und natürlich auch alle anderen Studenten!

Das harte Semesterleben hat wieder begonnen und wir wollen gemeinsam mit Studenten aus über 50 Nationen eine unvergessliche Partynacht feiern!

Hammer DJ, tolle Leute und günstige Getränke! Also, wenn ihr gerne feiert und neue Leute kennenlernen wollt, kommt einfach vorbei!

Erasmus Program – *Europe-wide student exchange*

1. *Which academic programs or fields of study are organizing these parties?*

2. *What specific features do these ads advertise to make each party appealing?*

3. *What English words do you notice in these advertisements?*

4. *One party had this additional comment:* Des Weiteren werden auf der Party auch die Göttinger AIDS-Hilfe und Viva con Agua Göttingen vertreten sein. *Which one do you think it was and why?*

5. Auf welche Party möchtest du lieber gehen? Warum?

L. Eine Einladung

Working with a partner or small group, come up with a party or event on your campus and create a German invitation for it. Feel free to steal ideas and language from the ads in the previous activity. Make it appealing for students on your campus!

M. Wie feierst du deinen Geburtstag?   Check which items below are a part of your typical birthday celebrations.

- ☐ Geburtstagstorte
- ☐ Kerzen ausblasen
- ☐ am Morgen Geschenke auspacken
- ☐ abends Geschenke auspacken
- ☐ Bier
- ☐ Wein
- ☐ Sekt
- ☐ Kaffee
- ☐ Tee

- ☐ Eltern anrufen
- ☐ mit Freunden feiern
- ☐ mit der Familie feiern
- ☐ eine Party organisieren
- ☐ zu Hause feiern
- ☐ „Tag der offenen Tür" haben
- ☐ Einladungen verschicken
- ☐ ins Restaurant gehen
- ☐ nichts Besonderes machen

Now write an essay of about 8 sentences in German describing what you usually do on your birthday. Use words and structures from your list above and from the texts in 4.4G to help you.

Copying and personalizing German sentences is a great way to start getting a feel for German.

Ich feiere meinen Geburtstag meistens mit meinen Freunden. Die Gäste kommen abends und bleiben oft über Nacht. Wir essen dann gemeinsam, schauen einen Film oder spielen ein Brettspiel. Ich mag keine großen Feiern – deswegen lade ich immer nur wenige Leute ein.

5.1 Im Norden

Culture: Northern Germany
Vocabulary: Describing landscapes
Grammar: *War & hatte*

A. Assoziationen After going through the Interactive for 5.1, write your associations with northern Germany and then with the specific cities listed.

Hints: landscape, weather, traditions, stereotypical images

der Norden

Flach, die Ostsee, die Nordsee, NOK, Backsteinhäuser

Hamburg   Warmlich

Lübeck

Kiel

Flensburg

Bremen   Marktplatz, Der Schnoor, Stadtmusikanten

B. Norddeutsches Wetter The weather is often cold and rainy in northern Germany, but sometimes it's not too bad, as in the graphic below. Look at the weather report and answer the questions.

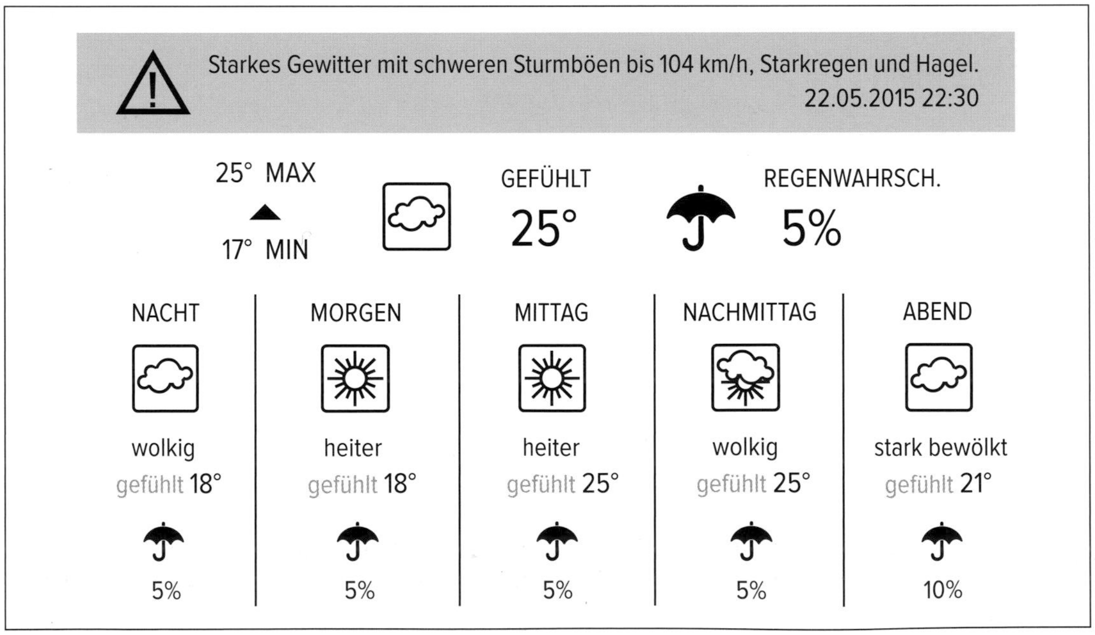

⚠️ Starkes Gewitter mit schweren Sturmböen bis 104 km/h, Starkregen und Hagel.
22.05.2015 22:30

25° MAX
▲
17° MIN

GEFÜHLT
25°

REGENWAHRSCH.
5%

NACHT	MORGEN	MITTAG	NACHMITTAG	ABEND
wolkig	heiter	heiter	wolkig	stark bewölkt
gefühlt 18°	gefühlt 18°	gefühlt 25°	gefühlt 25°	gefühlt 21°
5%	5%	5%	5%	10%

Ein anderes deutsches Wort für heiter ist:

klar

What do you think gefühlt *means relative to temperatures?*

feels like

Wie heißt „Regenwahrscheinlichkeit" auf Englisch?

rain chance

Ist das Wetter dann kalt, kühl, warm oder heiß?

warm

Summarize the weather warning:

strong storms with heavy winds up to 104 km/h, heavy rain and hail

C. Bilder Fill in the blanks with the German word for what is pictured in each image. You will use this vocabulary in reading a famous German fairy tale, *Die Bremer Stadtmusikanten*.

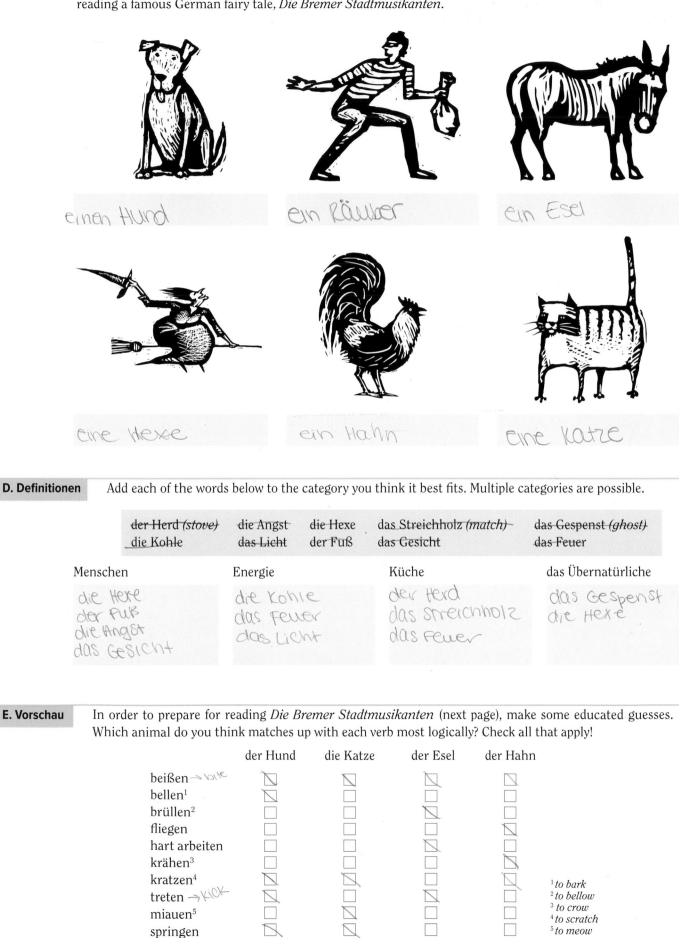

einen Hund

ein Räuber

ein Esel

eine Hexe

ein Hahn

eine Katze

D. Definitionen Add each of the words below to the category you think it best fits. Multiple categories are possible.

| der Herd *(stove)* | die Angst | die Hexe | das Streichholz *(match)* | das Gespenst *(ghost)* |
| die Kohle | das Licht | der Fuß | das Gesicht | das Feuer |

Menschen

die Hexe
der Fuß
die Angst
das Gesicht

Energie

die Kohle
das Feuer
das Licht

Küche

der Herd
das Streichholz
das Feuer

das Übernatürliche

das Gespenst
die Hexe

E. Vorschau In order to prepare for reading *Die Bremer Stadtmusikanten* (next page), make some educated guesses. Which animal do you think matches up with each verb most logically? Check all that apply!

	der Hund	die Katze	der Esel	der Hahn
beißen → bite	☒	☒	☒	☒
bellen[1]	☒	☐	☐	☐
brüllen[2]	☐	☐	☒	☐
fliegen	☐	☐	☐	☒
hart arbeiten	☐	☐	☐	☐
krähen[3]	☐	☐	☐	☒
kratzen[4]	☒	☒	☐	☒
treten → kick	☒	☐	☒	☐
miauen[5]	☐	☒	☐	☐
springen	☒	☒	☐	☐

[1] to bark
[2] to bellow
[3] to crow
[4] to scratch
[5] to meow

F. Die Bremer Stadtmusikanten (Teil I)

The following fairy tale is closely associated with the city of Bremen in northern Germany. Read this first part and answer the questions that follow.

Es war einmal ein alter Esel. Er hat immer fleißig gearbeitet, aber jetzt war er zu alt, und der Bauer wollte ihn verkaufen. Der Esel hatte Angst und ist weggerannt[1]. Er hatte die Idee, nach Bremen zu gehen, und in Bremen ein Stadtmusikant zu werden.

Auf dem Weg hat er einen alten Hund getroffen. Der Hund hat am Weg gelegen und hat jämmerlich[2] gebellt.

„Warum bellst du so jämmerlich?"

„Ich war immer ein guter Jagdhund[3], aber jetzt bin ich zu alt. Ich kann nicht mehr schnell rennen und habe schon lange keinen Fuchs[4] mehr gefangen, und jetzt will mich mein Herr[5] töten. Ich hatte Angst und bin weggerannt, aber jetzt weiß ich nicht, was ich tun soll."

„Ich gehe nach Bremen und werde Stadtmusikant. Du kannst mit mir kommen und auch Musiker werden.

„Toll", hat der Hund gesagt, und ist mitgekommen.

Nach einer Weile[6] haben sie auf dem Weg eine alte Katze getroffen. Die Katze hat am Weg gelegen und hat jämmerlich gemiaut.

„Warum miaust du so jämmerlich?"

„Ich war immer eine gute Katze, aber jetzt bin ich zu alt. Ich kann nicht mehr schnell rennen und habe schon lange keine Maus mehr gefangen, und die Frau will mich töten. Ich hatte Angst und bin weggerannt, aber jetzt weiß ich nicht, was ich tun soll."

„Wir gehen nach Bremen und werden Stadtmusikanten. Du kannst mit uns kommen und auch Musiker werden.

„Toll", hat die Katze gesagt, und ist mitgekommen.

Nach einer Weile haben sie auf dem Weg einen alten Hahn getroffen. Der Hahn

hat am Weg gelegen und hat jämmerlich gekräht.

„Warum krähst du so jämmerlich?"

„Ich war immer ein guter Hahn, aber jetzt bin ich zu alt. Die Hühner[7] sind jetzt schneller als ich, und der Bauer und die Bäuerin wollen mich kochen. Ich hatte Angst und bin weggerannt, aber jetzt weiß ich nicht, was ich tun soll."

„Wir gehen nach Bremen und werden Stadtmusikanten. Du kannst mit uns kommen und auch Musiker werden."

„Toll", hat der Hahn gesagt, und ist mitgekommen.

Am Abend waren sie in einem Wald. Sie hatten Hunger, aber sie waren zu alt, um Essen zu finden oder etwas zu fangen. Also haben sie sich schlafen gelegt. Der Esel und der Hund haben sich unter einen Baum gelegt, die Katze ist in den Baum geklettert, und der Hahn ist auf den Baum geflogen.

---

7 das Huhn – *hen*

Bremen

---

1 wegrennen – *to run away*
2 *pitifully*
3 *hunting dog*
4 *fox*
5 *master*
6 *after a while*

1. Richtig oder falsch? *Working with a partner, take turns saying each statement and then say either* Das stimmt *or* Das stimmt nicht, *depending on whether it is true or not. If it is false, verbally correct it to make it true.*

Falsch   Die Tiere sind sehr jung. *[alt]*

Richtig   Die Tiere haben alle Angst.

Falsch   Die Tiere sind sehr ruhig. *[jämmerlich]*

Falsch   Die Tiere sind sehr glücklich. *[haben Angst]*

Richtig   Die Tiere gehen alle nach Bremen.

Richtig   Die Tiere werden alle Musiker.

2. Korrigieren. *Rewrite these sentences to make them correct.*

Der Hund kräht jämmerlich.

Der Esel ist ein faules Tier.

Die Katze hat lange keinen Fuchs gefangen.

Im Wald haben die Tiere viel zu Essen gefunden.

3. Wie schreibt man das? *How can you say the following in German? Look through the* Bremer Stadtmusikanten *text (Teil I) for models. Each of these sentences is based on something in the text - write the letter of each sentence below next to the place in the text where you found the model you needed. Make vocabulary and grammar changes as needed.*

a) *The farmer wanted to sell the donkey.*

b) *I met an old friend along the way.*

c) *I'm going to New York to become a musician.*

d) *I was always a good student.*

e) *At night I was hungry.*

109

G. Die Bremer Stadtmusikanten (Teil II)

And now for the exciting conclusion to the fairy tale. Read it over (as if you could stop yourself) and answer the questions that follow.

Bevor er eingeschlafen ist, hat der Esel ein Licht gesehen. Er hat gedacht, dass das Licht bedeutet, dass es in dem Wald ein Haus gibt. Also sind sie alle zu dem Haus gelaufen. In dem Haus waren Räuber[1], und die Räuber haben am Tisch gesessen und gegessen. Der Esel, der Hund, die Katze und der Hahn hatten Hunger und Durst. Sie hatten eine Idee.

Der Esel hat seine Füße auf das Fenster gestellt. Der Hund ist auf den Esel geklettert, die Katze ist auf den Hund geklettert, und der Hahn ist auf die Katze geflogen. Dann haben sie Musik gemacht: der Esel hat gebrüllt, der Hund hat gebellt, die Katze hat miaut, und der Hahn hat gekräht. Die Musik war nicht sehr schön, und dann sind sie durch das Fenster in das Haus gefallen. Die Räuber haben gedacht, dass es ein sehr unmusikalisches Gespenst war, hatten große Angst und sind weggerannt.

(handwritten note in margin: music machen in)

Der Esel, der Hund, die Katze und der Hahn haben gut gegessen und getrunken, haben das Licht ausgemacht[2] und sind dann eingeschlafen. Der Esel und der Hund haben sich am Herd hingelegt, die Katze hat auf dem Herd geschlafen, und der Hahn ist in die Lampe geflogen.

Als die Räuber gesehen haben, dass in dem Haus kein Licht mehr war, ist ein Räuber zurück in das Haus gegangen. Alles war still. Der Räuber hat mit einem Streichholz Licht gemacht, und in dem Licht hat er die Augen von der Katze gesehen. Er hat gedacht: „Das sind glühende Kohlen. Ich kann mit meinem Streichholz ein Feuer machen und Licht haben." Er ist mit dem Streichholz zu der Katze gegangen. Die Katze hatte Angst und ist in sein Gesicht gesprungen und hat ihn gekratzt. Der Räuber hatte Angst und ist weggerannt, aber er ist über den Hund gefallen, und der Hund hatte Angst und hat ihn gebissen, und dann hat der Esel ihn getreten. Der Hahn hatte Angst und hat laut gekräht.

Der Räuber hatte noch mehr Angst und ist weggerannt. Er hat gedacht, dass in dem Haus eine brutale Hexe[3] ist. Die Räuber sind nie mehr in das Haus zurück gekommen, und der Esel, der Hund, die Katze und der Hahn sind in dem Haus mit dem vielen Essen geblieben. Und wenn sie nicht gestorben sind, dann leben sie noch heute.

---
3 *witch*

---
1 *robbers*
2 ausmachen – *to turn off*

1. **Was ist passiert?** *Order the following sequence by writing the numbers 1 (the first sentence) to 9 in the boxes.*

2 Die Tiere essen viel und schlafen ein.

3 Die Tiere haben Hunger und sehen ein Haus mit viel Essen.

1 Die Tiere haben Angst und kratzen und beißen und treten und krähen.

9 Die Tiere wohnen im Haus und sind glücklich.

5 Es ist dunkel und der Räuber kann nichts sehen.

8 Der Räuber rennt weg und kommt nie wieder.

7 Die Räuber haben Angst und rennen weg.

6 Ein Räuber kommt zurück.

4 Die Tiere singen und fallen in das Haus herein.

Holm (Schleswig)

2. Richtig oder falsch? *Working with a partner, take turns saying each statement and then say either* Das stimmt *or* Das stimmt nicht, *depending on whether it is true or not. If it is not true, verbally correct it so that it is true.*

Hamburg

Die Tiere sind jung und fit.

Der Hund kräht.

Die Tiere wollen die Stadtmusikanten in Bremen hören.

Die Räuber sehen die Tiere im Wald.

Der Räuber findet eine brutale Hexe im Haus.

3. Fragen. *Write six different questions about the* Bremer Stadtmusikanten, *using both yes-no questions as well as question words* (was, wer, wann, wo, etc). *Pay attention to word order! You can review question formation in unit 1.*

*Wer hat jämmerlich gebellt?
Hat der Räuber Angst gehabt?*

4. Interview. *Try out your questions on your fellow students.*

5. Nacherzählen. *Write a simple summary of the entire story (parts I-II) in 8 sentences maximum.*

5.2 Im Süden

Culture: Southern Germany
Vocabulary: Travel & tourism
Grammar: Conversational past

A. Der Süden After going through the Interactive for 5.2, list as many associations with southern Germany as you can in the space provided.

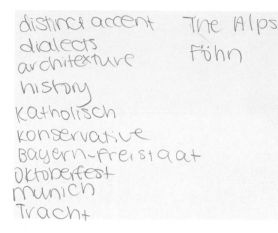

distinct accent The Alps
dialects Föhn
architecture
history
Katholisch
konservative
Bayern-Freistaat
Oktoberfest
Munich
Tracht

Ammersee

B. Liste ergänzen For each pair of words, add a third word that you think fits well. Note in German how they fit together.

freundlich, hilfsbereit, …   schön

erfolgreich, entschlossen, …   entscheidend

zuverlässig, selbstbewusst, …   bestimmt

schwimmen, segeln, …   surfen

der Sturm, der Wind, …   der Regen

der Frühling, der Herbst, …   der Sommer

der Berg, der Wald, …   das meer

C. Vergleiche For each group, add one German word you think fits well. Be ready to explain your reason in German.

der Winter / kalt:
Der Winter hier ist kälter als der Herbst.

1. der Frühling / warm   Der Frühling hier ist warmer als der Winter.

2. der See / groß   Der See ist nicht so Groß wie das meer.

3. das Klima / schön   Das Klima hier ist Mehr schön dann Antarctica.

4. meine Heimat / freundlich   meine Heimat ist sehr freundlich.

5. der Süden / konservativ   Der Süden ist konservativer als der Norden.

D. Das kann ich nicht leiden

Many people have something they just can't stand about their home region. For each person below, describe something that you, your friends, or your family cannot stand about the place you come from.

> Mein Vater kann das Wetter in Virginia nicht leiden.

Mein(e)
Mitbewohner(in)

Meine Familie

Meine Freunde

Ich

E. Ein bayrisches Fest im September

Read what Torgunn has to say about the *Oktoberfest* and complete the activity that follows.

Das Oktoberfest, das ist in München und was die Amerikaner immer mit Deutschland verbinden. Es ist im September in München und das größte Volksfest in Deutschland, wo massig viel Bier getrunken wird, ganz viele Karussells sind und wo die ganze Welt hinschaut[1], wenn das stattfindet. Ich war da einmal. Das war echt witzig[2]. Da sind sieben Riesenbierzelte. Die Leute tanzen dann zu später Stunde auf dem Tisch. Es ist sehr gute Stimmung[3] da immer, aber halt sehr übertrieben[4], weil es eigentlich nicht immer so ist in Bayern, und auch nicht in Deutschland.

---

1 hinschauen – *to watch*
2 *funny; fun*
3 *mood, atmosphere*
4 *excessive; overdone*

Schwäbisch Hall

Das Oktoberfest findet _____ statt.

Das Oktoberfest ist ein _____ Volksfest.

Auf dem Oktoberfest trinkt man _____ .

Die Leute auf dem Oktoberfest _____ auf den Tischen.

Amerikaner _____ das Oktoberfest immer mit Deutschland.

In Bayern ist es _____ wie beim Oktoberfest.

Warst du schon einmal auf dem Oktoberfest? Möchtest du einmal das Oktoberfest besuchen? Warum oder warum nicht?

F. Norden – Süden   Read the following associations with northern and southern Germany and write in all the associations they mention for *Norddeutschland* and *Süddeutschland*. Remember to include: *Landschaft, Wetter, Industrien, Städte, Freizeitaktivitäten*.

Lothar (Bremen, DE): Ja, mit Norddeutschland verbindet man natürlich die See, vor allem noch die große Stadt Hamburg mit ihrem großen Hafen[1]. Vielleicht auch ein bisschen kühles stürmisches Wetter. Und von der Landschaft her natürlich diese typische Seelandschaft, die sehr flach ist, ohne Berge und ohne viele Wälder.

Stephanie (Berlin, DE): Ja, mit Süddeutschland verbindet man natürlich die Alpen und große Städte wie München. Da kann man auch sehr schön Urlaub machen, sowohl im Sommer zum Bergwandern, als auch im Winter zum Skilaufen. Und es ist meistens etwas wärmer und häufig[2] etwas sonniger als in übrigen[3] Teilen Deutschlands und es ist landschaftlich sehr schön.

Barbara (Kassel, DE): Süddeutschland – damit verbinde ich Sonne, Wärme, Bodensee, diesen großen See an der Grenze zur Schweiz, Wein – dort wird Wein angebaut, weil es schön warm ist. Damit verbinde ich auch Städte wie Stuttgart, eine große Stadt, und München vor allen Dingen. München liegt in Bayern und ist eine wunderschöne Stadt mit einer großen Tradition.

Uwe (Göttingen, DE): Süddeutschland – Urlaub, Berge, sehr viel Freizeit, Bier trinken, Wandern würde ich sagen.

1 *harbor*
2 *often*
3 *other*

München

Angelika (Berlin, DE): Süddeutschland ist für mich vor allem Bayern. Da ist es wärmer als hier, hügelig[4], ja, bayerisches Bier, Weißbier, sowas in der Art.

Johannes (Kassel, DE): Ja, mit Norddeutschland verbinden wir natürlich vor allem das Meer, die Nordsee und die Inseln, die in der Nordsee liegen, zum Beispiel die Insel Sylt oder die Insel Spiekeroog. Und wir genießen[5] den starken Wind und die saubere[6] Luft[7] und das saubere Meer. Sonst verbinden wir mit Norddeutschland natürlich Hamburg.

Martin (Bern, CH): Norddeutschland – Ostfriesen, Ostfriesenwitze, Tee, Muscheln[8] sammeln[9], Meer …

4 *hilly*
5 *to enjoy*
6 *clean*
7 *air*
8 *mussels*
9 *to gather / collect*

Norddeutschland

See (Nordsee)

Süddeutschland

Alpen

G. Meine Heimat

Write four sentences about your home town or region, one for each season, using a different modal verb in each sentence.

im Frühling / im Sommer / im Herbst / im Winter

können / müssen / sollen / wollen / dürfen

Im Sommer kann man zum Strand gehen.

Bamberg

H. Im Norden / Im Süden

Was verbindest du mit dem Norden/Süden in deinem Heimatsland? List associations you have either for your state or territory or your home country. Try to use as much German as possible.

der Norden

der Süden

I. Interview

Work with a partner and ask what your partner's associations are. Then ask your partner whether he or she associates the north or the south with the items you wrote about.

Was verbindest du mit dem Norden in deiner Heimat? Mit dem Norden verbinde ich…

Womit verbindest du kaltes Wetter? Mit dem Norden.

| J. Heidelberg | As you work with this text on Heidelberg, you will be focusing also on some reading strategies. |

1. Scan the text (read it quickly) for two minutes.

2. Highlight up to five words (only!) to look up. Write each one's definition next to it. Don't look up any other words, so make these count.

3. Now read the text carefully and write two short German sentences in the boxes near each paragraph with information you figured out from the text.

Heidelberg

Heidelberg ist von seinem Image her eine der weltweit bekanntesten[1] Städte. Sie ist für viele ein Synonym für die deutsche Romantik. Diese Stadt ist circa 80 km südlich von Frankfurt und circa 120 km nordwestlich von Stuttgart entfernt. Sie liegt schön am Neckar[2], wo der leicht bergische Odenwald an die Rheinebene[3] grenzt[4].

1   *well known*
2   Neckar – *a river*
3   *wide, flat area on either side of the Rhine River*
4   grenzen – *to border*

Heidelberg ist eine alte Stadt (1196 oder früher gegründet) mit mehreren alten Sehenswürdigkeiten. Im 2. Weltkrieg fielen keine Bomben auf Heidelberg und die Altstadt blieb intakt. Hier findet man die berühmteste Schlossruine Deutschlands. Viele In- und Ausländer besuchen diese Ruine und die schöne Altstadt Heidelbergs.

In Heidelberg gibt es auch eine alte Universität. An dieser Uni haben Theologen im 16. Jahrhundert den Heidelberger Katechismus geschrieben, der eine wichtige Bekenntnisschrift[5] für die Reformation und die evangelische Kirche ist.

5   *creed*

Heidelberg hat nur 149.000 Einwohner, ist aber die fünfgrößte Stadt in Baden-Württemberg. Die Landschaft ist schön und das Klima ist für Deutschland auch gut. Dazu hat Heidelberg auch einen urbanen Flair und bietet[6] seinen Besuchern und Einwohnern viele Freizeitmöglichkeiten[7].

6   bieten – *to offer*
7   *free time activities*

K. Ohne Fleiß kein Preis   For the following items, create a sentence linking them to something else. Make sure that the word *kein* agrees with the noun it modifies (it will be *kein* or *keine*). Tip: *ohne* means 'without.'

Sommer : Kein Sommer ohne Ferien

Winter

Kuss

Wiese

Brötchen

Tourist

Hafen

Regel

Mannschaft

L. Eine Stadt beschreiben   Describe a city other than your hometown. Borrow and adapt phrases from the Heidelberg text and other writing assignments. Your essay should have three paragraphs of 3-5 sentences each.

paragraph 1 – general description and location

paragraph 2 – more description and something unusual or famous

paragraph 3 – compare the city and weather to where you are currently living or studying

Wachenheim an der Weinstraße

Grand Rapids ist nicht weltweit bekannt. Diese Stadt liegt im Bundesstaat Michigan, im Mittleren Westen der USA. Sie ist circa drei Stunden westlich von Detroit und drei Stunden nordöstlich von Chicago entfernt. Sie liegt schön am Grand River und ist 60 Kilometer vom Michigansee entfernt.

Grand Rapids ist eine mittelgroße Stadt in Michigan. Sie ist nicht sehr alt (im 19. Jahrhundert gegründet). Diese Stadt war für ihre Möbel bekannt, jetzt aber nicht mehr. Hier findet man eine berühmte Skulptur von Calder, Meijers botanischen Garten und die Firma Amway. In der Nähe gibt es auch viele Colleges und Universitäten.

Im Vergleich zu anderen mittelgroßen Städten gibt es hier viel Wasser, viele Bäume und viele kleine Seen. Das Klima ist nicht so gut. Es ist heiß im Sommer und kalt im Winter mit viel Schnee. Aber der Herbst und der Frühling sind schön.

5.3 Im Osten

Culture: Eastern Germany
Vocabulary: Describing regions & landmarks
Grammar: Conversational past with *sein*

A. Assoziationen After going through the Interactive for 5.3, list as many associations with eastern Germany as you can in the space provided.

B. Was ich gern tue With a partner, ask questions with the following terms. Be careful of separable prefixes!

Hausaufgaben:
Machst du gern Hausaufgaben?
Klar mache ich Hausaufgaben gern.

abends weggehen	Schnee schaufeln
Schokolade essen	den Rasen mähen
Bier trinken	am Wochenende ausschlafen
Rad fahren	neue Gerichte ausprobieren

C. Hab' ich nicht, mach' ich nicht Working with a partner, ask questions based on the following prompts. You can review the use of *nicht* and *kein* in unit 3.

Haustiere haben:
Hast du Haustiere?
Nein, ich habe keine Haustiere.

zwei Geschwister haben
reich sein
Chinesisch sprechen
Sportfilme gern sehen
viel Freizeit haben
genug schlafen
Zeitung lesen

Kap Arkona, Rügen

D. Ostdeutschland – Westdeutschland

Despite over 20 years of unification, the East-West divide persists in many aspects of life. Read how Johannes and Theo answer the question: *Gibt es noch Unterschiede zwischen Ost und West?* Then answer the questions that follow.

Theo (Berlin, DE): Wir haben gute Freunde in Ostdeutschland. Wenn wir über die Gesundheitsreform in Deutschland sprechen, dann ist es ganz deutlich. Wir haben sehr viele negative Voreingenommenheiten[1]. In Ostdeutschland ist der Medizinerberuf noch sehr viel mehr mit sozialer Aufgabe[2] und mit dem Dienst[3] am Menschen verbunden. Aber in solchen Diskussionen ist die Denkweise[4] einfach deutlich unterschiedlich.

Um auch etwas Positives dazu zu sagen: die ganze Kommunikationstechnologie ist in Ostdeutschland am modernsten, weil sie eben sehr neu ist. Also, die moderneren Versionen von Fabriken sind auch im Osten zu finden.

1   *prejudices*
2   *task, mission*
3   *service*
4   *mentality, way of thinking*

Johannes (Kassel, DE): Es gibt viele Unterschiede zwischen Ost und West, vor allen Dingen wirtschaftliche Unterschiede. In Ostdeutschland gibt es sehr viel mehr Arbeitslose als in Westdeutschland. Es gibt Gebiete, wo 20 oder 25 Prozent der Menschen keine Arbeit haben und keine Chance, je eine Arbeit zu finden, wenn sie nicht ihre Heimat verlassen. Das ist ein besonderes Problem für Jugendliche, und zurück bleiben ältere Leute und wenig Kinder, weil die Ostdeutschen auch sehr wenig Kinder bekommen seit der Wende. Es herrscht[5] eine sehr schlechte Stimmung und Pessimismus. Es gibt aber auch Beispiele dagegen: es gibt Städte wie Leipzig oder wie Potsdam, wo viele Arbeitsplätze geschaffen[6] sind, wo es immer noch viele Arbeitslose gibt, aber wo eine Perspektive da ist für die meisten Menschen.

5   to prevail
6   schaffen – *to create*

Görlitz

1. Wie sehen Johannes und Theo die Entwicklung des Ostens?

☐ nur negativ
☐ nur positiv
☐ gemischt

2. Johannes spricht vor allem über diese Themen:

☐ Arbeitslosigkeit, aber auch Kinderboom im Osten.
☐ Arbeitslosigkeit, aber auch ein bisschen Hoffnung.
☐ Arbeit für alle und Pessimismus.

3. Theo spricht über den Beruf des Mediziners,

☐ der im Osten und Westen gleich ist.
☐ der im Osten und Westen noch immer anders ist.
☐ den es im Osten gar nicht gibt.

4. Johannes und Theo versuchen in ihren Aussagen über den Osten

☐ das Positive und das Negative zu sehen.
☐ alles negativ zu sehen.
☐ alles positiv zu sehen.

5. Johannes nennt zwei Städte im Osten Deutschlands. Wie heißen diese? In welchen Bundesländern liegen sie?

6. Theo nennt zwei positive Aspekte über den Osten Deutschlands. Was sind diese?

E. Weimar

Weimar is widely recognized as a 'culture capital' in Europe. A great number of famous Germans either lived or worked in Weimar at some point in their lives.

Research   Do a web search for information on the following people and write down the following info in the box below:

1. Major field (e.g., music, literature)
2. Approximate time in Weimar (e.g., 1706-1712)
3. One thing associated with his stay in Weimar

> Johann Gottfried Herder
>
> 1. Philosophy and literature
> 2. 1776-1803
> 3. Made important connections about how language influences thought

Weimar

Johann Sebastian Bach

Johann Wolfgang von Goethe

Friedrich Schiller

Franz Liszt

Walter Gropius

F. Wer war das?   Connect the text with the famous person it refers to.

1708 ist er von Mühlhausen nach Weimar gekommen, wo er bis 1717 als Hoforganist[1] und Konzertmeister gearbeitet hat.

1775 ist er nach Weimar gekommen. Sein altes Haus ist jetzt ein Museum.

1776 hat er in Weimar als erster Prediger[2] an der Stadtkirche zu Weimar gearbeitet.

1804 hat er *Wilhelm Tell* geschrieben.

1848 ist dieser Mann Hofkapellmeister in Weimar geworden[3]. Er hat bis 1861 in Weimar gewohnt.

1919 hat er das „Staatliche Bauhaus" gegründet[4]. Das Bauhaus ist eine sehr innovative Bewegung[5] in der Architektur.

Franz Liszt

Johann Sebastian Bach

Friedrich Schiller

Johann Gottfried Herder

Walter Gropius

Johann Wolfgang von Goethe

1   *court organist*
2   *preacher*
3   ist geworden – *became*
4   hat gegründet – *founded*
5   *movement*

G. Wortschatz   For each word, write the abbreviation for the field or fields you think are best associated with it.

Politikwissenschaft (PoWi)

Geschichte (Ge)

Volkswirtschaftslehre (VWL)

Religion (Rel)

Naturwissenschaften (NW)

Soziologie (So)

die Flut	die Schlacht
der Kommunismus	der Tourismus
der Leuchtturm	das Schloss
der Nationalpark	der Bauer
der Wiederaufbau	die Königin
die Bibel	das Feuer

H. Nicht für dich   With a partner, ask each other questions about what you do for others. Use the model provided for guidance. You'll need to think about correctly using pronouns after *für* (accusative). Take your time and think it through!

ein Geschenk für die Schwester kaufen

im Garten für den Opa arbeiten

Hausaufgaben für den Kurs machen

Gedichte für dein(e) Mitbewohner(in) schreiben

den Rasen für die Eltern mähen:

Mähst du für die Eltern den Rasen?

Nein, ich mache das nicht für sie, aber ich mache das für meinen Onkel.

I. Dein Wochenende   With a partner, ask questions about the coming weekend. Answer with yes or no and then describe how it was last weekend. Use *und* if it's the same and *aber* if it's different.

Schläfst du am Wochenende aus? Ja, und letztes Wochenende habe ich auch ausgeschlafen.

Machst du am Wochenende Hausaufgaben? Ja, aber letztes Wochenende habe ich keine Hausaufgaben gemacht. Das war schön!

Reichstagsgebäude, Berlin

J. Dessau und Bauhaus   Read the following text about *Bauhaus* and answer the questions that follow.

Hast du schon einmal von der ostdeutschen Stadt Dessau gehört? Sie ist nicht sehr groß und ziemlich[1] alt (bekannt seit 1213). Während des Zweiten Weltkriegs wurde Dessau wegen seiner Militärwerke schwer zerstört[2].

International bekannt ist die Stadt vor allem durch die Kunst-, Design- und Architekturhochschule Bauhaus, die hier von 1926 bis 1932 ihren Sitz hatte. Gegründet wurde das Bauhaus 1919 in Weimar, die konservative Stadtregierung[3] vertrieb[4] das Bauhaus aber aus der Stadt. Dessau wurde dann die neue Heimat des Bauhauses bis 1932, als das Bauhaus nochmals umziehen musste, dann nach Berlin. 1933 wurde die Kunsthochschule geschlossen[5]. Danach sind viele Bauhaus-Künstler in die USA gezogen[6], wo Moholy-Nagy 1937 *The New Bauhaus* gegründet hat (heute: Institute of Design in Chicago).

1   *fairly*
2   *devastated*
3   *city government*
4   vertreiben – *to drive out*
5   schließen – *to close*
6   ziehen – *to move*

Die Künstler und Professoren des Bauhauses haben die moderne Architektur, Kunst und das Design besonders stark geprägt[7]. Ziel dieser neuen radikalen Bewegung war es, Massenproduktion mit einfachem Design zu verbinden. Zu den Merkmalen[8] des „Bauhausstils" gehören die folgenden Ideen:

- die Funktion ist genauso wichtig wie die Form;
- die Form ist einfach und klar – oft kubisch;
- fast nur Grundfarben (z.B. schwarz, weiß, rot);
- Materialien wie Glas, Stahl, Beton[9], Backstein[10].

7   prägen – *to leave a mark on*
8   Merkmal – *characteristic*
9   *concrete*
10 *brick*

Here are three buildings from Dessau. Write *auf Deutsch* if you think it's a *Bauhaus* design – include your reasons.

K. Trabis Read the following text. Then write three German sentences comparing a *Trabi* to either your car or a car your parents or other relatives/friends own.

Der Trabant ist das berühmte ostdeutsche Auto aus Zwickau. Der Trabi war ein Held[1] der ostdeutschen Autoindustrie. Das kleine Volksauto war nicht sehr schnell und auch kein besonders sicheres Auto. Es war aber billig, einfach und schnell zu bauen. Seine Qualität war nicht sehr hoch, aber trotzdem war der Trabi Luxus. Oft musste man nach der Bestellung[2] bis zu zehn Jahren auf seinen Trabi warten.

Der Trabi wird heute nicht mehr produziert, aber das kleine Auto bleibt ein Symbol für die DDR. Es geht noch viele Trabi-Witze.

F. Was ist passiert, wenn ein Trabi bei Grün noch an der Ampel[3] steht?
A. Der Reifen klebt[4] an einem Kaugummi.

F. Was ist ein Trabi auf einem Berg?
A. Ein Wunder.

F. Wie verdoppelt[5] man den Wert des Trabis?
A. Man tankt ihn voll[6].

1 *hero*
2 *order*
3 *traffic light*
4 kleben – *to stick to*
5 *to double*
6 volltanken – *to fill the gas tank*

Mein Auto (VW Passat) ist aus Deutschland und der Trabi ist auch aus Deutschland.

Mein Auto ist sehr schnell, aber ein Trabi ist langsam.

Mein Auto hat Platz für sechs Personen. Ein Trabi hat nur Platz für vier Personen.

L. Schreibst du! Which of the Weimar residents from 5.3E (Liszt, Bach, Schiller, Gropius, Goethe, Herder) is most interesting to you and why? Write this on a separate sheet of paper. Your instructor will determine if the assignment should be written in English or in German.

Ich finde *[name]* am interessantesten.

5.4 Im Westen

Culture: Western Germany
Vocabulary: Describing the past
Grammar: Coordinating conjunctions

A. Assoziationen

After going through the Interactive for 5.4, list as many associations with western Germany as you can in the space provided.

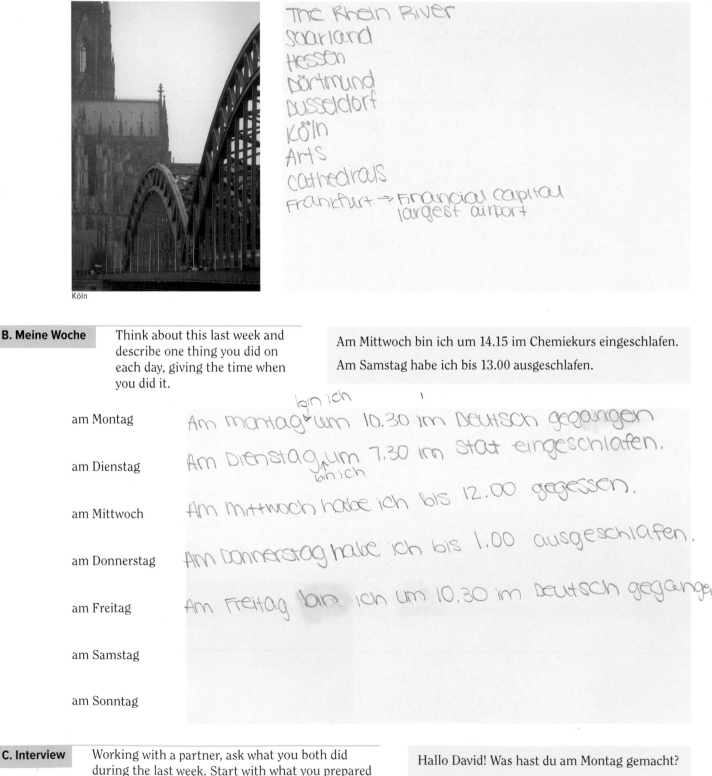

Köln

The Rhein River
Saarland
Hessen
Dortmund
Dusseldorf
Köln
Arts
Cathedrals
Frankfurt → Financial capital
                largest airport

B. Meine Woche

Think about this last week and describe one thing you did on each day, giving the time when you did it.

Am Mittwoch bin ich um 14.15 im Chemiekurs eingeschlafen.

Am Samstag habe ich bis 13.00 ausgeschlafen.

am Montag

Am Montag bin ich um 10.30 im Deutsch gegangen

am Dienstag

Am Dienstag bin ich um 7.30 im Stat eingeschlafen.

am Mittwoch

Am Mittwoch habe ich bis 12.00 gegessen.

am Donnerstag

Am Donnerstag habe ich bis 1.00 ausgeschlafen.

am Freitag

Am Freitag bin ich um 10.30 im Deutsch gegangen.

am Samstag

am Sonntag

C. Interview

Working with a partner, ask what you both did during the last week. Start with what you prepared in 5.4B above, but feel free to add to it.

Hallo David! Was hast du am Montag gemacht?

Ich bin um 8.30 zum Deutschkurs gegangen.

D. Willkommen in Deutschland   Read through the text and answer the questions below.

Deutschland, in der Mitte Europas gelegen – zwischen Nordsee und Ostsee im Norden und den Bayerischen Alpen im Süden, zwischen Polen im Osten und den Benelux[1]-Ländern und Frankreich im Westen – bietet bedeutende Städte, attraktive Kulturregionen, abwechslungsreiche Landschaften[2] und einladende Ferienziele[3]. Ob mit Familie oder Kindern oder geschäftlich, ob romantisch oder als kurzer Städtetrip, ob sportlich aktiv und gesund oder als Weiterbildung mit anspruchsvoller Kultur – man kann überall etwas Interessantes finden.

1 Benelux – *an economic union of Belgium, the Netherlands, and Luxembourg*
2 abwechslungsreiche Landschaften – *varied natural (landscape) attractions*
3 einlandende Ferienziele – *inviting vacation destinations*

Rüdesheim am Rhein

1. *Write the things/places mentioned in the text that are associated with the north, south, east, and west in the areas around the map of Germany.*

Norden

Osten

2. *According to this text, Germany has something for everyone. Check which things this text mentions.*

- [ ] *famous museums*
- [ ] *important cities*
- [ ] *cultural regions*
- [ ] *wine-growing areas*
- [ ] *theme parks*
- [ ] *luxury hotels*
- [ ] *educational opportunities*
- [ ] *sailing and boating*

Westen

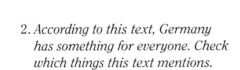

Deutschland

Süden

3. *The above quote is an advertising text. What characteristics do you see that support this? List some examples.*

4. *Underline sections in the text that are in the dative case. What prepositions are they connected with?*

E. Köln   Read these texts and answer the questions that follow in English. Before reading, think for a moment about the history of western Germany – how old do you think Cologne is?

1 Im 21. Jahrhundert ist Köln eine moderne Großstadt Deutschlands. Sie liegt am Rhein circa 200 km nordwestlich von Frankfurt und 80 km östlich von Belgien entfernt. Hier findet man viel Industrie, Kultur und natürlich den Karneval.

Aber wie alt ist denn Köln?

2 Im 20. Jahrhundert ist Konrad Adenauer von 1917 bis 1933 Bürgermeister in Köln, aber die Nazis mögen ihn nicht. Köln ist eine wichtige Industriestadt und wird im Zweiten Weltkrieg schwer bombardiert. Neunzig Prozent der Innenstadt wird zerstört. Nach dem Krieg muss man fast alles wieder neu bauen.

Köln ist bestimmt älter als 100 Jahre!

3 Im neunzehnten Jahrhundert ist der Dom[1] endlich fertig. Wie lange hat es gedauert? Mehr als 600 Jahre! 1823 findet der erste Rosenmontagszug in Köln statt. Im achtzehnten Jahrhundert wird das Kölnisch Wasser[2] ein kommerzieller Erfolg[3]. Schon 200 Jahre kennen die Kölner dieses Wasser als Medikament.

Köln muss also älter als 700 Jahre sein, nicht wahr?

1   *cathedral*
2   *Eau de Cologne*
3   *success*

Groß St. Martin, Köln

4 Im Mittelalter wird Köln eine der wichtigsten und größten Städte Deutschlands. 1388 hat Köln eine der ersten Universitäten Europas. Im 15. Jahrhundert ist Köln die reichste Stadt im deutschen Raum. Aber das Mittelalter hat auch eine dunkle Seite. Im 15. Jahrhundert fliehen viele Juden aus der Stadt. Im 16. Jahrhundert müssen viele Protestanten fliehen. Und im 17. Jahrhundert sterben viele Kölnerinnen wegen des Hexenwahns.

Tja, ich schätze… Köln ist vielleicht tausend Jahre alt. Stimmt das?

5 Seit dem 12. Jahrhundert ist Köln die vierte christliche Metropole. Köln heißt jetzt „Heiliges Köln". Karl der Große gründet hier sogar das Erzbistum Köln und der Kölner Erzbischof wird sehr mächtig[4] im Heiligen Römischen Reich.

„Charlemagne?" O.K. Köln ist dann bestimmt 1300 oder 1400 Jahre alt, oder?

6 Die Kaiserin Agrippina[5] ist hier im Kölngebiet geboren. Durch sie wird diese Kleinstadt schon im 1. Jahrhundert „Colonia" des Römerreiches. Teile der römischen Mauer und Wasserleitung kann man noch heute im Römisch-Germanischen Museum sehen.

4   *powerful*
5   die Mutter von Nero

1. Wie alt ist Köln?

2. Woher kommt der Name "Köln"?

3. Wer war Konrad Adenauer?

4. Wie alt ist der Karneval?

5. *What is Nero's connection to Cologne?*

6. *Name two key buildings in Cologne.*

7. *What is the relationship between* Eau de Cologne *and* Kölnisch Wasser?

8. *Which paragraph do these sentences belong with?*

   a. Die anderen drei Städte sind Byzanz, Jerusalem und Rom.   Nr.

   b. Napoleon verbannte das Sonderwasser als Medikament. Aber viele Firmen verkaufen es als Parfüm.   Nr.

   c. Nach dem Krieg wird er der erste Bundeskanzler von Westdeutschland.   Nr.

F. Wie sagt man das?   Look through the text on Köln again and try to figure out how you say the following. Clues are in the text of course!

1. *in the 12th century*
   in the 15th century
   in the Middle Ages

2. *In 1823 the first Rosenmontag (Mardi Gras) parade takes place.*

3. *Cologne is 1,300 years old, right?*

4. *In the text you can find three ways of asking "right?" – since you may find yourself asking lots of questions if you're ever in Germany, these can be useful phrases. What are they?*

G. Deutschland-Holland Both *Niedersachsen* and *Nordrhein-Westfalen* border on Holland, or *die Niederlande* as it is called in German. Read Monique's (Göttingen, DE) account of growing up bilingually and answer the questions that follow.

Porta Nigra, Trier

Zweisprachige Situation in der Familie

Also ich finde, das hat nur Vorteile. Es war so, dass meine Mutter früher immer Holländisch mit uns gesprochen hat und mein Vater immer Deutsch. Wir waren viel in Holland, so dass wir viel bei meinen Verwandten[1] waren, speziell bei einer Tante, und da haben wir natürlich auch nur Holländisch gesprochen. Und ich finde, es hat vor allem Vorteile, weil wir an der niederländischen Grenze wohnen. Da muss man eigentlich Niederländisch sprechen können, da man ständig[2] rüberfährt[3], um einzukaufen oder Ausflüge zu machen. Und es ist eigentlich zum Teil ein bisschen unverschämt[4] von den Deutschen, dass sie von jedem erwarten, dass er Deutsch sprechen kann. Dann sollen sie doch Niederländisch lernen, weil es wirklich nicht schwer ist! Und um sich zu verständigen[5] und andere Leute kennenzulernen, ist es einfach sehr hilfreich.

---

1 *relatives*
2 *constantly*
3 herüberfahren – *to drive over*
4 *rude*
5 sich verständigen – *to communicate*

1. Was sind die Vorteile der zweisprachigen Situation in Moniques Familie?

2. Monique glaubt, dass

☐ die Deutschen immer nur Deutsch sprechen sollten.
☐ die Deutschen auch andere Sprachen sprechen sollten.
☐ Niederländisch für die Deutschen eine einfache Sprache ist.

3. Ist es unverschämt von Amerikanern zu erwarten, dass alle in Amerika Englisch sprechen sollen? Warum oder warum nicht?

4. Wie viele Personen in deinem Kurs sind bilingual? Welche Sprachen sprechen sie?

Zum Diskutieren: Was sind die Vorteile von Zweisprachigkeit? Was sind die Nachteile? *Heel goed!*

H. Schon gemacht

Since you are naturally concerned for the welfare of your fellow classmates, write a list of six questions you can ask to check up on them. Use the prompts provided or make up your own. Be prepared to use these in your next class meeting to check up on your valiant comrades-in-arms.

viel Wasser trinken	gesund essen	Vokabeln lernen
deine Hausaufgaben machen	genug schlafen	einkaufen

I. Woher ich komme

Write an essay of 150 words about where you are from, describing your hometown and region.

Ich komme aus …		
Meine Heimatstadt ist …	eine Großstadt	mit 250 000 Einwohnern
	eine mittelgroße Stadt	in Nord- / Süd- (your state / country)
	eine Kleinstadt	in West- / Ost- (your state / country)
	ein Dorf	
Die Stadt liegt …	in der Nähe von Boston.	
Das Dorf liegt …	50 km von Houston entfernt.	
	zwei Stunden mit dem Auto von Chicago entfernt.	
Sie / es ist …	sehr	schön
	nicht besonders	international
	nicht	laut
		konservativ
Die Umgebung ist …	bergig	monoton
	flach	hügelig
	industriell	grün
	romantisch	ländlich
Es gibt …	viele	Wälder
	einige	Felder
	wenige	Flüsse
	keine	Gärten
		Strände
		Fabriken
Das Wetter ist …	im Sommer / Winter	schön / nicht schön
	im Herbst / Frühling	heiß / warm / kühl / kalt
	im Januar / Juli	wechselhaft
	von Oktober bis April	schrecklich
	von Mai bis September	wunderschön
Ich …	liebe	meine Stadt!
	hasse	mein Dorf!

Göttinger Rathaus mit Wochenmarkt   Göttingen, Deutschland

Prunkvolle Fassade des Museums Johanneum　　　　　　Dresden, Deutschland

Nationalpark Sächsische Schweiz   Sachsen, Deutschland

Hirt mit Schafsherde im Schloßpark Wilhelmshöhe   Kassel, Deutschland

6.1 Verkehrsmittel

Culture: Getting around town
Vocabulary: Transportation
Grammar: *Wo* vs. *wohin*

A. Wie kommt Klaus dahin?   Describe how Klaus gets where he's going using the means of transportation pictured.

mit dem Bus fahren
mit dem Zug fahren

When not using a means of transportation, use a verb such as *laufen* or *wandern*.

Klaus fährt mit dem Taxi.

1 das Motorrad   2 *Use the verb* fliegen   3 das Schiff

B. Wie kommt man dahin?   Answer the questions below.

When using man, *the verb is conjugated for one person such as Klaus:*

Klaus **fährt** mit dem Taxi.   Man **fährt** mit der U-Bahn.

| Fahren *and* laufen *are* | Ich fahre. | Du fährst. | Man fährt. |
| *stem-changing verbs:* | Ich laufe. | Du läufst. | Man läuft. |

1. Wie kommst du zur Uni?

2. Wie kommst du zur Arbeit?

3. Wie kommst du zum Supermarkt?

4. Wie kommt man von den USA nach Deutschland?

5. Wie kommt man am besten von New York nach Washington, D.C.?

6. Wie kommt man von Wall St. zum Central Park in NYC?

C. Verkehrsmittel

Which means of transportation from activity 6.1A fit the following descriptions? Use as many different kinds as you can!

sehr teuer
sehr billig

sehr schnell
sehr laut

sehr gefährlich
umweltfreundlich

Hafenfährlinie 62, Hamburg

D. Interview

Interview your classmates about their most recent travel experiences.

vor zwei Jahren – *two years ago*
noch nie – *never*
nach + *country*

Wann bist du das letzte Mal mit dem Zug gefahren?

Bist du schon einmal mit einem Taxi gefahren? Wo?

Wann bist du das letzte Mal geflogen?

Wie oft fährst du im Sommer Fahrrad?

Wann bist du letztes Jahr mit dem Bus gefahren?

Warst du schon einmal im Ausland? Wo?

Fährst du gern Skateboard? Warum/warum nicht?

E. Wo oder wohin?

German has two words for "where": *wo* (for location) and *wohin* (for direction or a place you are going to). For each sentence, decide on whether it answers the question *wo* or *wohin*, and then create a German question that would elicit that answer.

wo   wohin

☐   ☐   Ich bin nach Chicago gereist.

☐   ☐   Wir waren in der Bibliothek.

☐   ☐   Wir sind nach Hause gefahren.

☐   ☐   Er ist zur Uni gegangen.

☐   ☐   Sie ist bei ihren Eltern geblieben.

☐   ☐   Ich habe im Hotel übernachtet.

F. Wie kommst du zur Uni?   Read the texts and answer the questions below.

Catharina (Göttingen, DE): Zur Uni fahre ich jeden Morgen mit dem Fahrrad, weil das nur ungefähr drei Minuten dauert, weil ich sehr nah[1] an der Universität dran wohne. Und das tun eigentlich alle in Göttingen, weil die Stadt so klein ist.

Marinko (Kroatien): Ich arbeite am Flughafen, Frankfurter Flughafen. Und bis zur Arbeit brauche ich ungefähr mit dem Auto fünfzehn Minuten. Und dann vom Parkplatz werden wir mit den Bussen an unsere Arbeitsstellen befördert[2]. Das dauert nochmal zehn Minuten.

Torgunn (Göttingen, DE): Ich fahre jeden Tag mit meinem Fahrrad zur Uni, und wenn das kaputt ist, was mir schon zweimal passiert ist, dann muss ich laufen. Ich brauche zehn Minuten, um zur Zentraluni zu kommen, und eine Viertelstunde mindestens, um zum Sportinstitut zu kommen, weil das oben auf dem Berg ist. Ich wohne nicht so zentral wie die meisten.

---

1 *near*
2 *transported*

Burgtor, Lübeck

Lars (Braunschweig, DE): Im Auto. Zwischen dreieinhalb und zehn Minuten. Wenn man alle Ampeln in Grün erwischt[3], dann sehr schnell fährt, dann schafft man es in dreieinhalb Minuten.

Nici (Braunschweig, DE): Mit dem Fahrrad habe ich die neue Bestzeit aufgestellt[4], neun Minuten. Ansonsten[5] wenn ich langsam fahre, zwölf Minuten. Und mit dem Auto dauert es auch zehn Minuten.

---

3 Ampeln in Grün erwischt – *hit green traffic lights*
4 aufstellen – *to establish*
5 *otherwise*

1. Wer fährt am längsten zur Uni oder zur Arbeit?

2. Wer fährt am schnellsten zur Uni oder zur Arbeit?

3. Wer fährt mit dem Fahrrad?

4. Wer fährt mit dem Auto?

5. Wie kommt Nici am schnellsten zur Uni?

6. *You will be learning about subordinating conjunctions in this unit. These are words like* weil *and* wenn *that connect two sentences into one sentence.*

Underline all the instances of weil *and* wenn, *and then find the verb for each of these clauses. Where do the verbs appear? Is that their normal location?*

L. Interview   Interview three different students with the questions below.

1. Wie kommst du zur Uni?

2. Wie lange dauert das?

3. Welche Transportmittel benutzt du, wenn du deine Eltern besuchst?

4. Wie lange dauert die Fahrt?

5. Wie viel kostet das?

M. Womit fährst du?   Write a sentence for each picture describing when you use (or might use) that means of transportation.

When you use *wenn*, the conjugated verb should go at the end of the clause, as shown in the model sentences here. Review 6.1A for structures you might need.

Ich fahre mit dem Auto, wenn ich zum Supermarkt fahren muss.

Ich fliege, wenn ich meine Eltern besuche.

6.2 Das Auto

Culture: Driving in Germany
Vocabulary: Car & driver terms
Grammar: Two-way prepositions (motion)

A. Wortschatz For each pair of words, add another word that fits into the group and then write a German word or phrase that describes their connection. There may be multiple ways to do each set.

das Kennzeichen	der Kofferraum	*der Motor*	*das Auto*
der Stau	der LKW		
der Schaffner	der ICE		
die Straßenbahn	der Bus		
der Flugplatz	die Haltestelle		
der Entwerter	der Automat		

B. Wörter zum Text Working with a partner, write the words from the blue box into the tan box in an order that suggests a narrative. Be ready to explain in German how your story works!

die Fahrstunde	der Führerschein
der Mechaniker	der Stau
die Stundenkilometer	die Werkstätte
das Bußgeld	der Fußgänger

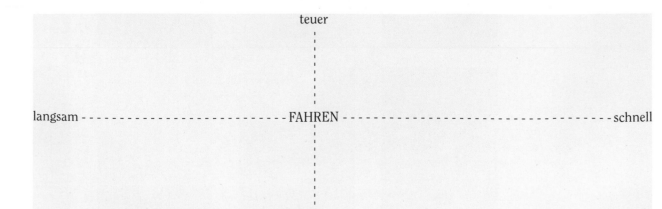

C. Wortfeld In the space below, write as many German expressions as you can think of relating to transportation with vehicles (*fahren*) and graph them where you think they belong on the axes of *billig-teuer* and *langsam-schnell*.

```
                              teuer
                                |
                                |
langsam - - - - - - - - - - - FAHREN - - - - - - - - - - - - - - - schnell
                                |
                                |
                              billig
```

D. Traumauto   If you were to buy a new or used car, what information would you want to know about it before buying?

Now fill in the blanks with information about your car or a car you would like to own. See if you can figure out what the German terms mean. An internet search might help you with the more difficult descriptors.

Baujahr[1]

Hersteller[2]

Modell

Kilometerstand[3]

Farbe

Türen

Benzinverbrauch

    innerorts[4]   L/100km

    außerorts   L/100km

    kombiniert   L/100km

---

1 bauen – *to build, manufacture*
2 herstellen – *to manufacture*
3 der Stand – *status, standing*
4 *inside town*

Explain in a sentence the relationship between L/100k and mpg. What is the L/100k for the car you drive most often? See the blue box above.

Karosserieart

☐ Cabrio[5]
☐ Coupe
☐ Geländewagen
☐ Limousine
☐ Van
☐ andere

---

5 *convertible*

Converting mpg - L/100k	
L/100k	mpg (US)
5	47
6	39
7	33
8	29
9	26
10	23
11	21
12	19

What do you think Verbrauch *means?*

Review the words above and write here all compound words you can find. A compound word is a word built from two or more separate words.

E. Mit dem Auto oder mit dem Zug?   Is it better to go by car or by train? Read the statements and answer the questions below.

Großglockner Hochalpenstraße, AT

Susanne (Göttingen, DE): Mit dem Zug. Also, ich fahre lieber mit dem Zug, weil ich dann nicht selber fahren muss. Außerdem[1] habe ich auch gar kein eigenes Auto[2]. Und Zug ist halt teuer, aber trotzdem steht man nicht im Stau.

---
1   *besides*
2   eigenes Auto – *(my) own car*

Henning (Bremen, DE): Es ist besser, mit dem Zug zu fahren, in den meisten Fällen[3]. Also, wenn man in irgendwelche kleinen Orte[4] will, da kann es sehr viel besser sein, ein Auto zu haben, weil es einfach schneller geht und Zugverbindungen[5] nicht immer sehr gut sind.

---
3   in den meisten Fällen – *in most cases*
4   *towns*
5   train connections

Catharina (Hamburg, DE): Es kommt darauf an[6], wo man hinfahren möchte. Wenn ich jetzt zu meinen Eltern fahre, finde ich es meistens besser, mit dem Zug zu fahren, weil man die Zeit im Zug noch nutzen[7] kann, um zu lesen, zu schlafen, ein bisschen zu lernen. Wenn ich aber am Ende des Semesters oder der Semesterferien wieder fahre und viele Taschen und anderen Kram mitzunehmen habe, dann finde ich das Auto einfach besser, weil man die Sachen nicht tragen muss.

---
6   Es kommt darauf an – *It depends*
7   *to use*

Was sind die Vorteile und Nachteile vom Auto und vom Zug?

	Vorteile	Nachteile
das Auto		
der Zug		

F. Welches Auto passt zu dir?   Which vehicle most suits your personality, interests and future plans? Explain it in two German sentences!

Geländewagen *(SUV)*   Elektroauto   Porsche 911   Honda Accord   Fahrrad

Zu mir passt ein Elektroauto am besten. Ich bin sehr umweltfreundlich.

Und was passt zu dir?

G. Verkehrsschilder   Here are a number of traffic signs from Germany. Guess the correct name/meaning under each sign.

Stau	Tiere	Baustelle	Brücke
Doppelkurve	Fahrrad	Fußgängerweg	Ampel
Kinder	Haltestelle	Parkplatz	Halt
Autobahn	Seitenwind	Einfahrtsverbot	Tankstelle

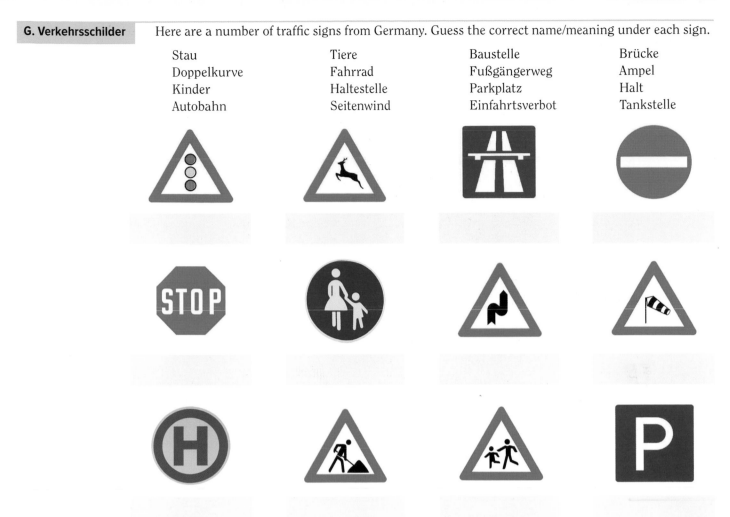

There are a number of compound words here. What does each part of these compound nouns literally mean?

Doppel + Kurve =

Bau + Stelle =

Auto + Bahn =

Fuß + Gänger + Weg =

Fahr + Rad =

Park + Platz =

Halt + Stelle =

Einfahrt + Verbot =

Seite + Wind =

Tank + Stelle =

What do you think the following mean?

der Kinderspielplatz

die Fußgängerbrücke

der Handschuh

die Jahreskarte

der Tiergarten

die Halteverbotszone

H. Mitfahrzentrale

One way to travel cheaply in Germany/Austria/Switzerland is to find (or offer) a ride with a *Mitfahrzentrale*, an agency for arranging rides. Read the information below about the *Mitfahrzentrale MitFahren.de* and check the correct answer(s).

MITFAHRZENTRALE

Wir suchen ständig private Fahrer in deutsche und europäische Großstädte

Wir bieten täglich Mitfahrgelegenheiten in deutsche und europäische Großstädte

Tel. 19440

geöffnet tägl. 7 - 22°° Uhr

Kostenlose Mitfahrzentrale seit 1998

Willkommen bei MitFahren.de, die Online Mitfahrzentrale für Deutschland und Europa! MitFahren verfügt über[1] eine der größten Fahrtendatenbanken Europas. Als Fahrer und Mitfahrer könnt ihr hier einfach und kostenlos eure Angebote und Gesuche[2] eingeben[3]. Gemeinsam fahren spart[4] Geld und schützt[5] die Umwelt. Nebenbei lernt man auch noch nette Leute kennen.

---

1 *has available*
2 *requests*
3 *to enter data in a form*
4 sparen – *to save*
5 schützen – *to protect*

1. MitFahren findet man nur

☐ in deutschen Zeitungen.
☐ in europäischen Zeitschriften.
☐ im Internet.

2. Der Service von MitFahren

☐ kostet nichts.
☐ kostet nur in Deutschland etwas.
☐ kostet wenig.

3. Warum sollte man eine Mitfahrzentrale benutzen? *(Check all that apply!)*

☐ Weil das umweltbewusst ist.
☐ Weil das Geld spart.
☐ Weil das sehr teuer ist.
☐ Weil man neue Menschen kennenlernen kann.

I. Mitfahrgesuch

Find a ride for yourself inside of Germany/Austria/Switzerland, using *www.mitfahren.de* or a similar website. Decide on your starting city, destination and time frame. Then print off or write down one possible ride share (find an interesting one!). You will need to present or explain your findings in class. Answer as many of the following questions as you can:

1. Ist der Fahrer ein Mann oder eine Frau?
2. Wie viele Personen können mitfahren?
3. Darf man rauchen?

4. Gibt es Platz für Gepäck?
5. Wann ist Abfahrt (Datum und Uhrzeit)?
6. Wie kann man den Fahrer am besten kontaktieren?

J. Mitfahrangebot

In a small group, write a *Mitfahrangebot* anywhere in the world you like. Make it as unusual and creative as you can. You and your fellow students can vote on the best one!

Komm, fahr mit! Ich bin nicht nett, aber ich fahre gern Auto. Und jeden Samstag fahre ich nach Moskau! Die Fahrt von Berlin nach Moskau kostet nur €15 pro Person. Rauchen ist verboten! Aber Sprechen ist erlaubt! Vergiss nicht deinen Ausweis…

Schanfiggerstrasse, CH

K. Probleme!

We have all had difficulties traveling. Check the top three problems you experience or have experienced. Then write two sentences in German about one that you have experienced, using the conversational past.

- [ ] Fußgängerübergänge
- [ ] Bahnübergänge
- [ ] zu viele Ampeln
- [ ] zu viele Stopschilder
- [ ] Baustellen
- [ ] zu langsame Fahrer
- [ ] zu schnelle Fahrer
- [ ] ältere Fahrer
- [ ] junge Fahrer
- [ ] betrunkene Fahrer
- [ ] Fahrradfahrer
- [ ] aggressive Fahrer
- [ ] extremes Wetter
- [ ] verspätetes Flugzeug
- [ ] falsche Autobahn

Ich habe zu viele rote Ampeln gehabt.

Auf der Straße sind aggressive Autofahrer gefahren.

L. Fliegen

Write an essay of approximately 75 words *auf Deutsch* outlining arguments for and against air travel. Think about costs, convenience, reliability, luggage, and, of course, your personal preferences.

Fliegen ist	besser / schlechter	*better / worse*
	schneller / langsamer	*faster / slower*
	billiger / teurer	*cheaper / more expensive*
	sicherer / unsicherer	*safer / less safe*
	gemütlicher	*nicer*
	zuverlässiger / unzuverlässiger	*more reliable / less reliable*
Man kann (nicht)	lesen	*read*
	schlafen	*sleep*
	liegen	*lie down*
	laufen	*walk around*
	essen	*eat*
Man muss (nicht)	früh am Flughafen ankommen	*arrive early at the airport*
	die Schuhe ausziehen	*take your shoes off*
	lange warten	*wait a long time*
Ich finde Fliegen	besser / teurer / gemütlicher	*als Fahren.*

6.3 Einkaufen

Culture: Shopping
Vocabulary: Fruit, vegetables, *Drogerie* & *Apotheke*
Grammar: Two-way prepositions (no motion)

A. Was kauft man da? What does one buy there? Name three things for each place listed below.

z.B. im Schreibwarenladen   Kugelschreiber, Zeitschrift, Heft

1. beim Bäcker

2. beim Metzger

3. in der Drogerie

4. auf dem Markt

5. im Kaufhaus

6. im Supermarkt

7. in der Apotheke

B. Märkte Study the photos on this page of markets in Austria and Germany. Circle the items listed in the word bank that you see in the photos and then write as many more as you can. You may need to review past vocabulary!

Naschmarkt, Wien, AT

Orangen	Pfirsiche
Bananen	Kohl
Verkäufer	Birnen
Marmelade	Erbsen
Äpfel	Paprika
Brokkoli	Kirschen
Zitronen	Bohnen
Erdbeeren	Trauben

Kassel

C. Schnell einkaufen   Look at the different shopping needs listed below and decide how to get them done most efficiently in a medium-sized German city. Write a German sentence for each, elaborating on your selection.

1. Auf dem Wochenmarkt in der Fußgängerzone willst du Gemüse, Obst und Eier einkaufen.

☐ Ich nehme natürlich mein Auto.
☐ In die Innenstadt fahre ich mit dem Fahrrad.
☐ Wenn ich viel einkaufen muss, nehme ich den Bus.

2. Für eine Party musst du fünf Kästen Wasser, Bier und Limonade einkaufen.

☐ Mein Fahrrad ist immer am besten!
☐ Ein Auto ist hier am praktischsten.
☐ Vielleicht laufe ich zu Fuß und trage alles selbst.

3. Manchmal kaufst du dein Gemüse direkt beim Bauern außerhalb der Stadt.

☐ Wenn es einen Bus gibt, schütze ich so gerne die Umwelt.
☐ Ich nehme den schönen Fahrradweg zum Bauern.
☐ Auch hier ist das Auto meine einzige logische Option.

4. Morgens holst du dir frische Brötchen und Brot beim Bäcker um die Ecke.

☐ Mein Auto steht direkt vor der Tür... also warum nicht?!
☐ Ich muss nur zwei Minuten zu Fuß gehen und mache das gerne.
☐ Mit dem Fahrrad kann ich noch schneller sein und nehme das!

D. Warum?   Share your answers from 6.3C above in a small group and be prepared to summarize your answers for the whole class.

> Zwei von uns fahren am liebsten mit dem Auto. Aber das Auto ist nicht immer praktisch. In der Stadt ist auch der Bus gut. Drei von uns fahren auch gerne mit dem Fahrrad. Zum Bäcker gehen wir alle zu Fuß!

E. Wohin gehst du?   Work with a partner and ask where she or he goes to do the various things listed. Think about what preposition you will need and what case it takes.

nach - *cities, countries*
zu - *for people* (e.g., zu meiner Mutter, zum Arzt)
zu - *for stores* (zum Supermarkt, zur Apotheke)
in - *for things like* Kino, Konzert, Theater *and stores* (in den Supermarkt)
bei - *at a person's house, at a store*

Wohin gehst du, wenn du Musik hören willst?
Wo kaufst du Lebensmittel ein?
Wohin gehst du, wenn du einen Film sehen willst?
Wo isst du gern spät abends?
Wohin gehst du, wenn du lernen musst?
Wo spielst du am liebsten Videospiele?

F. Hamburger Fischmarkt Germans (and Europeans in general) are fans of outdoor markets. Summarize each paragraph in three simple German sentences in the text box provided.

Eine der beliebtesten[1] Attraktionen der Hansestadt Hamburg ist der Fischmarkt. Die Öffnungszeiten (sonntags im Sommer von 5 bis 10 Uhr morgens bzw. im Winter von 7 Uhr bis 10 Uhr) lassen dem Besucher keine Möglichkeit[2] zum Ausschlafen. Aber die Frühaufsteher[3] können hier jede Woche Fisch, Meeresfrüchte, Obst, Gemüse, Blumen, Souvenirs und sogar Haustiere kaufen, an zahlreichen[4] Imbissständen ihr Morgenkaffeechen trinken und ein belegtes Brötchen mit Fisch essen – oder auch einfach nur herumgucken.

---

1 *favorite*
2 *possibility*
3 *early risers*
4 *numerous*

Die Atmosphäre ist typisch für Sonntagsmärkte: das Riesengedränge[5] von Leuten, ein Paar Marktschreier[6] (Aale-Dieter und Bananen-Harry sind bei den Marktbesuchern besonders beliebt), appetitliche Farben und Aromen. Dazu bietet der Markt einen schönen Blick auf die Elbe und den Hafen.

---

5 *huge crowd*
6 *salesperson who calls out to the crowds*

G. Ein Vergleich Compare the *Hamburger Fischmarkt* described above to any outdoor market that you have been to or know of with three good sentences.

Der Farmers Market in Cleveland ist kleiner als der Hamburger Fischmarkt. Es gibt auf dem Fischmarkt Meeresfrüchte, aber es gibt auf dem Farmers Market nur Obst und Gemüse.

H. So schmeckt's List the major ingredients (in German of course) you feel are best for the following food dishes.

der Salat

der Obstsalat

der Kuchen

das Omelett

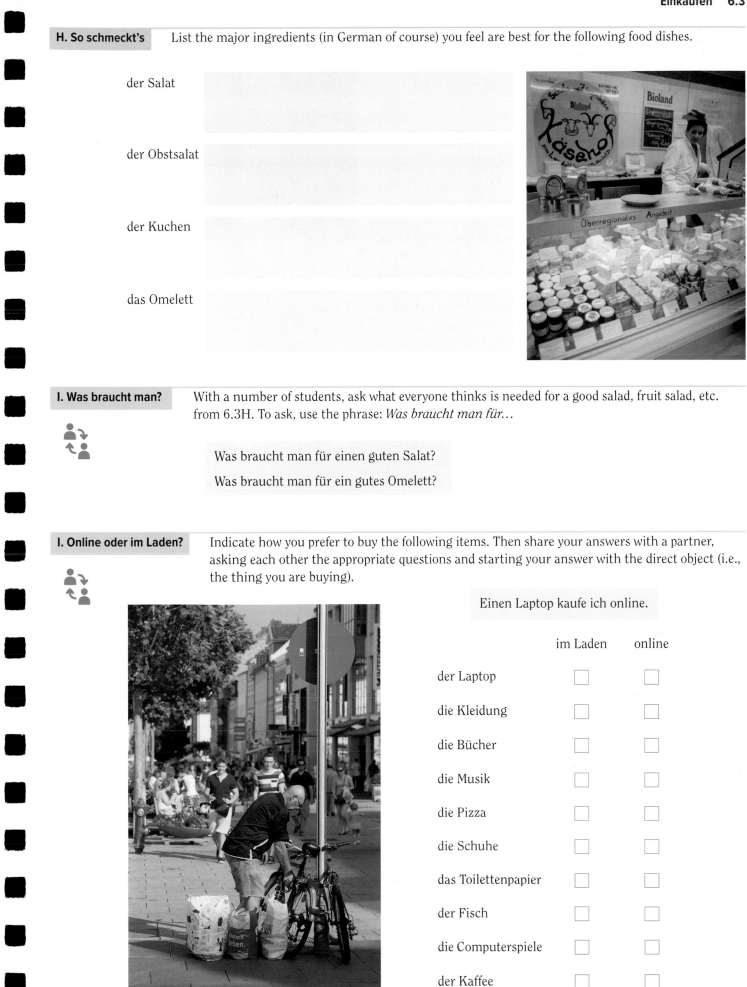

I. Was braucht man? With a number of students, ask what everyone thinks is needed for a good salad, fruit salad, etc. from 6.3H. To ask, use the phrase: *Was braucht man für…*

Was braucht man für einen guten Salat?

Was braucht man für ein gutes Omelett?

I. Online oder im Laden? Indicate how you prefer to buy the following items. Then share your answers with a partner, asking each other the appropriate questions and starting your answer with the direct object (i.e., the thing you are buying).

Einen Laptop kaufe ich online.

	im Laden	online
der Laptop	☐	☐
die Kleidung	☐	☐
die Bücher	☐	☐
die Musik	☐	☐
die Pizza	☐	☐
die Schuhe	☐	☐
das Toilettenpapier	☐	☐
der Fisch	☐	☐
die Computerspiele	☐	☐
der Kaffee	☐	☐

Bad Homburg vor der Höhe

J. Im Kühlschrank

What's in your fridge? Read the following responses and answer the questions that follow.

Fatima (Göttingen, DE): In meinem Kühlschrank? Jogurt, Brokkoli, Milch, Käse, Wurst, Erdbeeren, Sahne.

Hoa (Göttingen, DE): In meinem Kühlschrank gibt es Milch, Nutella, Bier, Fleisch, ein bisschen Wurst, Obst und Salat.

Stephanie (Göttingen, DE): Ich habe versucht, letzte Woche ein bisschen mehr Gemüse und Obst zu essen, weil ich das sonst nicht tue, und deswegen sind da noch alte, verschrumpelte Gurken, ein paar Kiwis und sowas. Ansonsten sehe ich immer zu, dass ich frische Milch da habe und so ein paar Sachen, um mir mal zwischendurch ein Brot zu machen.

Christian (Göttingen, DE): Mir wird immer vorgeworfen, mein Kühlschrank wäre ziemlich leer. Das stimmt auch. Da steht im wesentlichen Bier, eine Packung Multivitaminsaft und eine Packung Milch drin.

Dorothee (Göttingen, DE): Ich koche sehr gerne, deshalb ist mein Kühlschrank immer gut gefüllt, und ich esse auch gerne, also gibt es auch immer genug zu essen. Also, bei mir gibt es immer Senf, Mayonnaise, verschiedene Pasten, die man zu indischen oder asiatischen Gerichten braucht. Basilikum, Käse, Wurst und Champignons sind drin, Milch, Sahne, Paprika, Ingwer und im Gefrierfach sind gefrorene Chilischoten und teilweise gefrorenes Gemüse und ja, viel.

1. Wer isst gern Milchprodukte?

2. Wer isst gern Fleisch?

3. Wer kocht gern asiatisch?

4. Wer möchte gesünder essen?

5. Bei wem ist der Kühlschrank ziemlich leer?

6. Was hast du im Kühlschrank? Wenn du keinen Kühlschrank hast, dann schreib über den Kühlschrank von deinen Eltern (oder deinem Vater oder deiner Mutter oder deinen Freunden).

K. Wo kaufst du gern ein?   Answer the three questions below.

das Medikament, -e
der Verkäufer, -
die Einkäufe
die Plastiktüte, -n
die Einkaufstasche, -n

der Käse
das Brot, -e
die Kreditkarte, -n
der Parkplatz, ¨-e
das Bargeld

1. Wo kaufst du Kleidung? Was findest du gut an diesem Laden?

2. Wo kaufst du deine Lebensmittel? Warum kaufst du in diesem Laden ein?

3. Wo kaufst du gar nicht gern ein? Warum?

L. Einkaufen bei uns   The international student advisor has hired you to write an introduction about shopping in the US or Canada for new German exchange students. Give appropriate comparisons based on what you have learned about German shopping. Write at least five sentences.

Die meisten Supermärkte in den USA sind….
In amerikanischen Supermärkten kann man…
Andere Unterschiede zwischen den USA (oder Kanada) und Deutschland sind…
In Amerika kann man auch überall… , aber in Deutschland…

Im Supermarkt kann man… kaufen.
In Deutschland… , aber in den USA… .

Körperpflege	*personal hygiene*
Medikamente	*medicine*
die Verkäufer	*sales people*
die Einkäufe	*purchases*
die Kreditkarte	*credit card*
die Plastiktüte	*plastic bag*

6.4 Geradeaus

Culture: City layout
Vocabulary: Directions and travel
Grammar: Subordinating conjunctions

A. Wie heißt das? For each icon, write a German term or phrase that describes it.

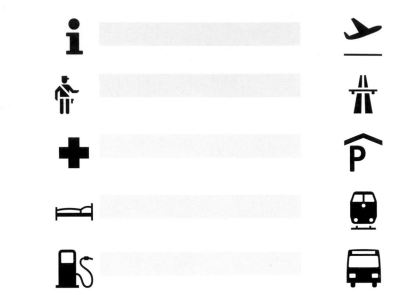

B. Wie kommst du dahin? Interview two other students and note their responses here.

Wie kommst du zu deinen Eltern?

Wie kommst du zur Uni?

Wie kommst du zum Supermarkt?

Wie kommst du ins Kino?

Wie kommst du zu deiner Lieblingspizzeria?

Wie kommst du in deine Heimatstadt?

C. In der Stadt   Translate the directions below into German using the phrases and structures provided.

Geh	rechts	in die Bismarckstraße!
	links	an der Apotheke!
	geradeaus	bis zum Domplatz!
		die Neubaugasse entlang!

Rechts	siehst du	den Dom.
Links		eine Kirche.
		einen Supermarkt.
		eine Bank.

1. *Go left on Burgstraße.*

2. *Go straight ahead until you get to the Marktplatz.*

3. *On the left you'll see a bank.*

4. *Go along Marktstraße until Schillerstraße.*

5. *Go right at the post office onto Wernerstraße.*

D. Anweisungen   Write the correct English match for each phrase.

| Go up! | Go down! | Back up a | Go right! |
| Stop! | Go straight! | little! | Go left! |

1. Geh rechts!

2. Geh links!

3. Geh geradeaus!

4. Geh hinauf!

5. Geh hinunter!

6. Halt!

7. Geh ein bisschen zurück!

E. In Berlin   You are in Berlin standing in front of the *Gedächtniskirche* (at the red dot). Write on the map the number of each of the five places below based on reading the directions on how to get there from where you are standing.

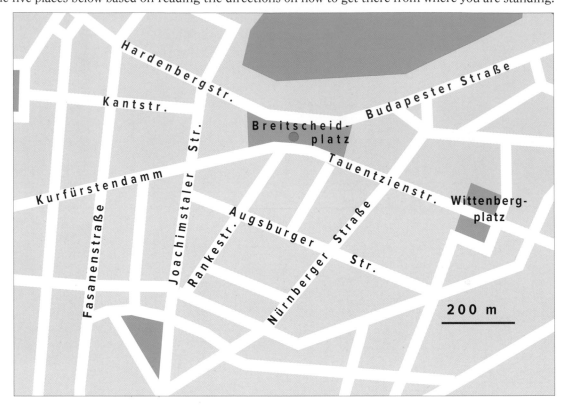

1. Wo kann ich einen berühmten *Berliner*[1] genießen?

Einen wirklich guten *Berliner* bekommst du nur in einer Bäckerei oder Konditorei! Geh von der Gedächtniskirche aus den Kurfürstendamm entlang. Biege rechts in die Joachimstaler Straße ein und dann wenig später links in die Kantstraße. Geh über die Fasanenstraße. Dann gibt es auf der linken Straßenseite das Café *Paris Bar*.

2. Wo kann ich eine Apotheke finden?

Geh die Rankestraße entlang[2]. An der ersten Kreuzung[3] mit der Augsburger Straße biege nach links ab[4]. Nach weniger als hundert Metern siehst du auf der rechten Straßenseite die *Luitpold-Apotheke*.

3. Wo kann ich in einem schönen Biergarten sitzen und ein *Berliner Kindl* trinken?

Geh um die Gedächtniskirche herum und biege nach links in die Hardenbergstraße ab. Laufe über die Joachimstaler Straße bis du links die Fasanenstraße siehst. Biege wieder links ab und an der Ecke Fasanen- und Kantstraße siehst du dann den gemütlichen Biergarten des *Quasimodo-Cafés*.

4. In welchem Geschäft kann ich Shampoo und Haarspülung kaufen?

Geh zur *dm-Drogerie* im Europa-Center. Geh links die Tauentzienstraße herunter. Nach zweihundert Metern siehst du links einen großen Komplex von unterschiedlichen[5] Gebäuden[6] mit Geschäften und Cafés. Im Europa-Center findest du dann im Erdgeschoss die Drogerie mit vielen Hygieneprodukten. Falls du die Nürnberger Straße siehst, dann musst du zurücklaufen!

5. Wo ist das Kaufhaus *KaDeWe*?

Geh ungefähr 500 Meter die Tauentzienstraße entlang, bis zum Wittenbergplatz. Kurz vor dem Platz siehst du links ein großes Gebäude, wo viele Leute hineinströmen[7]. Das ist das berühmte *KaDeWe*, das größte Kaufhaus Europas.

---

5   *different*
6   *buildings*
7   *to pour in*

---

1   *a donut filled with strawberry jam or plum butter*
2   *along*
3   *intersection*
4   abbiegen – *to turn*

F. In Berlin (2)   Go to an internet map site such as Google Maps, look up the locations you traced in 6.4E and make sure you are at the right place. Make any corrections necessary.

G. Ein Laden   Examine in greater detail one of the places listed in 6.4E and summarize in three simple German sentences what you find out about it. Look at pictures, customer reviews, any websites associated with it, and similar resources.

H. Auf dem Campus   With a partner, practice asking how to get to various locations on your own campus from your current classroom. Review the phrases in 6.4C to get started. It might be handy to have a campus map with you if you go to a large university.

Wie komme ich zum Uni-Kino?

Geh aus diesem Gebäude heraus und dann rechts die College Avenue entlang! Geh zwei Straßen geradeaus bis zur 8th Street! Geh dann nach rechts! Geh die 8th Street entlang! Nach 200m siehst du dann rechts das Kino.

Berlin Schiffsfahrten

I. Bahn oder Auto?   Rolf (Marburg, DE) describes when he drives and when he takes the train. Read what he says and answer the questions that follow.

Ich fahre sehr selten Auto. Also ich fahre vielleicht einmal im Monat mit dem Auto in die Stadt. Meistens benutze ich die Bahn, weil die Bahn sehr viel einfacher ist. Das Problem ist, wir wohnen nicht weit weg von Frankfurt. Das sind etwa 30km. Aber zwischen unserem Ort und der Autobahn gibt es eine Stelle wo immer Stau ist, morgens, zwischen halb acht und halb zehn. Egal, wann man fährt, man steht immer 20-30 Minuten im Stau. Und wenn man dann auf der Autobahn ist, steht man wieder im Stau, weil die A5, die vom Norden nach Frankfurt reinfährt, auch sehr stark befahren ist und morgens so um die Rush-Hour Zeit ist das sehr problematisch.

Wir fahren manchmal nach Frankfurt, wenn ich abends einen Termin habe, oder wenn wir mal etwas Besonderes einkaufen und mittlerweile kenne ich mich so gut in Frankfurt aus, dass das für mich keinen Stress bedeutet.

Frankfurter Hauptbahnhof

Why does Rolf usually prefer the train over the car?

Where are the traffic jams when Rolf tries to drive to work?

Where does Rolf live relative to Frankfurt?

When does Rolf drive? Is it a problem?

Look through the text and write how you express the following in German:

to be stuck in traffic

during morning rush hour

It's a big problem.

That is stressful for me.

Circle all preposition that use the dative case in the text above. This will include prepositions that are always dative and others that are dative only sometimes.

You are learning about subordinate clauses, where the verb is placed at the end of the clause. Underline all verbs in the text above that occur at the end of the clause (after words like *dass, wenn,* etc.).

J. Wien   Study the map of downtown Vienna and give directions in German between the following locations.

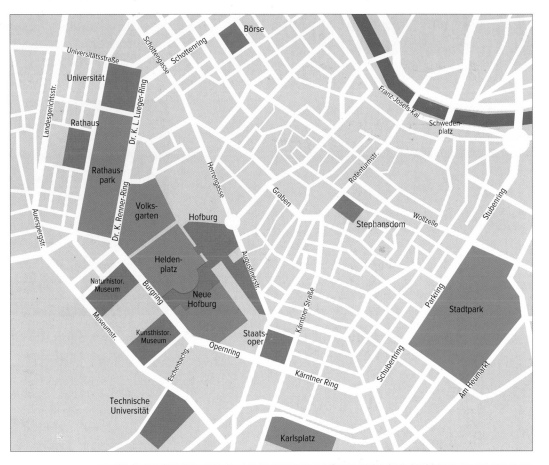

1. Wie kommt man vom Schwedenplatz zum Stephansdom?

2. Wie kommt man von der Technischen Universität zur Universität?

3. Wie kommt man vom Heldenplatz zum Stadtpark?

4. Wie kommt man vom Rathaus zum Karlsplatz?

K. Von A nach B   Think of one or two longer trips you make regularly and describe them in German. Feel free to use the models provided or take some from texts in *Themen* 6.3 and 6.4. Show your instructor you know how to write about traveling with various means of transportation.

Einmal im Monat fahre ich zu meinen Eltern. Meistens fahre ich mit dem Auto, aber manchmal fahre ich auch mit dem Bus. Meine Freunde müssen immer fliegen, weil ihre Eltern weiter weg wohnen.

7.1 Grundschule

A. Grundschule Can you remember your time in elementary school? Answer these questions about any routine from grades 1-4 you remember.

so um – used for approximate time
so um 14.00 –
    means "at about 2:00 PM"

The verb forms in the questions will help you form answers.

1. Um wie viel Uhr hat die Schule angefangen?

2. Wann war die Schule zu Ende?

3. Wann hast du zu Mittag gegessen?

4. Wann hattest du deine Pausen (*recess*)?

5. Wann bist du nach Hause gegangen?

6. Wie bist du zur Schule gekommen?

7. Hast du in der Schule viele Hausaufgaben gehabt?

8. Bist du gern zur Schule gegangen?

B. Der erste Schultag Evi (Göttingen, DE) talks about her first day of school. Summarize her day in the box below. Circle at most three words to look up.

Das war in der Bonifatiusschule hier in Göttingen. Die ist unten an der Bürgerstraße. Und ich hatte so eine Riesenschultüte gekriegt[1] und war noch ganz aufgeregt[2], weil meine großen Geschwister auch noch zur Schule gingen. Und sie haben mir so erzählt[3]: „Ja, es ist alles so streng und es ist alles so schlimm." Und ich habe gedacht: „Oh, ich will da nicht hin. Ich will da nicht hin." Und im Nachhinein[4] habe ich dann auch nur vier Stunden gehabt und dann habe ich gedacht: „Oh, das ist ja doch ganz gut. Es macht Spaß!" Und seitdem hat mir die Schule eigentlich regelmäßig Spaß gemacht.

1   kriegen – *to get*
2   *excited*
3   erzählen – *to tell*
4   im Nachhinein – *in retrospect*

C. Anikas Stundenplan   Read Anika's schedule and compare it to your own schedule from your years in elementary school.

Zeit	Montag	Dienstag	Mittwoch	Donnerstag	Freitag
7.40		Sport		Deutsch	Blockflöte[1]
8.30	HuS	Mathe	HuS	Mathe	Deutsch
9.20	Mathe	Religion	Mathe	HuS	Deutsch
10.25	Musik	HuS	Deutsch	Religion	Mathe
11.15	Sport	Deutsch	Deutsch	-----	Sport
12.00	Mittagspause				
13.40		*TW			
14.30		*BK			
* dienstagnachmittags - alle zwei Wochen					[1] *recorder*

1. Wie viele Stunden am Tag geht Anika zur Schule?

2. Wie heißt das auf Deutsch?

   shop

   elementary science

   visual arts

   recorder (instrument)

   Bildende Kunst (BK)

   Technisches Werken (TW)

   Blockflöte

   Heimat- und
      Sachunterricht (HuS)

3. Welche Fächer von Anikas Stundenplan hast du in der Schule auch gehabt?

4. *What differences do you notice between Anika's schedule and your elementary school?*

5. *Would this schedule have worked well for you while you were in elementary school?*

D. Meine Grundschule   Compare your elementary school experience to Evi's description and Anika's schedule.

Meine Schule war nicht besonders groß, aber sehr schön. Wir haben drei bis vier Stunden pro Tag gelernt und eine große und mehrere kleine Pausen gehabt. Ich habe in der Schulmensa gegessen, weil ich am Nachmittag noch Unterricht hatte. Meine Lieblingsfächer waren Mathe und Kunst. Die Schule hat mir Spaß gemacht, obwohl manche Lehrer sehr streng waren.

E. Das deutsche Schulsystem   You will already have noticed some differences between the German school system and the prevailing system in the USA and Canada. Read more about how German schooling is organized, especially at the lower grades, and answer the questions that follow.

Alle Kinder in Deutschland müssen vom 6. bis zum 16. Lebensjahr eine staatliche oder private Schule besuchen. Unterricht zu Hause, so wie in den USA das „home schooling", ist nicht erlaubt. Kinder können in eine Kindertagesstätte (Kita) gehen – früher war das der Kindergarten. Es gibt keine allgemeine Kindergartenpflicht[1] in Deutschland. In der Schweiz und in Österreich aber müssen alle Kinder für zwei Jahre in den Kindergarten gehen.

In Deutschland haben die 16 Bundesländer unterschiedliche Schulen. Hier sind aber ein paar prinzipielle Ideen: Alle Kinder beginnen mit der Grundschule. Danach gehen Kinder auf eine von vier möglichen Schulen: auf die Gesamtschule, die Hauptschule, die Realschule oder das Gymnasium.

Außerdem gibt es Förderschulen[2] für Schulkinder mit psychischen Problemen und für geistig und körperlich behinderte Kinder (z.B. taube[3] und blinde Kinder).

1   die Pflicht - *requirement*
2   *special-needs schools*
3   *deaf*

Auf welche Schule das Kind geht, entscheiden verschiedene[4] Faktoren: Was wollen die Eltern? Was denken die Lehrer? Und wie gut (oder schlecht) sind die Noten? Wenn man das Abitur[5] macht und danach an einer deutschen Universität studieren möchte, braucht man gute bis sehr gute Noten für das Studienfach Medizin oder ein anderes beliebtes Studienfach (Germanistik, Amerikanistik, BWL).

4   *different*
5   *college-prep-school degree*

1. Haben alle deutschen Bundesländer das gleiche Schulsystem? *(circle one)*   Ja   Nein

2. Zwei deutsche Wörter für *daycare/pre-school* sind

    und   .

3. Kinder in Deutschland müssen   Jahre lang eine Schule besuchen.

4. Deutschland hat diese Schulformen:

5. Diese Faktoren entscheiden, auf welche Schule man nach der Grundschule geht:

Meine Schule: *Write three sentences in German (or more if you're feeling talkative) comparing the school system you went to school under with the German school system described above.*

F. Hast du das gehabt?

Work with a partner and ask if you had various things in elementary school. You can use these prompts, but also add some from your recent vocabulary lists. Remember to use *nicht* or *kein* if you didn't have it! And, of course, whatever you had or didn't have is a direct object.

Hausaufgaben	Federtasche	Schulhof	Schultüte	Rucksack	Bleistift

Hast du Hausaufgaben gehabt?   Ja, wir haben Hausaufgaben gehabt.
Hast du eine Federtasche gehabt?   Nein, ich habe keine Federtasche gehabt.

G. Der Schulweg   Answer the following questions as best you can, *auf Deutsch natürlich*!

1. Wie bist du zur Schule gekommen?

mit der Straßenbahn
mit dem (Schul)bus
mit dem Auto
zu Fuß
mit dem Fahrrad

2. Wie kommen die meisten Amerikaner oder Kanadier in die Schule?

3. Wie kommen die meisten deutschen Schüler wohl (*probably*) in die Schule?

4. Was denkst du: Haben die Deutschen auch gelbe Schulbusse wie in Amerika oder Kanada?

H. Was ist dir wichtig?   *Was findest du wichtig für die Schule?*

	nicht sehr wichtig	wichtig	ganz wichtig
Pausen	☐	☐	☐
Prüfungen	☐	☐	☐
Hausaufgaben machen	☐	☐	☐
Beziehung zur Lehrerin/zum Lehrer	☐	☐	☐
Ganztagsschule	☐	☐	☐
Sozialisation	☐	☐	☐
kleine Klassen	☐	☐	☐

I. Waldorf – eine alternative Schule

Anika's schedule in 7.1C is a typical schedule for a 1st or 2nd grade German elementary school student. Read about a very different school concept – the *Waldorfschule* – and answer the questions that follow.

Das Prinzip Waldorfschule

Rudolf Steiner (1861-1925) eröffnete 1919 in Stuttgart die erste Waldorfschule. Das Prinzip für die Waldorfschule war einfach: Alle jungen Menschen sollten die gleichen Chancen im Leben bekommen. Es sollte nicht wichtig sein, was für einen sozialen Status die Eltern haben, oder wie intelligent die Kinder sind, oder was sie später einmal werden wollen. Alle Schülerinnen und Schüler durchlaufen ohne Sitzenbleiben zwölf Schuljahre. Ab dem 1. Schuljahr gibt es künstlerischen, handwerklichen, fremdsprachlichen und wissenschaftlichen Unterricht. Dieser Unterricht hat von Anfang an ein wichtiges Ziel: Die Kinder sollen innere menschliche Freiheit erleben. Am Ende des Schuljahres geben die Lehrer keine Zeugnisse mit Noten, sondern die SchülerInnen bekommen alle ein schriftliches Zeugnis mit detaillierten Kommentaren und konstruktiver Kritik.

1. Was ist das Hauptprinzip der Waldorfschulen?

2. Ab welchem Schuljahr lernen die Kinder eine Fremdsprache?

3. Am Ende eines Schuljahres gibt es keine traditionellen Zeugnisse mit Noten. Was bekommen die SchülerInnen stattdessen?

4. Was glaubst du: Dürfen nur Eltern mit viel Geld ihre Kinder auf eine Waldorfschule schicken? Warum oder warum nicht?

5. *What does the phrase* ohne Sitzenbleiben *mean? Why is it important here?*

6. *What is the goal of* Waldorfschulen? *Did your elementary school have the same goal?*

J. Schultüten

On the first day of first grade, German children receive a *Schultüte*. Imagine that you'd like to start this tradition at your college or university. In small groups, decide on the contents of the perfect „*Unitüte*". Your *Unitüte* must contain 5-7 items. Sorry, no cash, credit cards, or checks.

K. Meine Schulzeit

Write an essay of approximately 75 words describing your experiences in elementary school. What did you learn? What did you do? What was your schedule like? Use structures from Evi's description in 7.1B and Anika's schedule in 7.1C. Remember that you will be writing in the past tense.

Meine Schulzeit war	schön / toll / langweilig. nicht so gut / furchtbar.		*great / fantastic / boring* *not so good / terrible*
Ich habe	Mathe / Englisch / Musik	gelernt.	
Ich habe	keine / ein paar / viele	Freunde gehabt.	
Meine Lehrer waren	nett / toll / freundlich. langweilig / schrecklich / gemein.		*nice / great / friendly* *boring / horrible / mean*
In den Pausen habe ich	...		*During recess / break ...*
Ich bin	gern / ungern / überhaupt nicht gern	zur Schule gegangen.	

Meine Zeit in der Grundschule war toll! Meine Klassenlehrerin Frau Feuerbach war sehr nett. Wir haben viel von ihr gelernt. Ich habe auch viele Freunde gehabt. In der 3. und der 4. Klasse haben wir eine Klassenfahrt gemacht. Das war sehr schön! Aber eine Lehrerin war schrecklich! Sie hat Kunst unterrichtet und hat immer laut geschimpft. Ich bin aber gern zur Schule gegangen.

7.2 Gymnasium

Culture: High school & *Gymnasium*
Vocabulary: School subjects & phrases
Grammar: Modals in narrative past

A. Schulfächer For each subject, write in the blank in which grades (*Klassen*) you had that subject. Then check three that were your *Lieblingsfächer* while you were in school.

	Lieblingsfach			Lieblingsfach
Religionslehre/Ethik	☐	Musik		☐
Erdkunde	☐	Kunst		☐
Mathematik	☐	Wirtschaftslehre		☐
Chemie	☐	Informatik		☐
Biologie	☐	Werken und Technik		☐
Sport	☐	Hauswirtschaft		☐

B. Welche Fächer? Think back on your time in high school and respond to the questions below using the correct German terms for school subjects.

Welche Fächer waren interessant?

Welche Fächer waren für dich schwer?

Welche Fächer waren sehr leicht?

In welchen Fächern warst du gut?

Was war dein Lieblingsfach?

C. Austausch Ask a partner the questions from 7.2B above. Then switch roles and answer them to the best of your ability.

Geschichte war sehr interessant.
Kunst war schwer für mich.
Mathe war sehr leicht.
Ich war gut in Naturwissenschaften.
Deutsch war mein Lieblingsfach!

Zürich, CH

D. Meine High School   Find a partner and ask about his or her high school experiences.

> Bist du auf Klassenfahrten gegangen?
>
> Hast du im Schulorchester mitgespielt?
>
> Hast du in einer Sportmannschaft gespielt?
>
> Hast du den Führerschein gemacht?
>
> Hattest du Religionsunterricht in der Schule?
>
> Hast du ein Berufspraktikum gemacht?
>
> Hattest du ein Abschlussfest?
>
> Gab es einen „Tag der offenen Tür"?
>
> Hast du für die Schule einen Rucksack benutzt?
>
> Hast du in der Cafeteria gegessen?

E. Der Schulweg   Take a look at the following options for getting to school in Germany and mark the most fitting answer for your hometown or come up with your own reason.

1. In Deutschland fahren viele Schulkinder mit dem Fahrrad zur Schule, wenn das Wetter schön ist.

☐ Das geht in meiner Heimatstadt nicht, weil es zu viele Autos gibt.

☐ Das konnte ich in meiner Heimatstadt auch machen, weil wir Fahrradwege haben.

☐ Das war in meiner Heimatstadt (nicht) möglich, weil

2. In Deutschland gibt es nur selten organisierte Schulbusse. Die meisten Schulbusse sind ganz normale Stadtbusse, mit denen die Schulkinder fahren.

☐ In meiner Heimatstadt gibt es natürlich organisierte gelbe Schulbusse!

☐ Ich musste nie mit dem Schulbus fahren, weil mich immer meine Eltern, Geschwister oder Freunde zur Schule gebracht haben.

☐ Schulbusse gibt es auch in meiner Heimatstadt, aber

3. Deutsche können erst mit 18 Jahren den Führerschein machen. Deshalb fahren nicht viele mit dem Auto zum Gymnasium.

☐ In meiner Heimatstadt war das ganz anders. Die meisten SchülerInnen hatten mit 16 Jahren ihr eigenes Auto.

☐ Viele SchülerInnen bekamen mit 16 Jahren ihr eigenes Auto, aber die meisten sind weiterhin mit dem Bus gefahren.

☐ In meiner Heimatstadt war das ganz anders, weil

F. Handy weg!   In German schools, using a cell phone during class is generally *verboten*, but that doesn't necessarily stop everyone, which may (not) come as a shock to you. Read through these texts and answer the questions.

Amelie (Berlin, DE): SMS schicken ist in der Schule eigentlich verboten. Aber es machen ganz viele. Also während der Pausen darf man es, aber im Unterricht eigentlich nicht, was man auch verstehen kann. Aber es machen trotzdem viele.

Christopher (München, DE): Ich habe im Unterricht mal das Handy ins Mäppchen gestellt und dann hatte ich vergessen den Ton auszumachen[1] und dann, als ich es wieder angucken wollte, ist dann der Ton angegangen. Und das Handy war weg. Ja, es ist schon blöd, weil man dann versucht, das Handy schnell einzustecken, aber der Lehrer ist schneller.

1   to turn off the volume

Wann darf Amelie eine SMS schicken?

Darf Christopher sein Handy im Unterricht benutzen?

Was ist mit Christophers Handy passiert?

Wie hat der Lehrer gewusst, dass Christopher sein Handy benutzte?

G. Was denkst du?   Indicate what was or was not allowed in your high school and what you think about it.

im Unterricht in der HS war:	erlaubt	verboten	Finde ich gut	Finde ich dumm
Handy benutzen	☐	☐	☐	☐
Laptop benutzen	☐	☐	☐	☐
schlafen	☐	☐	☐	☐
mit Nachbarn sprechen	☐	☐	☐	☐
essen	☐	☐	☐	☐
Facebook benutzen	☐	☐	☐	☐

H. Und du?   Work with a partner and find out what policies existed in high school. Start each question with *Durftest du* and complete the rest of each sentence to get at the questions in 7.2G.

Handy benutzen:

Durftest du im Unterricht dein Handy benutzen?

I. Meine High School   Check whether the following statements were true, sort of true, or not true at your high school.

	ja!	naja...	nein!
Die Schüler waren den Lehrern wichtig.	☐	☐	☐
Die Lehrer halfen den Schülern.	☐	☐	☐
Es war einfach, gute Noten zu bekommen.	☐	☐	☐
Die Fächer waren interessant.	☐	☐	☐
Es gab viele ausländische Schüler.	☐	☐	☐
Es gab viele Cliquen.	☐	☐	☐
Die Partys waren sehr gut.	☐	☐	☐
Die Sportmannschaften waren gut.	☐	☐	☐
Die Schüler waren offen und freundlich.	☐	☐	☐
Ich habe mich wohl gefühlt.	☐	☐	☐

And now, write three positive and three negative things in German about your high school.

Das Positive

Das Negative

J. Interview   Work with a partner and ask in German about the responses in 7.2I above. You will need to convert the statements into yes/no questions.

Waren die Schüler den Lehrern wichtig? Halfen die Lehrer den Schülern? Was war das Positive an deiner High School?

Antworten:
Ja, total.
Ja, absolut.
Nein, überhaupt nicht.
Nein, gar nicht.

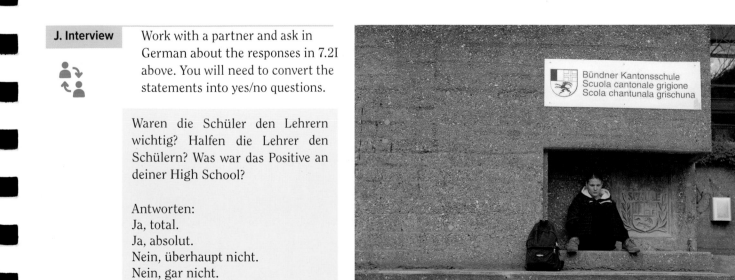

Bündner Kantonsschule
Scuola cantonale grigione
Scola chantunala grischuna

Chur, CH

K. Was lernst du am liebsten? Six students from the same *Gymnasium* in Göttingen were asked *Was lernst du am liebsten?* Read their responses and answer the questions below.

Philipp: Sport. American Football spiele ich jetzt auch selber seit knapp einem Jahr[1] und das ist schon lustig. Und auch Tanzen oder Fahrrad fahren, Inlineskating oder sowas.

Maren: Gesellschaft und Religion (GR), Kunst, Sport. Bei Mathe und Naturwissenschaften (NW) hält sich das so in Grenzen[2]. Aber sonst, im Sport spiele ich gerne Volleyball oder tanze auch sehr gerne. Allerdings[3] nicht hier auf der Schule.

Alice: Kunst. Kunst gefällt mir, weil man da viel Eigenes reinstecken[4] kann. Also, selbst überlegen[5] und selbst machen, und das finde ich am besten.

1 *for about a year*
2 das hält sich so in Grenzen – *to be limited*
3 *but, however*
4 viel Eigenes reinstecken – *to put in a lot of yourself*
5 *think about, consider, ponder*

Anike: Also, eigentlich lerne ich gar nicht gern. Aber die Sprachen finde ich ganz interessant. Ich lerne Englisch und Französisch. Im Unterricht mag ich die Sprachen nicht sehr gern, aber ich mag privat die Sprachen sprechen.

Evi: NW, Mathe, Deutsch und GR sind meine Lieblingsfächer. NW macht mir soweit keine Probleme, weil es sind logische Zusammenhänge[6], und Mathe ist auch kein großes Problem. Und Deutsch und GR sind Sachen, wo man viel auf Allgemeinwissen zurückgreifen[7] muss. Es sind einfach Sachen, die Spaß machen.

Stefan: Mathe, NW, Biologie, Chemie und Physik, weil ich sie gut kann und gut verstehe.

6 *logical connections*
7 auf Allgemeinwissen zurückgreifen – *to rely on general knowledge*

Wer lernt gern Naturwissenschaften?

Wer macht gern Sport?

Wer geht wohl zur Uni?

Wer ist kreativ?

Wer findet Sprachen interessant?

Wer ist am meisten *(most)* wie du? Warum?

Wie sagt man das? *Find examples in the answer above that show you how to express the following in German, and write the number of the item in the text above where you find the model.*

1. I've been dancing for a year now.

2. I like English because I understand it well.

3. German is not a big problem.

4. Languages are fun.

L. Die beste Lehrerin

Read the text below and write a description of Stephanie's (Erfurt, DE) teacher.

Die beste Lehrerin war Frau Treier. Das war meine Spanischlehrerin. Sie war immer sehr streng und trotzdem hat sie viel gelacht. Aber wir mussten auch immer unsere Hausaufgaben machen. Bei ihr war es nicht so wie bei anderen Lehrern. Sie waren netter und daher[1] haben wir auch mal gesagt: „Oh, können wir heute nicht mal quatschen[2]?" Und dann haben wir eine Quatschstunde gemacht. Frau Treier war sehr streng, aber trotzdem[3] war sie ganz fair und wir mussten viel lernen. Und privat hat sie uns oft in ihr Haus eingeladen und wir haben spanisches Essen gekocht und wir haben auch viel über spanische Kultur gelernt.

1 *for this reason*
2 *to goof off*
3 *nevertheless*

M. Meine High School erklärt

Write a 100 word essay about your high school, explaining the differences for a German from a *Gymnasium* who is spending a year at your high school as an exchange student. Be sure to highlight differences from a typical *Gymnasium*.

eine private / öffentliche Schule
eine christliche / evangelische / katholische / jüdische / islamische Schule
eine Mädchenschule / Jungenschule
Ich wurde zu Hause unterrichtet.

in unserer Schule
es gibt (kein / keine / keinen)
die Noten

Die Schule ist klein / mittelgroß / groß mit 800 Schülern und Schülerinnen.

Die Lehrer waren meistens…
Die Schüler waren oft…
Die Unterrichtsstunden waren manchmal…

7.3 Uni

A. Welche Wissenschaft? Categorize each *Studienfach* by checking whether it fits with *Naturwissenschaften*, *Sozialwissenschaften* or *Geisteswissenschaften*. You may have to make the judgment call yourself!

	NW	SW	GW
Germanistik	☐	☐	☐
Geologie	☐	☐	☐
Philosophie	☐	☐	☐
Geschichte	☐	☐	☐
Politikwissenschaft	☐	☐	☐
Jura	☐	☐	☐
Psychologie	☐	☐	☐
Biologie	☐	☐	☐
Physik	☐	☐	☐
Chemie	☐	☐	☐
Medizin	☐	☐	☐
Soziologie	☐	☐	☐

B. An unserer Universität Discuss with a partner what you think the three most popular *Studienfächer* are at your university or college.

An unserer Universität/unserem College ist Chemie ein beliebtes Studienfach.

an zweiter Stelle…   an dritter Stelle…

C. Hiwi Read Ulrich's (Heidelberg, DE) description of his position as a *Hiwi* and answer the questions that follow.

Zur Zeit bin ich bei der klassischen Philologie EDV Hiwi[1]. Ich bin für alles zuständig[2], was mit Computern zu tun hat. Ein Hiwi ist eine „wissenschaftliche Hilfskraft". Das sind Studenten, die an der Uni arbeiten, wo die Uni billige Arbeitskräfte[3] braucht, denn die Arbeit ist nicht besonders gut bezahlt. Aber zumindest lernt man jedenfalls ein bisschen dabei[4].

1 *computer assistant*
2 *responsible*
3 *workers*
4 *in the process*

Was macht Ulrich?

Was ist das Positive an der Arbeit?

Was ist das Negative an der Arbeit?

Underline all verbs that appear at the end of the clause (i.e., not in second, but in final position).

D. Mein Alltag   The questions below use the formal *Sie*. Rewrite them using the *du* form. Then write your own personal response to the question.

	Du-Frage	Antwort
1. Was ist dieses Semester Ihr Lieblingskurs?		
2. Wie viele Kurse belegen Sie dieses Semester?		
3. Was ist Ihr Hauptfach? Was sind Ihre Nebenfächer?		
4. Wie viele Stunden am Tage lernen Sie für Ihre Kurse?		
5. Was machen Sie in den Sommerferien?		
6. Was für einen Job haben Sie momentan?		

E. Interview   With a partner or in small groups, interview each other using the questions in 7.3D.

Remember:

der Kurs = university course
die Klasse = grade in K-12
der Unterricht = class
die Uni = university
die Schule = grade school, high school
jobben = to have temporary work

Neue Doktoranden auf dem Weg zum Gänselliesel, Göttingen

F. Studiengang Below are some courses offered at the Georg-August-Universität in Göttingen. Use them to answer the questions below.

Kunst und Kultur in Skandinavien	Globalisierung seit dem 19. Jahrhundert
Der Theaterbesuch: eine Schule des Sehens	Fußball in Wirtschaft und Gesellschaft
Die Kunst der Interpretation in der Musik	Mikroökonomik I
Profile des orthodoxen Christentums	Experimentalphysik II (Optik, Wärmelehre)
Einführung in die römische Geschichte	Allgemeine Mikrobiologie
Geschichte des modernen Terrorismus	Klinische Psychologie und Psychotherapie
Praktische Philosophie: Moral und gutes Leben	Biologische Psychologie: Neurowissenschaften
Makroökonomik I	Feministische Texte „muslimischer" Frauen

Welche Kurse findest du interessant?

Welche zwei Kurse sind für dich uninteressant?

Welche Kurse braucht man für das VWL-Studium?

Welche Kurse sind gut für das Psychologiestudium?

G. Deine Kurse List the courses you are taking this semester. Include days and times. Use German abbreviations (*Mo Di Mi Do Fr*) and time (e.g., 14.00-14.50).

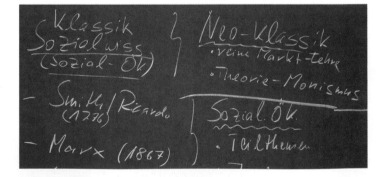

Kurs	Tage	Zeit

H. Profs beschreiben   Describe traits of good and bad professors using adjectives and phrases you have learned.

Ein schlechter Professor

Ein guter Professor

I. Susannes Meinung   Susanne (Göttingen, DE) describes a good professor. Read her description and add one characteristic you think is important in the blank below. Then rank the five characteristics, 1 being the most important.

Viele Sprechstunden[1], Präsenz[2], vielleicht ein bisschen Begeisterung[3] für das, was man lehrt. Nicht zu viele Hausaufgaben.

———————————
1   *office hours*
2   *is around*
3   *enthusiasm*

viele Sprechstunden

Präsenz

Begeisterung

nicht zu viele Hausaufgaben

J. Holgers Meinung   Holger (Frankfurt am Main, DE) describes a good student. As before, read his description. Then add one characteristic in the blank below. Rank the five characteristics according to your opinion, with 1 being the most important.

Also, sicher gehört dazu Fleiß, Liebe zu dem, was man macht, auch das Interesse mit Anderen zu reden. Und ein richtig guter Student versucht, die größeren Zusammenhänge[1] zu sehen in dem, was er macht.

———————————
1   *connections*

fleißig

liebt das, was er macht

ist daran interessiert, mit Anderen zu reden

findet größere Zusammenhänge

K. Amerikaner in Deutschland   Fanny works at a study center in Germany for Americans studying abroad for a semester or year. Below she discusses the differences she notices between American and German students. Read what she says and answer the questions that follow.

Es gibt große Unterschiede. Im Center sieht man öfter, dass einige Studenten noch nicht ihren Major oder Minor declared haben. Und das geht bei uns gar nicht. Also bevor ich überhaupt anfange zu studieren, muss ich sagen, ok, ich will das und das studieren. Also dieses Liberal Arts, das haben wir nicht so. Ich finde das aber nicht schlecht. Es ist überhaupt schwierig mit achtzehn oder neunzehn zu sagen, ok, ich will jetzt das studieren und das damit später beruflich machen.

Noch ein großer Unterschied ist dieses Campusleben, was es bei uns nicht so gibt. Deutsche Studenten trennen dann eher zwischen Uni und Privatem, weil wir nicht an der Uni leben, sondern irgendwo in der Stadt. Wir verbringen nicht so viel Zeit in der Uni, denke ich. Ich habe das zum Beispiel gesehen bei Finals oder Midterms.

Die amerikanischen Studenten sind ganz oft hier im Center und lernen in der Bibliothek zusammen. Da sind deutsche Studenten eher so, dass sie entweder sich zu Hause treffen und das selber machen oder in Lerngruppen, aber eben nicht so viel in der Bibliothek.

Natürlich könnte man dann auch sagen: vielleicht sind deutsche Studenten etwas selbstständiger, weil sie selber mehr Entscheidungen treffen müssen, aber ich denke, das kommt auf den Einzelfall[1] an. Also wir haben immer eine sehr, sehr große Bandbreite[2] an Studenten hier im Center. Einige sehen wir kaum, weil sie eben zu viel an der Humboldt-Uni studieren, und sehr, sehr selbstständig sind, und einige verbringen ganz viel Zeit hier im Center.

1   *individual case*
2   *spectrum*

Mark the following statements as true or false based on the interview with Fanny.

richtig	falsch	
☐	☐	Man kann in Deutschland *Liberal Arts* studieren.
☐	☐	Fanny findet das amerikanische System mit „*declaring majors*" nicht gut.
☐	☐	Deutsche Studenten verbringen viel Zeit an der Uni.
☐	☐	Amerikaner lernen lieber zusammen als Deutsche.
☐	☐	Deutsche Studenten tendieren dazu, etwas selbstständiger zu sein.
☐	☐	Amerikanische Studenten tendieren dazu, alle gleich unselbstständig zu sein.

Why do you think Fanny said 'declared' instead of using a German word?

Briefly summarize in German each of the three differences Fanny describes.

Underline all verbs that appear in final position (i.e., in clauses with weil, dass, *etc.).*

Circle all prepositions that are followed by the dative case in the text above.

L. Studierst du immer noch?!

Take a look at the cartoon and try to figure out what it is all about. Mark all answers that you think might be correct in the context of this cartoon.

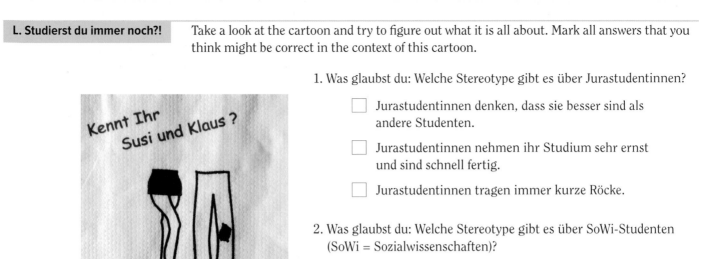

1. Was glaubst du: Welche Stereotype gibt es über Jurastudentinnen?

☐ Jurastudentinnen denken, dass sie besser sind als andere Studenten.

☐ Jurastudentinnen nehmen ihr Studium sehr ernst und sind schnell fertig.

☐ Jurastudentinnen tragen immer kurze Röcke.

2. Was glaubst du: Welche Stereotype gibt es über SoWi-Studenten (SoWi = Sozialwissenschaften)?

☐ SoWi-Studenten sind mit dem Studium ganz schnell fertig.

☐ SoWi-Studenten haben kein Geld.

☐ SoWi-Studenten studieren für eine lange Zeit und werden nie fertig.

M. Meine Einstellung zur Uni

As Holger said in 7.3J, hard work and love for what you are doing are part of what makes studying a success. But what do you think? Looking back at the criteria for good and bad professors and good and bad students, write an essay about what makes studying a success. Take a look at the model sentences to get you started and feel free to use as many of the phrases listed as you like.

> Die Kurse an meiner Universität sind sehr schwierig. Alle Studenten müssen fleißig sein und hart arbeiten. Viele Studenten haben auch einen Job und verdienen Geld. Die Professoren sind fast alle gut und hilfsbereit. Es gibt auch ein paar schlechte Professoren.

jeden Tag viele Stunden lernen
auch im Sommer lernen
viele Kurse belegen
mit dem Professor in den
    Sprechstunden reden
Begeisterung zeigen
ein interessantes Studienfach
    wählen
als Hiwi arbeiten
fleißig sein
hart arbeiten
Spaß haben
sich mit Freunden treffen
das Leben genießen

7.4 Beruf

A. Berufe Write four sentences describing what you, your relatives or friends do for work. Naturally there will be many professions or jobs for which you don't know the exact German word. Describe it with your vocabulary as best you can – working around what you don't know is an important skill when learning a foreign language.

Mein	Vater	arbeitet	in einem Büro.
	Bruder		in einem Laden.
	Großvater		an einer Schule.
	Freund		an einer Uni.
			in einer Fabrik.

Meine	Mutter	ist	Lehrer(in).
	Schwester		Arzt/Ärztin.
	Freundin		Bauarbeiter(in).

| Ich | | arbeite | bei Target. |

You can say: *Mein Vater ist Anwalt.* In this case there is no „*ein/eine*" word before „*Anwalt*".

> *Meine Mutter ist Anwältin.*

You can add: *Vollzeit* – "full time"
 Teilzeit – "part time".

> *Er arbeitet Teilzeit bei Arby's.*

You might add how many hours someone works:

> *Ich arbeite 17 bis 20 Stunden pro Woche bei Starbucks.*

You might add how much you earn:

> *Ich verdiene 9 Dollar pro Stunde.*

B. Mein Traumberuf We all have a dream job lined up in our minds. Think of a career you would love to have. Jot down a few key words about that career in the box. Then share your ideas with a partner.

> Was ist dein Traumberuf?
>
> Ich möchte Astronaut werden, weil ich ein Schwarzes Loch sehen möchte. Und du? Was ist dein Traumberuf?
>
> Mein Traumberuf ist ... zu werden.

C. Info-Austausch Interview three students in class asking the questions below. You will need to report on your partners later.

Name

1. Welche Berufe findest du interessant?

2. Was für einen Job hast du zur Zeit?

3. Willst du im Sommer jobben?

4. Was möchtest du von Beruf werden?

D. Welche Sprachen im Beruf? Switzerland, with four languages within its own borders and English as the unofficial language of business, demands a certain linguistic flexibility. Herr Ringele (Staufen, CH) was asked: *Welche Sprachen benutzen Sie in Ihrem Beruf?* Read his response below.

Bahnhofstrasse, Zürich, CH

Ich arbeite für einen Global Player und da ist natürlich Englisch ein Thema. Aber grundsätzlich[1] sprechen wir die Sprache, die der Nachbar spricht. Also, es kann Dialekt[2] sein, es kann Französisch sein, wie man sich am besten versteht, um das Geschäft ordentlich zu machen. Und im schriftlichen Verkehr[3] ist es natürlich auch wieder Hochdeutsch oder eben heute meist Englisch.

1 *basically*
2 *(Swiss German) dialect*
3 *written correspondence*

When does Herr Ringele use:
  Swiss dialect
  High German
  English
  French

What situation have you encountered that requires the same sort of linguistic flexibility that Herr Ringele describes?

E. Meine Jobs   Laura, a student living in Berlin, DE, has worked a lot of different jobs. Read her summary below and answer the questions that follow.

Ich hatte schon ganz viele verschiedene Jobs. Da habe ich drei Sommer lang immer auf dem deutsch-amerikanischen Volksfest in Berlin gearbeitet. Das war an der Kasse oder in der Bingohalle. Da habe ich 5 Euro die Stunde verdient. Ich habe da immer drei Wochen im Sommer verbracht und ich will jetzt eigentlich so einen Film draus machen. Also ich will da noch mal arbeiten und dann das so filmen, das Geschehen[1]. Das ist eine kleine Welt in der Welt, wo sich ein ganz eigenes Leben abspielt[2]. Die Leute da haben einfach ganz andere Sorgen[3], ganz andere Gesprächsthemen. Das fand ich eigentlich voll interessant.

1 *what happens*
2 *takes place*
3 *worries*

Einmal habe ich geschauspielert[4] für einen Kinderfilm, wo ich voll viel verdient habe, und morgens vom Auto abgeholt wurde, und so das beste Catering gehabt. Dann habe ich ja auch wieder in der Eisdiele[5] gearbeitet für 5 Euro die Stunde. Gebabysittet. Jetzt arbeite ich hier am Study Center und bald hoffentlich als Museumsguide. Ich habe schon so kleine komische Sachen irgendwie gemacht. Kellnern für eine Veranstaltung[6] oder Sachen kopieren, irgendwie so.

4 *acted*
5 *ice cream shop*
6 *event*

Mark each statement below as true or false. Then, if it was false, rewrite it to make it true. Finally, write the number of each statement next to where it appears in the interview text above.

richtig	falsch	
☐	☐	1. Laura hat auf dem Volksfest gut verdient.
☐	☐	2. Sie arbeitet momentan nicht.
☐	☐	3. Sie fand die Arbeit auf dem Volksfest langweilig.
☐	☐	4. Sie hat beim Kinderfilm gut verdient.
☐	☐	5. Sie möchte selber einen Film machen.
☐	☐	6. Sie hat auf Kinder aufgepasst *(watched)*.
☐	☐	7. Sie hat als Museumsguide gearbeitet.
☐	☐	8. Sie hat in einem Restaurant gearbeitet.

Verben. *Underline three verbs in the present tense in the interview above. Double-underline three verbs in the conversational past (including the form of* haben/sein*). Circle three verbs in the narrative past.*

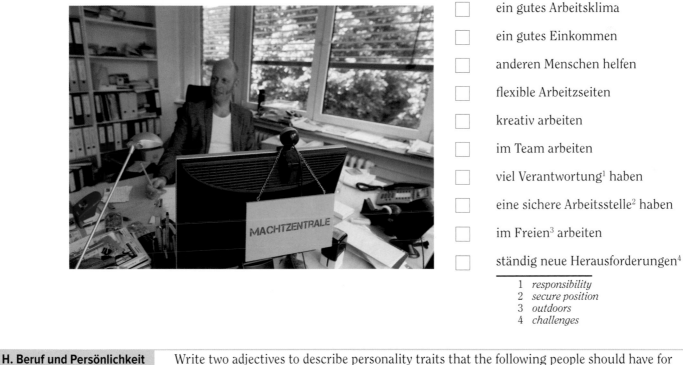

F. Welcher Beruf?   Indicate the profession you feel best answers each question. Use any particular profession only once. Time to review your vocabulary!

Welcher Beruf...

hat einen hohes Gehalt?   ist sehr schwer?

bietet mehr Flexibilität?   ist sehr gefährlich?

hat einen niedrigen Lohn?   ist sehr langweilig?

braucht eine lange   ist sehr spannend?
Ausbildung?

G. Mein idealer Beruf   Mark the top two things you want in your ideal job with a (+) and the two that are least important with at (-).

☐ ein gutes Arbeitsklima

☐ ein gutes Einkommen

☐ anderen Menschen helfen

☐ flexible Arbeitzseiten

☐ kreativ arbeiten

☐ im Team arbeiten

☐ viel Verantwortung[1] haben

☐ eine sichere Arbeitsstelle[2] haben

☐ im Freien[3] arbeiten

☐ ständig neue Herausforderungen[4]

1 *responsibility*
2 *secure position*
3 *outdoors*
4 *challenges*

H. Beruf und Persönlichkeit   Write two adjectives to describe personality traits that the following people should have for the jobs listed and one trait that is not so advantageous.

kreativ	flexibel	hilfsbereit	konsequent	ordentlich	rücksichtsvoll
ehrlich	freundlich	humorvoll	aufgeschlossen	perfektionistisch	sportlich
fleißig	hartnäckig	idealistisch	optimistisch	respektvoll	zuverlässig

	soll ... sein	darf nicht ... sein
ChefIn		
PolitikerIn		
Anwalt/Anwältin		
NaturwissenschaftlerIn		
PschychologIn		

I. Ausbildung zum Arzt   Read the text about Peter's (Innsbruck, AT) training to become an M.D. Mark the correct answers below.

Innsbruck, AT

Ich habe vor einem halben Jahr meine Ausbildung abgeschlossen. Das heißt, dass ich nach meinem Studium drei Jahre an einem Krankenhaus gearbeitet habe in der Nähe von Innsbruck. Dort habe ich meine Turnuszeit absolviert, ich glaube, im Englischen sagt man *internship*. Ich habe alle klinischen Fächer absolviert in diesen drei Jahren und das Praktikum damit abgeschlossen. Jetzt habe ich damit die Möglichkeit[1] als praktischer Arzt zu arbeiten. Derzeit[2] arbeite ich auf einer Rehabilitationsstation für neurologische Akuterkrankungen.

1 *possibility; opportunity*
2 *currently*

1. Peter
- ☐ hat überhaupt nicht studiert.
- ☐ erzählt uns, dass er drei Jahre lang studiert hat.
- ☐ hat auf alle Fälle studiert, aber wir wissen nicht, wie lange.

2. Peter
- ☐ ist mit seiner Ausbildung noch nicht fertig.
- ☐ hat seine Ausbildung vor Kurzem abgeschlossen.
- ☐ hatte seine Ausbildung schon vor drei Jahren abgeschlossen.

3. Praktischer Arzt zu werden
- ☐ ist nun eine Option für Peter.
- ☐ ist Peters einzige Möglichkeit.
- ☐ ist keine Option für Peter.

4. Was denkst du? Ein praktischer Arzt ist jemand,
- ☐ der praktisch, aber nicht theoretisch denkt.
- ☐ der noch keine spezielle ärztliche Ausbildung abgeschlossen hat.
- ☐ der eine eigene Praxis *(private practice)* hat.

Now reread the text and answer the following questions in complete sentences.

5. In welchem Land in Europa hat Peter in einem Krankenhaus gearbeitet?

6. Wie übersetzt Peter das Wort „Turnuszeit"?

7. Wo arbeitet Peter im Moment?

J. Gemeinnützige Arbeit

Of course, we all like to get paid for our hard work, but as a society we sometimes also have to depend on the kindness of strangers. Interview your classmates about what type of community service *(gemeinnützige Arbeit)* they could imagine doing. Here is a list of ideas, but feel free to include your own:

Berlin

Ich möchte im Schultheater helfen. Ich finde Theater toll!

Ich möchte im Altersheim arbeiten. Meine Großmutter wohnt auch in einem Altersheim.

Welche gemeinnützige Arbeit möchtest du machen und warum?

im Schultheater helfen
in einem Altersheim arbeiten
im Sportverein Kinder beaufsichtigen[1]
in einer Einrichtung[2] für Menschen mit Behinderungen[3] aushelfen
für ältere Menschen die Straße kehren[4]
im Stadtmuseum Führungen geben
Ausländern Englischunterricht geben

1 *to watch over*
2 *home; institution*
3 *disabilities*
4 *sweep*

K. Meine Jobs

On a separate piece of paper, write an essay of approximately 75 words describing the various jobs you've had. This can also be volunteer work or simply work around the home.

Seit meinem zwölften Lebensjahr mähe ich jeden Sommer den Rasen bei uns und bei den Nachbarn, den Millers. Außerdem bin ich seit 2013 verantwortlich für unsere Garage-Sales.

Von Juli 2014 bis Januar 2015 hatte ich einen Teilzeitjob als Kindermädchen.

Von Mai bis Juni 2015 hatte ich eine ehrenamtliche Stelle als Organisatorin für Habitat for Humanity.

Letzten September habe ich Flugblätter bei einer Werbeaktion für ein neues chinesisches Restaurant verteilt.

Im August habe ich an einer Tankstelle gejobbt.

8.1 Nachbarländer

Culture: Neighbors to Germany
Vocabulary: European countries
Grammar: Superlatives

A. Deutschlands Nachbarn

Fill in the names of Germany's neighboring countries. Pay attention to the spelling!

die Niederlande   Belgien   Dänemark
Tschechien   Österreich   die Schweiz
Luxemburg   Polen   Frankreich

B. Grenzt...?

Find a partner and quiz each other. One student has the *Lernbuch* open and asks either:

Grenzt X an Y? or *An welche Länder grenzt X?*

The other partner has to answer without looking at a map. The first question is much easier as the answer is either *ja* or *nein*. The second question requires that the student list all countries that border on the country in question.

Grenzt Frankreich an Spanien?
Ja.

An welche Länder grenzt Spanien?
Spanien grenzt an Frankreich, Andorra und Portugal.

You can also say „*an die Nordsee*" or „*an die Ostsee*".

C. Klischeebilder   Pick three countries on the map in 8.1A (labeled or not). Write the German name of the country, two German words you associate with the country and one cultural "artifact" such as a food, a place, a building, a piece of music or art, a famous person, etc. that represents that country for you.

D. Austausch   With a partner, describe in German what you wrote/drew/associated with the countries in 8.1C. Try for a few sentences for each item, and feel free to ask each other questions!

Hall in Tirol, AT

E. Deutsch-französische Beziehungen   Before reading a hefty text on German-French relations (next page), write 3-4 things you already know or would guess about the historical relationship between France and Germany, two of the biggest "movers and shakers" in Europe.

F. Deutschland und Frankreich

Now read the following text and write short English summaries of each paragraph in the boxes provided. Mark any parts of the text that are unclear for class discussion.

Luxemburg

Der fränkische König Karl der Große[1] gründet im Jahre 800 das Heilige Römische Reich auf den Territorien des modernen Frankreichs und des westlichen Gebietes Deutschlands. Das ist der Anfang der deutsch-französischen Beziehungen. Nach dem Tod von Karl dem Großen etablieren sich Frankreich und Deutschland dann unabhängig[2] von einander.

1 Charlemagne
2 *independently*

Aber diese Trennung ist nicht immer friedlich und es gibt viele Kriege. Einer der blutigsten Kriege ist der religiöse und politische Dreißigjährige Krieg (1618-48). Es kämpfen viele Nationen in diesem Krieg: Deutschland, Dänemark, Schweden, Österreich, die Niederlande, Spanien und natürlich Frankreich. Für das Heilige Römische Reich Deutscher Nation ist dieser Krieg die größte Katastrophe in seiner Geschichte. Fast ein Drittel der deutschen Bevölkerung stirbt in diesem brutalen Krieg und das Reich teilt sich in fast 300 kleine Fürstentümer[3]. Später folgen weitere blutige Kriege:

1792-1814:	Koalitionskriege gegen Napoleon
1870-1871:	Deutsch-Französischer Krieg
1914-1918:	Erster Weltkrieg
1939-1945:	Zweiter Weltkrieg

3 *small kingdoms*

Nach dem 2. Weltkrieg besetzen[4] die alliierten Mächte (die USA, Großbritannien, Frankreich und die Sowjetunion) Deutschland. Mit dem Beginn der Europäischen Union (EU) verbessern sich die deutsch-französischen Beziehungen. Die beiden Länder arbeiten jetzt wirtschaftlich[5] und auch politisch oft zusammen und beide Länder spielen eine sehr wichtige Rolle in der EU. Ihre Minister treffen sich regelmäßig und diskutieren verschiedene Fragen der Innen- und Außenpolitik[6]. Nach vielen Jahrhunderten der Feindschaft[7] dominieren jetzt Freundschaft und Solidarität die deutsch-französischen Beziehungen.

4 *to occupy*
5 *economically*
6 domestic and foreign affairs
7 *animosity*

G. Warum ist das wichtig?   Summarize in English the importance of these keywords in the relationship between Germany and France. You may utilize reference materials/internet to make sure your summaries are correct.

1. Karl der Große

2. der Dreißig-
   jährige Krieg

3. die Koalitionskriege

4. die alliierten
   Mächte

5. die EU

H. Wie sagt man das?   Now look through the text again and use the technique of 'creative copying' to find out how one would say the following in German. Mark in the text where you find the needed information. Remember to make any grammatical changes you might need, such as different subjects and verb endings.

Jardin du Luxembourg, Paris, Frankreich

1. *German-American relations have gotten better.*

2. *My brother has gone his own way.*

3. *We work together closely.*

4. *Germany and the US are now allied.*

I. Warst du schon?

Work with a partner and ask if they have ever been in different countries. Practice European countries first, but you can also name US states, Canadian provinces, various cities, etc.

Warst du schon einmal in Belgien?

Ja, ich war schon zweimal in Belgien.
Nein, ich war noch nie in Belgien.

Prag, Tschechien

J. Landeskunde

Landeskunde is a combination of geography and regional studies. You may need to check some maps or websites if you don't know the answers.

1. Fill in the blanks with appropriate answers.

Zwei große Inseln von Italien sind _____ und _____ .

Dieses kleine Land liegt zwischen Frankreich und Spanien: _____ .

Aus der Tschechoslowakei sind 1993 zwei Länder geworden: _____ und _____ .

In diesem Land spricht man Deutsch, Französisch, Italienisch und Rätoromanisch: _____ .

Schleswig-Holstein ist jetzt ein deutsches Bundesland, war aber vorher Teil dieses Landes: _____ .

2. Label each map with the correct name. You might want to do a bit of research to be sure!

| Vereinigtes Königreich | England | Großbritannien | Britische Inseln |

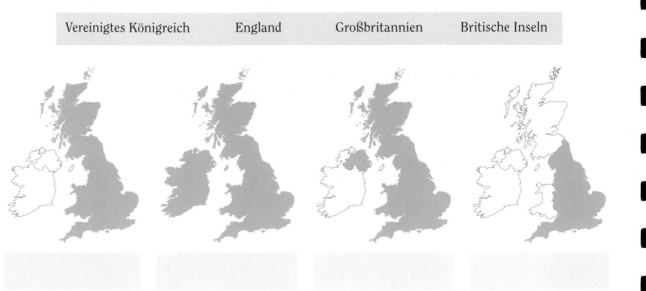

K. Wir sind am tollsten!

Have you ever read an over-the-top travel brochure that describes its destination as the best place in the history of the world? Now is your chance to entertain by describing a trip you've taken in the style of one of these brochures, *auf Deutsch*. Use adjectives in the superlative.

Wir reisen nach Nepal, weil es hier den höchsten Berg der Welt gibt. Der Mount Everest ist auch am schönsten und am gefährlichsten! Und die Menschen in Nepal sind die freundlichsten, nettesten und herzlichsten Menschen der Welt. Danach fliegen wir nach Australien mit den verrücktesten Kängurus.

ausgezeichnet	groß
lebenslustig	luxuriös
paradiesisch	sauber
sicher	tief

L. Landbeschreibung

Choose one of the countries from the map in 8.1A (not Germany!) and write a report of approximately 100 words on it using web or other convenient sources to get your information. Include basic facts such as location, language(s), climate, and population. Then add four statements about the country, three that are true and one that is fabricated. You will use these statements for activity 8.1M in class.

Die Vereinigten Staaten sind ein sehr großes Land in Nordamerika. Sie liegen zwischen Kanada und Mexiko. Es gibt ungefähr 320 Millionen Einwohner. Washington, D.C. ist die Hauptstadt. Die Hauptsprache ist Englisch, aber es gibt keine offizielle Landessprache. Einige berühmte Städte sind Boston und New York im Nordosten, San Francisco im Westen und Chicago im Mittleren Westen. Interessante Tatsachen: 1) Kinder in den USA sitzen durchschnittlich 28 Stunden pro Woche vor dem Fernseher; 2) der Durchschnittsamerikaner trinkt nicht so viel Wein im Jahr wie der Durchschnittsdeutsche; 3) der Durchschnittsamerikaner isst 45 Kilo Käse pro Jahr; 4) 1900 hatten die USA 45 Bundesstaaten.

Karlsbad, Tschechien

die Hauptstadt	*capital*
der/die Einwohner(in)	*inhabitant*
Es liegt zwischen Spanien und Frankreich.	*It lies between Spain and France.*
durchschnittlich	*on average*

In case you were wondering, the bogus answer is number 3; the average American eats about 23 lbs. of cheese a year (10.5 kilos).

M. Ratespiel

In groups of 3-4, take turns reading about the country you chose to profile in 8.1L above, including your four interesting facts. Your groupmates need to see if they can guess which of your statements is false. Negotiations should happen *auf Deutsch,* of course.

Das ist Quatsch.	*That's nonsense.*
Das glaube ich nicht.	*I don't believe that.*
Das stimmt.	*That's correct.*
Das stimmt irgendwie nicht.	*There's something not right about that.*

8.2 Die EU

Culture: Germany and the EU
Vocabulary: More country names
Grammar: *Wissen* vs. *kennen*

A. Südliche Länder Fill in the names of the countries in Southern Europe, looking out for spelling as usual.

Italien	Griechenland	Albanien	Mazedonien
Kroatien	Slowenien	Serbien	Bosnien-Herzegowina
die Türkei	Bulgarien	Rumänien	die Slowakei

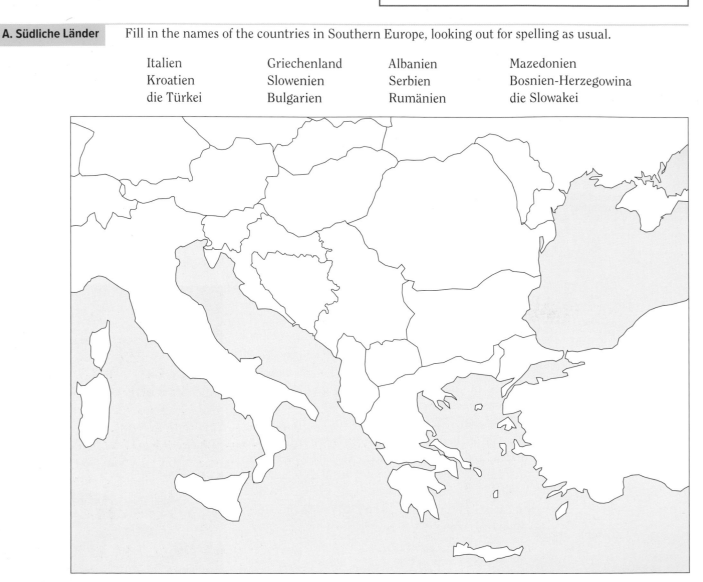

B. An welches Land grenzt...?

Quiz a partner's knowledge of *Grenzen* using the map above as well as the maps from the book covers.

Grenzt X an Y ?

An welches Land grenzt X ?

C. Allgemeinwissen Write five things about Germany and the EU you have learned from using the *Auf geht's!* materials or already knew from your vast *Allgemeinwissen* (general knowledge).

Paris, Frankreich

D. Wie heißt die Hauptstadt?

Using the map of Europe on the back cover of your book, check a partner's knowledge of countries and capitals by stating a capital and having your partner guess its country. Then switch roles. Stick with countries you have covered!

> S1: *Tirana.*
>
> S2: *Albanien!*

E. Stimmt das?

Using the map of Europe, ask a partner true/false questions about geography. Then switch roles.

> Ist Luxemburg größer als Portugal? Nein!
>
> Liegt Slowenien nördlich von Kroatien? Ja!

Amsterdam, die Niederlande

F. Deutschland innerhalb der EU

Read the text, mark any unclear parts for class, and answer the questions that follow.

1951 haben Belgien, Deutschland, Frankreich, Italien, Luxemburg und die Niederlande die Europäische Gemeinschaft für Kohle und Stahl (EGKS) gegründet. Von Anfang an hat Deutschland eine aktive Rolle in der EG und später in der EU gespielt. Deutschland ist zusammen mit Frankreich, Belgien, den Niederlanden, Spanien, Italien, Österreich und vielen anderen Ländern Mitglied des Schengener Abkommens[1]. Seit dem 1. Januar 2002 gibt es den Euro als Zahlungsmittel[2] für alle Bürger Deutschlands. Deutschland unterstützt[3] aktiv den EU-Beitritt ost- und südeuropäischer Länder, aber spricht sich gegen einen Beitritt[4] der Türkei aus, weil viele Deutsche glauben, dass die kulturellen Unterschiede zu groß sind für eine volle Integration der Türkei in die EU. Das führt oft zu Spannungen[5] im deutsch-türkischen Verhältnis.

1 *treaty*
2 *means of payment*
3 unterstützen – *to support*
4 *joining*
5 *tensions*

1. Was ist das Gründungsjahr der EGKS?

2. Seit wann kann man mit dem Euro in Geschäften zahlen?

3. Unterstützt Deutschland den EU-Beitritt der Türkei?

4. Was denken viele Deutsche über einen EU-Beitritt der Türkei?

G. Völker und Sprachen   Fill in the chart below.

das Land / die Stadt	ein Mann aus diesem Land oder aus dieser Stadt	eine Frau aus diesem Land oder aus dieser Stadt	die Sprache
Österreich	Österreicher		
Wien		Wienerin	
die Schweiz	Schweizer		Italienisch Rätoromanisch
Bern		Bernerin	
Genf	Genfer		Französisch
die USA		Amerikanerin	
Frankfurt			

How would you say:

1. *an American woman*

2. *American women*

3. *the Swiss*

4. *Maria von Trapp was an Austrian.*

5. *Mozart was at the end of his life* (am Ende seines Lebens) *a Viennese man.*

In English, one can say, "Sisi was a Viennese woman." In German, you simply use one word for "Viennese woman" – Wienerin.

H. Sprachen der EU   Read the text, mark any unclear parts for class, and answer the questions that follow.

Im Jahre 2015 gehören 28 Länder zur EU, in denen es 24 offizielle Amtssprachen[1] gibt. Englisch, Französisch und Deutsch sind die Arbeitssprachen der Ämter[2] der EU. Deutsch ist selbstverständlich[3] die offizielle Amtssprache in Deutschland und Österreich. Es ist aber auch eine Minderheitsprache in vielen anderen Ländern der EU, wie z.B. in Polen und Dänemark, aber auch in Frankreich, Belgien, Ungarn und der Slowakei. In Österreich gibt es vier Minderheitensprachen: Slowakisch, Slowenisch, Tschechisch und Ungarisch. Wenn man als EU-Bürger in einem anderen Land der EU arbeiten möchte, muss man die Landessprache sprechen und verstehen können.

1 *official languages*
2 Amt – *agency, department*
3 *naturally*

1. Wie viele Mitgliedsstaaten hat die EU im Jahre 2015?

2. Nenne eine Minderheitsprache in Österreich.

3. Was ist eine Bedingung[4], um in einem anderen EU-Land arbeiten zu dürfen?

4 *condition*

4. Was ist eine (wichtige) Minderheitsprache in der Region, wo du lebst?

I. Europa Quiz

Working with a partner, talk about your experiences in Europe (if any) and/or what you might like to do there. Name a country and your partner should say as many sentences as possible about what he or she did there or would like to do.

> Ich war noch nie in …
> Ich war schon einmal / zweimal in …
> sehen / hören / essen / trinken / besuchen

> Frankreich:
> Ich war noch nie in Frankreich. Ich möchte den Eiffelturm sehen oder die Tour de France. Ich möchte Käse und Baguette essen und französischen Rotwein trinken.

J. Euro-Witze

There are naturally plenty of jokes in Europe that play off stereotypes and clichés. Here are two: we will leave the answers blank – put your best guesses here, and then check your answers if you like on the next page!

1. Ein Ire, ein Portugiese, ein Grieche und ein Spanier besuchen eine Bar. Wer bezahlt?

2. *Fill in the blanks below with what you think is the correct nationality from the word box below. Each will appear once per sentence.*

| Briten | Deutschen | Franzosen | Italiener | Schweizer |

Im Himmel[1] sind die _____ die Polizisten, die _____ die Köche, die _____ die Mechaniker, die _____ die Liebhaber[2] und die _____ organisieren alles.

In der Hölle sind die _____ die Köche, die _____ die Mechaniker, die _____ die Liebhaber, die _____ die Polizisten und die _____ organisieren alles.

1 *heaven*
2 *lovers*

San Gimignano, Italien

K. Zusammenhänge

With a partner, think of connections or contrasts (including geographical) between each pair of countries. Be as creative as you can!

Frankreich - Spanien	Niederlande - Polen
Belgien - Österreich	Portugal - England
Dänemark - Italien	Griechenland - Russland

L. Die EU heute

Read the text below about the EU and then answer the questions that follow.

Ein Grund für die Gründung der EU war die Hoffnung auf ein stabiles Europa: Frieden, wirtschaftliche Stärke, gegenseitiger[1] Schutz[2] und eine gemeinsame Währung[3]. Das „Haus Europa" ist die Idee einer europäischen Integration, aber in Krisenmomenten sieht man auch die Instabilität dieses Hauses. Der Krieg im ehemaligen[4] Jugoslawien hat 1991 gezeigt, dass es keine Garantie für ewigen Frieden gibt. Deshalb diskutiert die EU immer wieder, ob sie nicht eine gemeinsame Armee braucht. Auf die Wirtschaftskrise 2008 hat die EU auch sofort reagiert: Sie hat striktere Kontrollen für Banken eingeführt sowie Milliarden von Euro in die Wirtschaft gepumpt.

1 *mutual*
2 *protection*
3 *currency*
4 *former*

Barcelona, Spanien

1. Warum hat man die EU gegründet?

2. Wie hat die EU auf die Krise in Jugoslawien reagiert?

3. Wie hat die EU auf die Wirtschaftskrise 2008 reagiert?

4. Was hältst du von einer nordamerikanischen Union von Kanada, Mexiko und den USA? Ist das eine gute Idee?

Answers to 8.2J Euro-Witze:

1. Wer bezahlt? **Der Deutsche.** *The joke refers to the EU bailouts of 2009 and onward; the perception in Germany was that Ireland, Spain, Portugal, and Greece borrowed and spent too much in the lead-up to the Euro crisis, and the Germans as the largest contributor to EU budgets had to pay for that profligate spending after the crash.*

2. Im Himmel sind die **Briten** die Polizisten, die **Franzosen** die Köche, die **Deutschen** die Mechaniker, die **Italiener** die Liebhaber und die **Schweizer** organisieren alles.

In der Hölle sind die **Briten** die Köche, die **Franzosen** die Mechaniker, die **Schweizer** die Liebhaber, die **Deutschen** die Polizisten und die **Italiener** organisieren alles.

M. Für oder gegen?   Read what Sigrun and Katrin, both from Vienna, say about Austria joining the EU in 1995. Then answer the questions below.

Sigrun: Also, ich finde es sehr positiv, dass man mit einer Währung in allen Ländern zahlen kann oder zumindest in fast allen. Und dass man ohne Wartezeit über die Grenze kommt, ohne den Pass zeigen zu müssen. Viele Handelsbeziehungen[1] sind einfacher geworden und dass man in anderen EU-Staaten eine Arbeit findet. Also, ich sehe es sehr positiv.

Katrin: Ich glaube, dass es Österreich ohne diese Mitgliedschaft[2] viel schlechter gehen würde. Es sind zwar sehr viele Leute in Österreich sehr gegen die EU, weil es durch den Euro viel teurer geworden[3] ist. Das stimmt schon. Aber die österreichische Wirtschaft im Ganzen hat sicher profitiert. Wir sind jetzt seit vielen Jahren bei der EU und in dieser Zeit ist auch die Globalisierung so viel stärker geworden. Da hätten[4] wir gar keine Chance, wenn wir nicht in der EU wären. Das ist meine Meinung. Aber es gibt sehr viele Leute, die dagegen[5] sind.

1 *commercial relationships*
2 *membership*
3 werden – *to become*
4 *would have*
5 *against it*

Wien, AT

1. Wie finden Sigrun und Katrin Österreichs Mitgliedschaft in der EU?

2. Über welche Aspekte der EU spricht Sigrun?

3. Wie lange ist Österreich schon EU-Mitglied?

4. Glaubt Katrin, dass jedermann[6] die EU als etwas Positives für Österreich ansieht?

6 *everyone*

5. *Sigrun noted that one could pay with the euro in almost all countries in the EU. Search online to find out which EU countries maintain their own national currency instead of the euro and write their names in German.*

N. Ein EU-Land   Write an essay of approximately 125 words describing the history of one of the current EU countries besides Germany and the history of its entry into the EU. Borrow forms and phrases from the reading texts in 8.2 to help you express yourself. You may wish to consult both German and English websites – for searches in German, try the keywords *EU*, *Beitritt*, [country name] (in German of course!).

It is good to copy or imitate short phrases that you find from German sources, but don't copy whole sections – that won't help you develop your German skills! Keep it simple; don't try to translate complicated sentences into German. Use as many words and phrases from this unit as possible and rely on your own skills.

E. Kaiserin Sisi

Read the following text about a famous Austrian figure; then compare her to another famous figure of your choosing.

Mittersill, AT

Sisi – oder genauer gesagt: Elisabeth Amalie Eugenie, Kaiserin von Österreich und Königin von Ungarn – wurde 1837 in München geboren. Sie war die Frau von Kaiser Franz Joseph I. Alle Bilder von Sisi zeigen eine wunderschöne Frau, mit langen Haaren und einer sportlichen Figur. Sisi liebte die Natur und war in Österreich sehr beliebt. In der Hofburg in Wien fühlte sie sich immer unwohl und reiste viel und gern ins Ausland.

Im Prinzip war Kaiserin Elisabeth eine sehr unglückliche Frau. Sie durfte ihre eigenen Kinder nicht erziehen, ihre erste Tochter starb schon als Kind und ihr Mann hatte viele Liebesaffären. Ihr Sohn Rudolf tötete sich selbst und auch seine Frau. Sisi fühlt sich an seinem Tod schuldig und schrieb viele traurige Gedichte. 1898 ermordete ein italienischer Anarchist die Kaiserin. 1918 kam dann auch das Ende der österreichischen Monarchie mit dem Ende des 1. Weltkriegs. Aber der Mythos von Sisi lebt weiter in Filmen, Theaterstücken und Musicals.

Warum war Sisi beliebt?

Warum war Sisi unglücklich?

Wie ist Sisi gestorben?

Underline all verbs in the narrative past in the text!

Write three German sentences comparing Sisi to another famous female figure of your choice.

Kaiserin Sisi konnte Deutsch und Ungarisch sprechen. Sandra Bullock kann Deutsch und Englisch sprechen.

Sisi hatte eine Tochter und einen Sohn, aber Sandra Bullock hat (momentan) nur einen Sohn.

Sisi hat als Kind in Possenhofen (Bayern) gelebt, aber Sandra Bullock hat in Nürnberg (Bayern) gewohnt.

F. Zusammengefasst Write the time frame and two key words/phrases in German for each topic below on how it relates to Austria. The information can be found in the Interactive for this *Thema*.

	Wann?	Stichwörter
die Habsburger		
die Doppelmonarchie		
der 1. Weltkrieg		
der Anschluss		
die Neutralität		
der EU-Beitritt		

G. Ein deutsches Bundesland? Read what Holger and Daniel have to say about the differences they notice between Germans and Austrians. Answer the questions below to prepare for an in-class discussion.

Holger (Frankfurt am Main, DE): Sprachlich gibt es schon einen großen Unterschied. Wenn ich zum Beispiel nach Österreich komme, dann habe ich teilweise[1] Schwierigkeiten, die Leute zu verstehen. Die Österreicher sind auch so klischeehaft beschrieben, vielleicht ein bisschen gemütlicher und lockerer, und haben diese tolle Sachertorte. Und da kann man an schöne Skiferien denken.

Daniel (Dortmund, DE): Es kommt mir manchmal so vor, als ob die Österreicher eine Art kleinen Minderwertigkeitskomplex[2] gegenüber Deutschland haben, weil eigentlich alle von Deutschland als das Zentrum von Europa und eine der stärksten Mächte in Europa reden. Und Österreich ist so etwas wie ein zusätzliches[3] Bundesland von Deutschland. Und die Österreicher haben, glaube ich, ein bisschen einen Minderwertigkeitskomplex gegenüber Deutschland und sind deswegen auch ein bisschen kritisch und deutschfeindlich[4] eingestellt[5]. Aber ich kann das als Deutscher gar nicht ganz objektiv beurteilen[6].

---

1 *to an extent*
2 *inferiority complex*
3 *extra*
4 *hostile to Germans*
5 eingestellt sein – *to have a mindset or attitude*
6 *to judge*

1. Wer spricht über einen Sprachunterschied in diesen beiden deutschsprachigen Ländern?

2. Wer hat deiner Meinung nach eine positivere Meinung über Österreich?

3. Was gefällt Holger an Österreich?

4. Wie nennt Daniel Österreich im Vergleich zu Deutschland?

| **H. Sigmund Freud** | Here is a brief introduction to an important Austrian thinker. Before you start, find out what the terms in the blue box mean in English (if you are familiar with Freud, you should know these already!). |

Sigmund Freud (1856 – 1939) war ein weltbekannter österreichischer Neurologe und der Vater der Psychoanalyse. Jeder kennt seine berühmte Couch, wo er seine Patienten zum Sprechen motivierte und sie dadurch heilte[1]. Seine berühmten Methoden waren die Analyse der freien Assoziationen und die Traumdeutung[2].

Freud hat auch die Theorie der Struktur der menschlichen Psyche entwickelt[3]. Laut[4] Freud besteht[5] die menschliche Psyche aus drei Komponenten: dem unbewussten sexbesessenen[6] *Es*, dem bewussten *Ich*, und dem autoritären *Über-Ich* (unser Gewissen und unsere moralischen Vorstellungen[7]). Fast alles, was wir tun, kommt laut Freud vom Es, aber wir wissen

die Psychoanalyse	das Es
die Couch	das Ich
freie Assoziationen	das Über-Ich

nichts davon. Wir haben auch oft Schuldgefühle[8] wegen[9] unseres Über-Ichs. Das unbewusste wilde Es und das kontrollierende moralische Über-Ich führen einen ewigen[10] Kampf gegeneinander.

Freud hat die Träume seiner Patienten analysiert bzw. seine Patienten haben das mit Freudschen Methoden gemacht. Laut Freud sind unsere Träume kein Unsinn[11]. Sie können sehr viel über unsere Probleme, Wünsche und Ängste erzählen. Unsere Träume helfen uns außerdem, uns an die Sachen zu erinnern[12], die wir angeblich[13] vergessen haben.

1 heilen – *to heal*
2 *dream interpretation*
3 entwickeln – *to develop*
4 *according to*
5 bestehen (aus) – *to consist (of)*
6 *obsessed with sex*
7 *concepts*

8 *feelings of guilt*
9 *because of*
10 *eternal*
11 *nonsense*
12 sich erinnern an – *to recall, remember*
13 *supposedly*

Underline all phrases in the genitive case in the text above.

Write the number of each statement next to the place in the text above where it is found.

1. *Freud used dream and free association analysis to help patients heal.*

2. *Freud believed that dreams reveal wishes and fears.*

3. *Freud had his patients talk while relaxing on a couch.*

4. *Everything people do stems primarily from the Id.*

5. *The Super Ego is the source of guilt feelings.*

6. *Dreams help people remember repressed or forgotten memories.*

7. *The Id and the Super Ego are continually at war.*

| **I. Über Freud** | Look up Freud on a few internet sites of your choice and write two short German sentences with information about Freud you think will interest your classmates and instructor. |

Hundertwasserhaus, Wien, AT

J. Freuds Couch

Sigmund Freud marks the beginning of the popular use of psychological principles to interpret dreams. Write a dialogue of about 125 words between Sigmund Freud and a patient who has come to his Vienna office with a recurring dream. Describe what happens in the dream and give Freud's interpretation of this bizarre problem. Review how to write about the past, and use the conversational past as needed in your dialogue.

Ich habe immer wieder den gleichen Traum / Alptraum.	I keep having the same dream / nightmare.
Seit wann haben Sie diesen Traum?	How long have you been having this dream?
Beschreiben Sie bitte Ihren Alptraum!	Please describe your nightmare.
seit drei Jahren / zwei Monaten / gestern	for three years / two months / since yesterday

In case Freud wants to comment during the dream narration:

Sehr interessant.	*Very interesting.*
Merkwürdig.	*Strange.*
Faszinierend.	*Fascinating.*

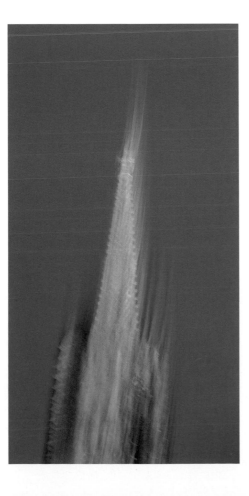

Patient:	Guten Tag, Herr Doktor Freud!
Freud:	Grüß Gott, mein Lieber! Legen Sie sich auf diese Couch. Na, was haben Sie denn?
Patient:	Oh, Herr Doktor, ich habe immer wieder den gleichen Alptraum!
Freud:	Sehr interessant. Was für einen Alptraum, mein Lieber?
Patient:	Ich sitze in einem Vogelnest, trinke Scotch, esse Birnen und das alles ist ein religiöser Kult.
Freud:	Merkwürdig. Und seit wann haben Sie diesen Traum, mein Herr?
Patient:	Seit einem Monat.
Freud:	Aha, mal sehen … Sie sagen: Vogelnest, Scotch, Birnen und Kult… Faszinierend!
Patient:	Sagen Sie mir die ganze Wahrheit, Doktor!
Freud:	Ihr Vogelnest ist ein … „Test", „Birnen" heißen … aha! „lernen", Scotch muss „Deutsch" sein und Kult … hmmm … „Schuld". Sie haben Schuldgefühle, weil Sie für Ihren Deutschtest nichts gelernt haben. Gehen Sie nach Hause und machen Sie sich an die Arbeit!

8.4 Die Schweiz

Culture: Switzerland
Vocabulary: Swiss history & geography
Grammar: Singular noun endings

A. Geographie On the map, write the names of the following Swiss cities.

Bern   Zürich
Luzern   Basel
Lausanne Genf

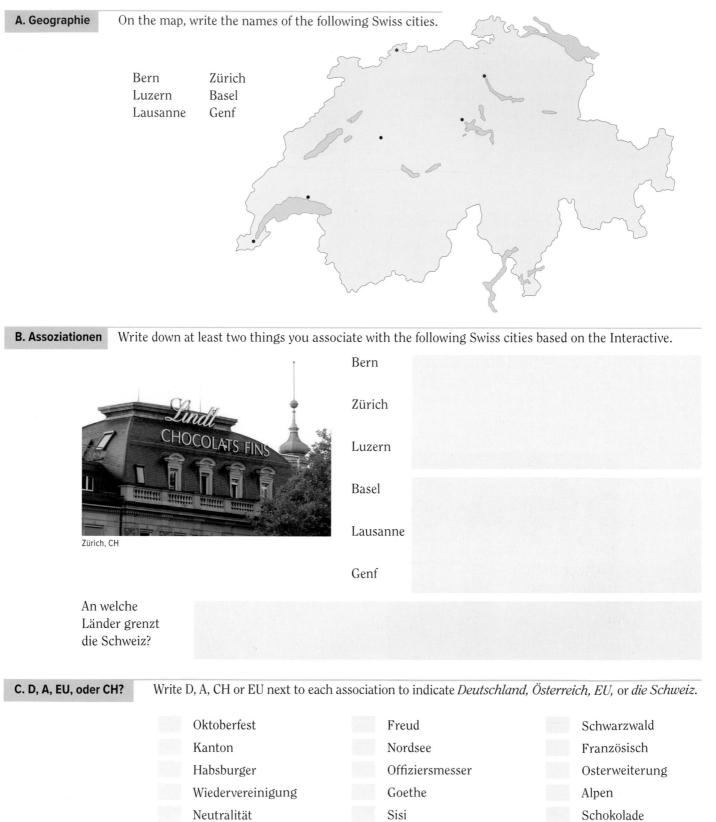

B. Assoziationen Write down at least two things you associate with the following Swiss cities based on the Interactive.

Bern

Zürich

Luzern

Basel

Lausanne

Genf

Zürich, CH

An welche
Länder grenzt
die Schweiz?

C. D, A, EU, oder CH? Write D, A, CH or EU next to each association to indicate *Deutschland, Österreich, EU,* or *die Schweiz.*

Oktoberfest   Freud   Schwarzwald
Kanton   Nordsee   Französisch
Habsburger   Offiziersmesser   Osterweiterung
Wiedervereinigung   Goethe   Alpen
Neutralität   Sisi   Schokolade
Monarchie   Bach   Hanse
Bauhaus   Banken   Euro
Ringstraße   Mozart   Erasmus Programm

H. Fragen üb

I. Was findes **u in**

J. Ein Besuch

D. Eine Hauptstadt

In small groups, discuss what you associate with capital cities.

das politische Zentrum
eine Stadt wie jede andere
die wichtigste Stadt
eher ein Symbol

der Sitz der Regierung
das Machtzentrum
ein offizieller Ort

> Die Hauptstadt ist das politische Zentrum eines Landes.

Now discuss with a partner what you think the capital of a country should offer. Take a look at the options available and come up with a couple of your own.

ein Parlamentsgebäude
ein Justizministerium
mindestens eine Universität
einen Flughafen
ein Sportteam
einen Zoo

Kinos
ein Opernhaus
einen Hafen
einen Fernsehsender
einen Stadtpark
Diskos

> Die Hauptstadt eines Landes sollte [ein Parlamentsgebäude] haben, aber sie braucht kein/e/en [Sportteam].

E. Hauptstadt Bern?

Read the following text about Bern and answer the questions that follow.

Bern, CH

Die Stadt Bern im Westen der Schweiz hat fast 130.000 Einwohner. Damit ist Bern die viertgrößte Stadt der Schweiz. Viele meinen, Bern sei die Hauptstadt der Schweiz, aber laut der Schweizer Verfassung[1] hat die Schweiz keine Hauptstadt. Die Schweiz hat aber eine Bundesstadt, und die ist Bern. In Bern haben also der Bundesrat, die Bundesversammlung und die Bundesverwaltung ihren Sitz.

Aber Bern bietet noch viel mehr als nur Politik. Es gibt in dieser mittelalterlichen[2] Stadt – Bern wurde 1191 gegründet – wunderschöne Gebäude und andere Sehenswürdigkeiten. Bern bietet jedem etwas: das Einstein-Haus, das Kunstmuseum Bern, ein Symphonieorchester, viele Bars und Clubs, Ausflüge[3] in die Natur, organisierte Stadtführungen oder eine Bootsfahrt auf der Aare.

1 *constitution*
2 *medieval*
3 *excursions; field trips*

1. Ist Bern die Hauptstadt der Schweiz?

2. Wie viele Menschen leben dort?

3. Ist Bern für die Schweiz eine große Stadt?

4. Auf welches Jahr fällt die Gründung Berns?

5. Was möchtest du vielleicht in Bern machen?

F. Mein Land

Discuss your own country and how you would divide it up using the political terms listed here.

progressiv vs. konservativ
weltoffen vs. provinziell

fortschrittlich vs. rückständig[1]
städtisch vs. ländlich

> Viele kleine Städte sind ein bisschen rückständig. Der Mittlere Westen ist ländlich, aber der Osten ist städtisch.

1 *reactionary*

K. Eine Basisdemokratie

As you have learned in the Interactive, the Swiss practice a very direct form of democracy they call *Basisdemokratie*. This contrasts to the more typical representative democracy, such as in the USA. In Switzerland, the Swiss vote directly in a manner similar to referendums or propositions in the USA. Martin (Schaffhausen, CH) describes Switzerland's *Basisdemokratie* here. Read what he has to say and answer the questions that follow.

Röschti Farm, Schinznach-Dorf, CH

Unsere politische Kultur baut sich von unten nach oben auf[1]. Das zeigt sich dadurch, dass wir zwar alle vier Jahre Wahlen haben, aber diese Wahlen sind nicht so wichtig, weil ja das Volk immer wieder durch Referenden oder Initiativen selber zu Entscheidungen[2] führen kann. Während in anderen Ländern, wenn das Parlament gewählt ist, hat der Bürger nicht mehr viel zu sagen und dann kann er nach vier Jahren halt die Regierung auswechseln[3]. Das machen wir eigentlich nicht, weil wir von dieser Basisdemokratie her selber Einfluss[4] haben und sogar die Regierung in die Minderheit[5] versetzen könnten, wenn es darauf ankommen sollte[6]. Das ist der große Unterschied zu den umgebenden[7] Ländern, diese demokratische Struktur, die wir haben, und das hindert uns auch zu einem großen Teil daran, Teil von Europa zu werden, also von der Europäischen Union zu werden. Weil wir Angst haben, ein Stück weit, wir verlieren diese basisdemokratischen Gepflogenheiten[8].

1 sich aufbauen – *is built, constructed*
2 *decisions*
3 *to change, switch*
4 *influence*
5 *minority*
6 wenn es darauf ankommt – *if it is crucially important*
7 *surrounding*
8 *traditions*

1. Martin sagt, dass

☐ die Demokratie vom Volk herkommt.

☐ Politiker viel Macht haben.

☐ es in der Schweiz keine Wahlen gibt.

2. Was ist das Besondere an der Demokratie in der Schweiz?

☐ Es gibt dort Wahlen.

☐ Die Bürger können dort viel entscheiden.

☐ Es gibt dort ein Parlament.

3. Was ist die Idee einer Basisdemokratie?

☐ Es gibt eine politische Basis, die alles entscheidet.

☐ Das Volk kann wichtige Entscheidungen mit Referenden treffen.

☐ Eine Basisdemokratie ist das Gleiche wie eine repräsentative Demokratie.

4. *Now summarize in English what* Basisdemokratie *means in Switzerland.*

L. Demokratie

In small groups, determine three things you find necessary in a democracy. You may of course choose things not on the following list.

freie Wahlen	einen Senat	ein allgemeines Wahlrecht
Referenden	einen Präsidenten	politische Repräsentanten
Bürgerinitiativen	Meinungsfreiheit	Pressefreiheit
eine Armee	Notstandsgesetze[1]	Gewaltenteilung (legislative, exekutive, judikative)

1 *emergency powers*

Eine Demokratie braucht Gewaltenteilung.

Die Pressefreiheit ist sehr wichtig.

Ich finde eine Armee unnötig.

Warum braucht man ein allgemeines Wahlrecht?

Zentrum Paul Klee, Bern, CH

M. Meine Schweiz

You have learned quite a bit about Switzerland in this *Thema*. Pick one of the three topics below, research it online and write a short 100 word essay about your topic. Make sure to find information that is new to you and potentially your instructor and fellow students.

Thema 1: Eine Stadt in der Schweiz (Bern, Basel, Genf, Zürich, Lausanne, Chur, etc.)
Thema 2: Typisch Schweiz (Armeemesser, Milka, Bernhardiner, Käse, Fondue, etc.)
Thema 3: Geschichte (Römerzeit, Mittelalter, Confoederatio Helvetica, etc.)

Basel, CH

Thema 1:
Genf ist eine weltbekannte Stadt in der Schweiz. Viele Menschen kennen Genf, weil es die „Genfer Konventionen" gibt. In Genf spricht man Französisch, weil die Stadt in der Romandie liegt.

Thema 2:
Alle Menschen lieben Schokolade! Und die Schweiz hat sehr gute Schokolade, z.B. Lindt und auch Milka. Milka ist preiswerter als Lindt, aber schmeckt auch ganz lecker.

Thema 3:
Die Schweiz hat eine lange Geschichte. Das „Geburtsdatum" der Schweiz ist der 1. August 1291 und die Schweizer feiern den 1. August jedes Jahr mit einem großen Fest.

Rathaus am Hauptplatz   Graz, Österreich

Entspannen am Wörther See   Pörtschach, Österreich

Fassadenmalerei   Stein-am-Rhein, Schweiz

Neuschnee in den Alpen   Peist, Schweiz

9.1 Wie geht's dir?

Culture: German regional greetings
Vocabulary: Expressing emotions and reactions
Grammar: Dative expressions

A. Begrüßungen   For each greeting phrase, indicate whether it is used *im Norden, im Süden,* or *überall* (everywhere).

Alte Oper, Frankfurt am Main

im Norden, im Süden, überall

Grüß Gott!

Guten Morgen!

Tschüss!

Tschüssle!

Auf Wiedersehen!

Mach's gut!

Moin moin!

Ade!

Tag!

Servus!

Pfiat di!

B. Die Amerikaner   Answer the following questions.

1. *Based on the Interactive, write down several associations that Germans have with Americans.*

2. *Compare when Germans use „Wie geht es dir?" and when Americans use "How are you?".*

Zürichsee, Zürich, CH

C. Emotionen   For each image, pick an appropriate German adjective from the list. Some images have multiple possible answers, but make sure not to use any adjective more than once!

glücklich	traurig	überfordert	begeistert	froh
wütend	frustriert	überrascht	müde	schockiert
besorgt	verwirrt	sauer	gelangweilt	erleichtert

D. Wie geht's dir heute?

Working with a partner, greet each other and, since you know one another fairly well, ask how your partner is doing. Answer with two emotions from 9.1C above. Feel free to find out why in German! Switch partners when your instructor gives the signal.

Hallo Jake!
Hallo Kim! Wie geht's dir heute?
Heute bin ich müde aber ganz froh.
Warum bist du müde?
Ich habe gestern nicht viel geschlafen und…

E. How ya doin?   Wiebke (Göttingen, DE) spent a year in the US and, like many Germans, adapted quickly to the American habit of saying "How are you?" as a greeting. Read through her observations and answer the questions that follow.

Man kriegt so eine Brücke am Anfang und mir passiert das ganz oft auf dem Campus hier, wenn ich jemanden treffe und sage: „Hallo! Wie geht's?" Das sagt man in Deutschland eigentlich kaum. Man sagt nur: „He, was machst du denn gerade[1]?" Und ich sage meistens: „Hallo, wie geht's dir?" Und da sagen die Leute so: „Eh, gut", aber sie wissen eigentlich gar nicht, was sie sagen sollen. Dann denke ich immer, also, das ist wirklich hängengeblieben[2] aus den USA, dass du fragst: „Wie geht's?" Man antwortet halt was[3], aber das ist so ein Anfang. Und das ist anders in den USA. Das hat mir auch dort besser gefallen.

1   *right now*
2   hängenbleiben – *to stick*
3   *something*

Was war Wiebkes Problem, als sie wieder in Deutschland war?

Was hat Wiebke in den USA besser als in Deutschland gefallen?

There are several clear instances of the dative in this text. Circle four of them.

F. Die freundlichen Amerikaner

Yvonne (Hildesheim, DE) has a positive take on German stereotypes of "American superficiality". Read her thoughts here and describe what she likes about the way Americans relate to one another.

Die Freundlichkeit der Menschen in Amerika hat mir am meisten gefallen. Man kritisiert diese Freundlichkeit in Deutschland als oberflächlich, dass die Leute auf einen zukommen und einfach nur fragen, wie es geht und gar keine ehrliche Antwort wollen, sondern einfach nur eine Antwort. Gerade das hat mir gefallen. Denn das macht den Umgang[1] miteinander viel leichter. Gerade so im Geschäft oder auf der Straße oder auf dem Campus ist das eine sehr angenehme Art[2], miteinander zu kommunizieren. Und man findet eher Kontakt mit Leuten und kann dadurch selber sehen, mit wem kann ich jetzt weitergehen, mit wem kann sich eine Freundschaft entwickeln[3]. Aber dieser erste Kontakt ist einfacher in den USA.

1   *dealing with*
2   eine angenehme Art – *a pleasant way*
3   sich entwickeln – *to develop*

Was hat Yvonne in den USA gefallen?

Wie findet man diese Art der Kommunikation in Deutschland?

Warum findet Yvonne diese Freundlichkeit gut?

Circle three comparative forms and one superlative form in the text above.

Underline all noun phrases in the accusative. Double-underline all noun phrases in the dative.

G. Wie geht es dir?

Using short, everyday phrases in German is important but challenging since they often differ substantially from English phrasing. Work with a partner to decide which response you think would be appropriate for each phrase on the left. After discussing your answers with your instructor, practice these phrases with your classmates.

Greeting/Question/Goodbye	*Appropriate response (pick one)*
1. Hallo, grüß dich!	Gut, danke. Und dir? Grüß dich! Auf Wiedersehen!
2. Hey, was machst du gerade?	Hey, was machst du gerade? Ich geh zur Uni. Wie geht es dir?
3. Hallo, alles klar?	Ja, natürlich. Mir geht's gut. Wie geht's? Du auch?
4. Ich wünsche dir ein schönes Wochenende!	Du auch! Ebenfalls! Grüß dich!

H. Mag ich nicht

One way to talk about things you like is to use the verb *mögen*. This is for relatively strong and deep feelings. Make a list of 10 things in German that you like or don't like in preparation for activity 9.1I in class, using as many recent vocabulary words as you can. Use correct adjective endings of course!

> dumme Leute
>
> schwarze Katzen
>
> schlechtes Wetter
>
> Hausaufgaben für Deutsch
>
> lustige Professoren

I. Magst du das?

Working with a partner, take turns reading the items you wrote in 9.1H above. When your partner reads something, try to say whether you like it or not as quickly as you can.

> schwarze Katzen:
>
> Schwarze Katzen mag ich nicht.
>
> Ich mag keine schwarzen Katzen.
>
> Schwarze Katzen mag ich sehr!
>
> Ich mag schwarze Katzen gern.

J. Gefällt mir

One good thing about social media is the ability to "like" something. German uses the verb *gefallen* here instead of *mögen*. *Gefallen* is used for things you see or hear that you like. It is more temporary and immediate than *mögen*. With *gefallen*, the thing you like is the subject of the sentence, and the person doing the liking is put in the dative case.

Prepare a number of images of unusual, surprising, funny, or otherwise memorable things on your smartphone, laptop or tablet to show to others in class. (Keep it appropriate, please.) You can also prepare short music or audio tracks. Take turns with a partner showing your images or music and saying whether you like it or not. Expand the activity by asking whether family members would like the image or music.

> [*Shows cat video*] Nein! Katzen-Videos gefallen mir nicht! Aber Katzen-Videos gefallen meiner Mutter.

> [*Plays classical music*] Ja, das gefällt mir. Ich liebe klassische Musik. Aber das gefällt meinem Bruder nicht.

K. Siezen und duzen   Read the following text and respond to the prompt that follows.

Kinder haben es leicht: Sie sagen einfach „du" zu anderen Menschen. Aber was soll man als Erwachsener machen? Wann sagt man „du" und wann sagt man „Sie" zu einer anderen Person?

In Deutschland gibt es im 21. Jahrhundert ein paar neue Trends: In Großstädten sagen immer mehr Leute „du" zueinander, in kleineren Städten dominiert noch immer das „Sie". Eine Basisidee ist: „du" signalisiert Familiarität und Freundschaft; „Sie" zeigt Distanz und Höflichkeit.

Wen kann man duzen?

- Kinder und Jugendliche duzen sich immer.

- Studierende duzen sich auch immer.

- Auf Partys sagt man „du".

- In hippen Cafés oder Geschäften wie H&M benutzt man das Du.

- In der Schweiz benutzt man „du" mehr als in Deutschland oder Österreich.

Wen sollte man siezen?

- Zu einem Professor in Deutschland, Österreich oder der Schweiz sagt man immer „Sie". Zum Chef am besten auch.

- Siezen Sie Menschen, die deutlich älter sind als Sie selbst.

- Wenn Sie auf einem Amt (Bürgeramt, Ausländerbehörde) sind, dann alle Personen siezen.

- Wenn Sie sich nicht sicher sind: Lieber „Sie" sagen als „du".

Write 3-5 sentences auf Deutsch *explaining how distance vs. closeness / intimacy is expressed in your native language and culture, such as use of titles, body language, tone, particular words, etc.*

L. Small Talk

Below are twelve possible small talk subjects. Indicate what you think good topics are with a *G (gut)* and bad ones with an *S (schlecht).* Then write *auf Deutsch* another three good topics that you can think of.

Politik	Naturkatastrophen
Urlaub und Reisen	Wetter und Natur
Religion	persönliche Krisen
Beruf und Ausbildung	Kultur und Bildung
Essen und Trinken	Krankheiten
Wohnen und Lifestyle	Einkommen

3 gute Themen

M. Wie fühlst du dich?

Working with a partner, ask how you feel in the following situations. Don't use any adjectives more than once (for both partners).

regnen
Wie fühlst du dich, wenn es regnet?
Ich bin sauer.

viele Hausaufgaben haben
Wie fühlst du dich, wenn du viele Hausaufgaben hast?
Ich bin begeistert!

regnen
schneien
viele Hausaufgaben haben
ein freies Wochenende haben
die Eltern besuchen dich
Schokolade essen
der Deutschunterricht verpassen
früh aufstehen
bei der Fußball-WM sein
Videospiele spielen

N. Wie ich mich fühle

Choose eight emotions from the list on the right and for each word write a sentence about what makes you feel that way. Follow the example sentences below, and note that the conjugated verb goes at the end of the *wenn, weil,* or *dass* part of the sentence.

Ich bin sauer, weil ich immer lernen muss.

Ich finde es unfair, dass ich keinen Wein kaufen darf.

Ich bin traurig, wenn der Deutschunterricht ausfällt[1].

Ich bin oft müde, weil ich zu wenig schlafe.

1   ausfallen – *to be cancelled*

Some adjectives you might want to use:

froh	*happy*
sauer	*angry*
müde	*tired*
munter	*awake, cheerful*
nachdenklich	*pensive, thoughtful*
neugierig	*curious*
wütend	*furious*
entrüstet	*outraged*
entzückt	*delighted*
besorgt	*worried, concerned*
gelangweilt	*bored*
begeistert	*excited*

9.2 Krank

Culture: Health and wellness
Vocabulary: Terms for illness
Grammar: *Wenn* vs. *wann*

A. Was fehlt Ihnen denn?   Match the German and English phrases below.

1. Ich habe eine Erkältung.   *a. I'm fine.*
2. Ich habe Kopfschmerzen.   *b. I feel nauseous.*
3. Ich habe Husten.   *c. I have a cough.*
4. Ich habe Heuschnupfen.   *d. I have hay fever.*
5. Ich habe Fieber.   *e. I have a cold.*
6. Mir ist schlecht.   *f. I have a fever.*
7. Mir geht es gut.   *g. I have a headache.*

BERNHARD M. FRANK

ZAHNARZT

Tel.: 2 82 85

Mo	Di	Mi	Do	Fr
8.00 - 12.00	8.00 - 12.00	8.00 - 14.00	11.00 - 15.00	8.00 - 15.00
14.30 - 18.00	14.30 - 18.00	–	16.00 - 19.30	–

und nach Vereinbarung

B. Wo kauft man das?   Where would one buy the following in Germany? Check the appropriate box for each. You may need to do your homework in the Interactive first if you aren't sure!

	Apotheke	Drogerie
Aspirin	☐	☐
Zahnpasta	☐	☐
Mittel gegen Schnupfen	☐	☐
Hustensaft	☐	☐
Schlafmittel	☐	☐
Antiallergikum	☐	☐
Pflaster	☐	☐
Sonnencreme	☐	☐
Make-Up	☐	☐
Vitamintabletten	☐	☐

C. Hausapotheke   *Was hast du zu Hause? Was haben deine Eltern zu Hause?*

	du	die Eltern		du	die Eltern
Aspirin	☐	☐	Hustensaft	☐	☐
Insulin	☐	☐	Inhalator	☐	☐
Hustensaft	☐	☐	Epinephrin-Spritze	☐	☐
Vitamintabletten	☐	☐	Sonnencreme	☐	☐

D. Erkältet   Interview your classmates about what they do when they have a cold, asking several yes/no questions. Answer in complete sentences.

Gehst du zum Arzt, wenn du erkältet bist?

Nein, ich gehe nicht zum Arzt, wenn ich erkältet bin.

zum Arzt gehen   Hühnersuppe essen
deine Mutter anrufen   schwimmen gehen
viel Medizin nehmen   viel Tee trinken
sich ins Bett legen   zur Uni gehen

E. Ich habe gefehlt, weil...

It sometimes happens that we miss class or work. Think of two recent times you had to miss class or work and then talk about them with others in your class. Use the conversational or narrative past *(haben* and *sein)* for your answers. Make sure you ask at least one additional question to get more information from your partner(s).

erkältet sein

meine Schwester hat geheiratet

müde sein

die Kurszeit vergessen

zum Arzt gehen müssen

> Ich habe einmal im Unterricht gefehlt, weil ich schrecklichen Husten hatte.
> Warst du erkältet?
>
> Ich habe einmal bei der Arbeit gefehlt, weil ich eine Grippe hatte.
> Bist du noch krank?

F. Wenn ich erkältet bin...

Below are three typical home remedies that Germans use when they feel sick. Comment next to each one whether you think it works or not (such as *Gute Idee* or *Das hilft nicht*).

1. Wenn ich gestresst bin, gehe ich im Wald spazieren. Das tut gut!

2. Wenn ich Husten habe, mache ich ein Dampfbad[1].

3. Wenn mir schlecht ist, trinke ich Cola und esse Salzstangen[2].

---
1 *steam bath*
2 *pretzel sticks*

Now complete the sentences below by stating what you do when you don't feel well.

4. Wenn ich gestresst bin, …

5. Wenn ich Husten habe, …

6. Wenn mir schlecht ist, …

7. Wenn ich Schnupfen habe, …

8. Wenn ich Kopfschmerzen habe, …

9. Wenn ich Sonnenbrand habe, …

G. Was machst du dagegen?

Using your answers in 9.2F above, start a conversation with a few of your classmates to see whether you each do the same things when you are sick.

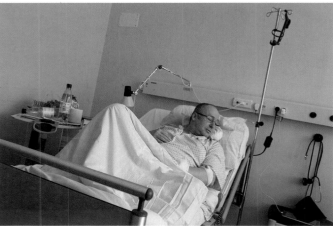

> Was machst du, wenn du gestresst bist?
> Wenn ich gestresst bin, gehe ich ins Kino.
> Und was machst du?
> Ich gehe im Wald spazieren.

H. Magenbeschwerden   Claudia (Hannover, DE) talks about a time she was having stomach problems. Read through her comments and answer the questions that follow.

Jetzt vor Kurzem[1] war ich lange Zeit krank und hatte mit meinem Magen ganz schlimme Probleme. Kein Arzt konnte mir weiter helfen. Ich wurde von einem zum nächsten Arzt geschickt, hatte zwei Magenspiegelungen[2] und man konnte nicht so wirklich sagen, woran es liegt[3]. Jetzt habe ich vor acht Monaten endlich die einfache Diagnose bekommen, dass ich Laktose intolerant bin. Also ganz einfach. Mittlerweile weiß ich, was ich essen kann, damit es mir gut geht und von daher bin ich jetzt topfit. Ganz am Anfang war es eine Katastrophe für mich, weil ich unglaublich gerne Käse esse, unglaublich gerne auch mal ein

1   *recently*
2   *gastroscopy*
3   *what the cause was*

Eis esse, aber man lernt disziplinierter zu sein. Man kann nicht mal zum Eismann gehen und sich ein Eis holen, man muss sich das überlegen, ob es sich wirklich lohnt[4].

Es gibt diese Laktose Tabletten, die man einnehmen kann. Laktoseintoleranz bedeutet, dass man ein Enzym nicht hat, das die Milch abbaut. Dieses Enzym fehlt mir und die Tabletten geben dem Körper dieses Enzym wieder. Aber man will nicht zu viele von diesen Tabletten nehmen. Am Anfang war es schwierig, jedes Mal zu überlegen: Darf ich es essen oder darf ich es nicht essen? Mittlerweile ist das zur Routine geworden.

4   es/das lohnt sich – *it is worth it*

For each statement below, write whether it is richtig *(r) or* falsch *(f). Then write the number of each next to the part of the text that relates to that statement.*

1. Claudia hatte als Kleinkind Magenprobleme.

2. Der erste Arzt konnte Claudia sofort helfen.

3. Claudia denkt, dass der Arzt eine Katastrophe war.

4. Jetzt geht es Claudia ganz gut.

5. Claudia fand es von Anfang an einfach, ohne Milchprodukte zu leben.

6. Claudia isst keinen Käse mehr.

7. Jetzt kann Claudia wieder ohne nachzudenken alles essen.

8. Laktoseintoleranz ist ein körperliches Problem.

9. Es gibt Tabletten, die bei Laktoseintoleranz helfen.

10. Claudia hat keine größeren Schwierigkeiten mehr mit ihrer Laktoseintoleranz.

Write here 3 accusative phrases and 3 dative phrases you find in the text above and explain why they are in the case they are.

Write three German sentences about a time when your diet was restricted. What led to that? What couldn't you eat or drink? Use past tense modals like konnte, musste, durfte, *etc.*

I. Diagnose   For each list of symptoms, give your diagnosis (in German!) as to what you think the condition is.

Diabetes	Liebeskummer	Grippe	Ohrenentzündung
Erkältung	Lungenentzündung	Heuschnupfen	Pfeiffersches Drüsenfieber

hohes Fieber, starker Husten, müde, schwach, Schmerzen beim Atmen

Fieber, Schwindel[1], Schmerzen im Ohr

Halsschmerzen, Schnupfen, Husten, Nase läuft, frösteln[2]

hohes Fieber, Muskelschmerzen, Husten,
starke Müdigkeit, Kopfschmerzen

Augen tränen, Schnupfen, Niesattacken, Nase läuft

Kopfschmerzen, Bauchschmerzen, Konzentrationsprobleme, Schlaflosigkeit, Pessimismus, Appetitlosigkeit

1   *dizziness*
2   *chills*

J. Wie reagiert der Körper?   Our bodies often respond negatively to different stressors in life. Work with a
partner and create a list of symptoms (in German) that might be brought on
in each of the situations listed.

drei Midterms am nächsten Tag

2 Liter Vanilleeis gegessen

MitbewohnerIn hat dich angeschrien[1]

Marathon gelaufen

PartnerIn hat Schluss gemacht[2]

1   *screamed at*
2   *broke up with you*

K. Woran leidest du?   Work with another student/group and take turns describing the symptoms in 9.2J above. See if you
can guess what situations are the cause of the symptoms.

L. Glück im Umglück

With a partner, brainstorm as many possible advantages and disadvantages of staying in the hospital as you can. Feel free to exaggerate both sides of the story for comic relief.

den ganzen Tag fernsehen können

neue Krankheit bekommen

viele Medikamente schlucken müssen

nicht aufstehen dürfen

ruhig liegen bleiben sollen

nette Krankenpfleger haben

> Man kann den ganzen Tag fernsehen.
> Man darf nicht rauchen.

M. Im Krankenhaus

Read Anja's (Braunschweig, DE) story of being in the hospital as a child and answer the questions that follow.

Als ich sechs Jahre alt war, da haben sie mir die Mandeln[1] herausgenommen. Dafür musste ich fünf Tage ins Krankenhaus und ich habe es wirklich gehasst. Das Zimmer sah so steril aus und im Krankenhaus riecht es auch immer so komisch. Klinisch eben. Nach der Operation konnte ich nicht richtig schlucken[2] und sollte die ganze Zeit Vanilleeis essen. Und dabei habe ich doch Vanilleeis überhaupt nicht gemocht. Als ich dann endlich wieder zu Hause war, habe ich mir geschworen, dass ich nie wieder ins Krankenhaus zurückgehen werde. Und ein Jahr später hatte dann meine ältere Schwester einen schlimmen Autounfall und war sechs Wochen im Krankenhaus mit gebrochenen Beinen. Da habe ich dann gedacht, dass ich eigentlich Glück gehabt hatte.

---

1   *tonsils*
2   schlucken – *to swallow*

1. Wie alt war Anja, als sie ins Krankenhaus musste?

2. Wie lange musste sie dort bleiben?

3. Was war der Grund für den Krankenhausaufenthalt[3]?

---

3   *hospital stay*

4. War das ein schöner Aufenthalt für sie? Warum oder warum nicht?

5. Warum glaubt Anja, dass sie eigentlich selbst Glück gehabt hatte?

6. Warst du auch schon einmal im Krankenhaus? Wann? Warum?

N. Zecken

In both Germany and Austria, tick season (April to October) is greeted with public health campaigns warning of their danger and encouraging everyone to get vaccinated. Read about Frau Wegel's (Göttingen, DE) encounters with *Zecken* and what you can do about them. Then answer the questions that follow.

Meinen ersten Zeckenbiss[1] hatte ich im Alter von 10 Jahren. Meine Großmutter kratze[2] das Tier mit Hilfe ihrer Fingernägel heraus. Damals und bis vor wenigen Jahre glaubte man, dass Zecken jahrelang ohne zu essen auf Bäumen warten können, um dann auf ein Tier oder einen Menschen unter ihnen zu fallen. Nach der Landung krabbeln[3] die Zecken beim Menschen dann an warme Stellen am Körper (am liebsten unter Arme oder in die Haare). Ich bin also nicht mehr direkt unter Bäume gelaufen, aber habe trotzdem überall Zeckenbisse bekommen. Später hat mir ein Arzt erzählt, dass Zecken auch in hohen Gräsern und Büschen sitzen und dort lange warten… und immer auf mich!

Wenn man eine Zecke hat, kann man folgende Dinge versuchen:

1   der Biss – *bite*
2   herauskratzen – *to scratch, dig out*
3   *to crawl*

- die Zecke mit Öl oder Klebstoff[4] bestreichen,
- ein Vollbad nehmen und warten, bis die Zecke nach oben schwimmt, oder
- sie mit einer Zeckenzange gegen den Uhrzeigersinn[5] herausdrehen[6].

Aber nicht mit den Fingernägeln herauskratzen!

Ich habe oft Impfungen[7] gegen Zecken bekommen und bin deshalb nie krank geworden. Aber Zecken sind gefährlich für den Menschen. Deshalb ist die FSME[8]-Impfung besonders wichtig, weil sie vor dem FSME-Virus schützt[9]. Wenn man diesen Virus von einer Zecke bekommt, dann kann man eine Hirnhautentzündung, also Meningitis, bekommen.

4   *glue*
5   *counter-clockwise*
6   *to unscrew*
7   *vaccinations*
8   *tick-borne virus*
9   schützen – *to protect*

1. Welchen Mythos über Zecken glaubte Frau Wegel noch bis vor wenigen Jahren?

2. Welche Methode zur Zeckenentfernung findest du am besten? Warum?

3. Warum sollte man sich gegen Zecken impfen lassen?

4. *Is there a similar seasonal health issue in your country?*

O. Als ich einmal krank war

Write a 75-word essay about a time when you were sick. Address how you felt, what your parents or doctor did to help you, and how you got better.

Einmal hatte ich Pfeiffersches Drüsenfieber! Zuerst habe ich hohes Fieber bekommen und war sehr müde. Dann hatte ich auch schlimme Halsschmerzen und konnte nicht mehr schlucken…

9.3 Verletzt

> Culture: Accidents
> Vocabulary: *Körperteile*
> Grammar: Reflexive verbs

A. Mehrzahl   Write the plural form of each word below in German.

Arm	Daumen	Zeh
Fuß	Finger	Zunge
Bein	Hand	Auge
Brustkorb	Kopf	Magen

B. Wie viele?   With a partner, ask each other how many body parts in 9.3A above various beings have.

Ellbogen: Wie viele Ellbogen hat der Mensch? Zwei.

der Mensch
ein Hund
ein Insekt
ein Fisch

C. Redewendungen   Match the German sayings or phrases with their closest English equivalent.

___ 1. auf großem Fuß leben

___ 2. eine dicke Lippe riskieren

___ 3. mit Haut und Haar

___ 4. ein Auge zudrücken[1]

___ 5. Lügen[2] haben kurze Beine.

___ 6. Eine Hand wäscht die andere.

___ 7. Finger weg!

___ 8. die Nase voll haben

___ 9. Hals und Beinbruch!

___ 10. eine Nervensäge sein

___ 11. einen grünen Daumen haben

___ 12. jemanden auf den Arm nehmen

a) to live high on the hog

b) Hands off!

c) You scratch my back, I'll scratch yours.

d) to turn a blind eye

e) completely; totally

f) The truth will prevail.

g) to have a green thumb

h) Break a leg!

i) to pull somebody's leg

j) to be irritating

k) to be sick of something

l) to say something provocative

1 *close*
2 *lie, fib*

Trinkhalle, Baden-Baden

D. Schon passiert? We probably all know people (including ourselves) who have been injured. Fill in as much of the table below as you can about yourself or people you know.

	Wer?	Wann?	Wo?
sich den Arm brechen			
sich das Bein brechen			
sich den Fuß verstauchen			
eine Gehirnerschütterung[1] bekommen			
sich das Knie verrenken			
sich den Rücken verletzen			

1 concussion

E. Was ist passiert?

In small groups, ask each other about what you wrote in 9.3D above. If you are curious to hear more, keep asking questions! Express your surprise or horror as appropriate.

Wer hat sich den Arm gebrochen?
Wann ist das passiert?
Wo ist das passiert?

Das ist ja schrecklich!
Geht es ihm/ihr/dir besser?
Das gibt's doch nicht!
Wirklich?

Fahrrad-Fest, Hamburg

F. Extremsportarten

Martin leads a very active life, and his interests include various *Extremsportarten*. Match the injury on the right to the most logical *Extremsportart* on the left.

1. Freestyle-BMX-Rennsport   a) Da können die Zehen und Finger abfrieren.

2. Eisklettern[2]   b) Da kann man unter Wasser erfrieren.

3. Freitauchen[3] im Ozean   c) Vielleicht öffnet sich der Fallschirm nicht.

4. Bungee-Springen   d) Man kann sich die Knochen brechen.

5. Unter-Eis-Hockey   e) Möglicherweise[4] springt man in ein Gebäude.

6. Einhandsegeln   f) Man bekommt keine Luft mehr.

7. Skydiving   g) Man kann sich den Nacken verletzen.

8. Base-Jumping   h) Man verletzt sich und ist allein auf dem Meer.

2 klettern – *to climb*
3 tauchen – *to dive*

4 *possibly*

223

G. Krankenversicherung   Read the text below about different types of health insurance (*Krankenversicherungen*) available in Germany, Austria, and Switzerland. Then answer the questions that follow.

Baden-Baden

In Deutschland, Österreich und der Schweiz müssen alle Menschen krankenversichert sein. Es gibt gesetzliche und auch private Krankenkassen. Alle Menschen haben das Recht auf eine gesetzliche Krankenversicherung. Nur ca. 9% der Menschen in Deutschland und Österreich haben die teurere Variante: eine private Krankenversicherung. In der Schweiz gibt es eine andere Regelung: man muss eine Grundversicherung haben, kann aber dann auch noch eine private Zusatzversicherung kaufen. Mehr als 80 Prozent der Menschen in der Schweiz haben diese Zusatzversicherung.

Besonders für ausländische Studierende in Deutschland ist eine Krankenversicherung ein absolutes Muss. Ohne Krankenversicherung kann sich niemand an der Universität immatrikulieren. Wenn man schon an der Universität ist, aber keine Versicherung mehr hat, kann man auch exmatrikuliert werden. Eine gesetzliche Krankenversicherung in Deutschland ist relativ billig: ca. 60€ bis maximal ca. 132€ pro Monat.

1. Welche zwei Arten von Krankenkassen gibt es in diesen Ländern?

2. Können alle Menschen eine Krankenversicherung bekommen?

3. Was ist teurer: eine gesetzliche oder eine private Krankenversicherung?

4. Ist die private Zusatzversicherung in der Schweiz eine beliebte Option?

5. Was passiert, wenn man als Student keine Krankenversicherung hat?

6. Wie viel kostet die Krankenversicherung als Student?

7. Und in deinem Land: Müssen da alle Menschen eine Krankenversicherung haben?

H. Ergänzen   Complete each sentence with an appropriate word or phrase from Unit 9.

Meine Nase _____ .

Ich bin vom Rad _____ .

Ich habe mich _____ .

Ich fühle mich _____ .

Ich habe mir den Arm _____ .

Ich habe mir den Fuß _____ .

Mir ist nicht _____ .

Ich habe mir in den Finger _____ .

Ich huste _____ .

I. Gestern oder heute?   Give the English equivalents to all the statements below and put a check next to the ones that are in the past.

Horst   ging zum Krankenhaus. ☐

muss im Bett bleiben. ☐

ist sehr krank. ☐

hatte hohen Blutdruck. ☐

will viel Wasser trinken. ☐

rief seine Freundin an. ☐

Claudia   fühlt sich schlecht. ☐

legte sich früh ins Bett. ☐

nahm Aspirintabletten. ☐

geht nicht zur Uni. ☐

arbeitete den ganzen Tag. ☐

soll sich ausruhen. ☐

J. Werbung   In groups, prepare a commercial for a new treatment or pill that appeals to your classmates. Remember to include symptoms/injuries that it treats and all possible side effects. Then, present your commercial to the class.

das Problem:	das Medikament dagegen:
Kopfschmerzen	eine Tablette
Halsschmerzen	eine Creme
Rückenschmerzen	eine Salbe
Muskelschmerzen	Pulver

Zu viel Sport?! Muskelschmerzen? Dagegen hilft unsere neue Salbe Sportnixfix! Und was ist das Geheimnis unserer Salbe?

K. Fahrradunfälle   Read these three descriptions of bicycle accidents and answer the questions that follow.

Brita (Potsdam, DE): Da bin ich mit dem Fahrrad gefahren, auf dem Fahrradweg. Und dann hat mich rechts einer überholt[1], und der kollidierte mit mir und ist dann weitergefahren, während ich mit meinem Fahrrad auf den Boden fiel. Als er das merkte, kam er wieder zurück, kümmerte sich um mich und hat dann Polizei und Notarztwagen angerufen. Dann haben sie mich abtransportiert und ich habe erstmal eine Weile im Krankenhaus gelegen. Ich habe mir das Becken[2] gebrochen, ich habe mir die Wirbelsäule[3] gebrochen, ich habe mir die rechte Hand gebrochen, ich habe mir den rechten Ellenbogen gebrochen, ich habe mir die rechte Schulter geprellt[4]. Ja, und ansonsten war ich grün und blau am ganzen Körper.

1 überholen – *to pass*
2 *pelvis*
3 *spine*
4 sich prellen – *to bruise*

Adenika (Berlin, DE): Ja ich habe mal einen Fahrradunfall gehabt aber das war nicht so schlimm. Ich wollte mit dem Fahrrad über den Bordstein[5] fahren und bin dann abgerutscht[6] und gegen einen Briefkasten[7] gefahren und dann umgefallen. Das war lustig, aber ich wusste auch nicht in dem Moment, ob ich weinen oder lachen sollte. Aber es war nicht so schlimm, der Briefkasten war ein bisschen demoliert und wir haben ihn dann ersetzt.

Christine (Göttingen, DE): Vor einem Jahr, da wurde mir die Vorfahrt genommen, da bin ich mit dem Fahrrad den Berg runter gefahren und das ist ein Fahrradweg, der für die Fahrräder von beiden Seiten zu befahren ist und der Autofahrer hat mich nicht gesehen. Und dann bin ich seitlich gegen das Auto gefahren. Mein Fahrrad hatte einen Totalschaden. Ich habe zum Glück nur ein blaues Knie davongetragen.

5 *curb*
6 *fell off*
7 *mailbox*

1. Who...

	Brita	Adenika	Christine
broke her back?	☐	☐	☐
had a minor accident?	☐	☐	☐
wrecked her bike?	☐	☐	☐
damaged other property?	☐	☐	☐
went to the hospital?	☐	☐	☐
was seriously bruised?	☐	☐	☐
injured her knee?	☐	☐	☐
hit a car?	☐	☐	☐
almost laughed about it?	☐	☐	☐

2. *Underline all verbs in the narrative past. How many did you find?*

L. Spezialisten   Match each English term for a medical specialist with the German translation.

1. cardiologist

2. dentist

3. dermatologist

4. ENT-specialist

5. gynecologist

6. neurologist

7. opthamologist

Augenarzt	Frauenarzt
Kardiologe	Kinderarzt
Fußarzt	Hautarzt
Nervenarzt	Psychiater
HNO-Arzt	Zahnarzt

8. pediatrician

9. podiatrist

10. psychiatrist

M. Unglück

In small groups discuss who has been injured the most and how. Take some notes in the box below and prepare to report your most interesting findings to the class.

Hast du schon einmal einen Unfall gehabt? Was für ein Unfall war das?

Hast du dir etwas gebrochen? Was?

Bist du schon einmal in einem Rettungswagen transportiert worden? Warum?

Warst du lange im Krankenhaus? Warum?

N. Ich habe mich verletzt

Write an essay of approximately 75 words describing a time when you were injured.

Ich habe mir den Arm/das Bein/die Hand
   gebrochen/verstaucht.
Ich habe mir den Finger geschnitten.
Ich habe mich schwer verletzt.
Ein Auto hat mich angefahren.
Ich musste im Krankenhaus bleiben/im
   Bett liegen/mich zu Hause erholen.

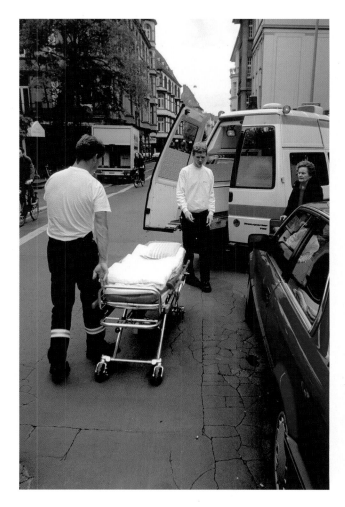

Als Kind hatte ich einen schlimmen Unfall. Ich war in der 1. Klasse. Jeden Morgen bin ich zur Schule gelaufen. Einmal war ich sehr müde. Ich habe nicht nach links gesehen. Aber dann habe ich einen großen Lastwagen gesehen. Der Lastwagen hat mich angefahren. Ich habe mir die Beine gebrochen. Es war schrecklich! Ich musste sechs Wochen im Krankenhaus bleiben. Aber ich bin jetzt wieder gesund! Ich habe also Glück im Unglück gehabt.

9.4 Lebensabschnitte

Culture: *Lebensabschnitte*
Vocabulary: Wedding & ceremony terms
Grammar: Noun endings

A. Wichtige Ereignisse

Write the age when the following occurred to you (or put X if it doesn't apply). Mark how important it was or might be to you.

	super wichtig	ziemlich wichtig	gar nicht wichtig
1. erstes Konzert	☐	☐	☐
2. erstes Auto	☐	☐	☐
3. erste Tätowierung	☐	☐	☐
4. erster Job	☐	☐	☐
5. erstes Fahrrad	☐	☐	☐
6. erster Kuss	☐	☐	☐
7. erste Auslandsreise	☐	☐	☐
8. erstes alkoholisches Getränk	☐	☐	☐

B. Ereignisse

Choose two events from the list above to describe in a bit more detail. Use the questions in the box to help write your descriptions.

Chur, CH

Wie alt warst du?
Wo warst du?
Mit wem warst du zusammen?
Was hat dir daran gefallen?
Was hast du gemacht?

C. Austausch

Share your two events from the previous activity with a partner. Write down your partner's event below.

D. Momente im Leben

For each of these milestones, write the age you think it typically first happens in your home culture (and write an X if it doesn't happen). Check the items you yourself have experienced.

	Alter	Das habe ich auch erlebt
Firmung / Konfirmation		☐
aktives Wahlrecht		☐
1. legales Glas Bier/Wein		☐
Universitätsabschluss		☐
Geburt des 1. Kindes		☐
Taufe		☐
1. Ehe		☐
Besuch des Kindergartens		☐
1. legaler Schnaps		☐
Erstkommunion		☐

Schloss Wilhelmshöhe, Kassel

E. Diskussion

Work with a partner and describe your thoughts from exercise 9.4D above. How would you guess the situation might be different in German-speaking countries?

F. Eine Hochzeit beschreiben

Think about a wedding or other important event that you have attended, and describe it here in three or more German sentences.

G. Austauschen

In groups of 3-4, describe the wedding or event in 9.4F above. Look at what you wrote to prepare. If you need to cover the text to stop yourself from referring to it, by all means do so!

H. Deutsche Hochzeiten

Work with a partner and list all the keywords and phrases you can here, expressing what you know or suspect about weddings in Germany.

I. Eine deutsche Hochzeit

Holger (Frankfurt am Main, DE) describes a typical German wedding below. Read through his description and answer the questions that follow.

Ja, erstmal gibt es die standesamtliche Trauung und danach die kirchliche Trauung. Das heißt, man muss zu irgendeinem Beamten der Gemeinde gehen und dort sein Jawort geben und die wichtigen Papiere unterschreiben. Und ab dem Zeitpunkt gilt man dann von Gesetzes wegen als verheiratet. Und die kirchliche Trauung in der Kirche, das ist natürlich mit sehr vielen Menschen. Man sitzt in der Kirche, es ist sehr feierlich[1], viele Blumen sind dabei. Der Pastor spricht, das Brautpaar ist eben auch vorne und gibt sich das Jawort. Anschließend geht man meistens in ein Restaurant und feiert groß mit den Leuten, mit denen man gerne feiern möchte.

Da gibt es dann ganz bestimmte Rituale. Zum Beispiel setzt sich das Brautpaar Rücken an Rücken und sie müssen jetzt Fragen beantworten zu ihrem Partner, um abzutesten, wie gut sie sich eigentlich kennen. Was für eine Zahnpastamarke benutzt dein Mann oder was für Socken trägt deine Frau und so. Also, sowas wird dann abgetestet und die müssen das dann halt beantworten und das kann dann meistens sehr witzig sein.

1   *ceremonial*

Richtig oder falsch?: *For each statement below, check if it is true or false. If false, write the number of that statement next to the place in the text above where you find the true answer.*

		richtig	falsch
1.	Zuerst heiratet man auf dem Standesamt, dann in der Kirche.	☐	☐
2.	Auf dem Standesamt gibt es einen Pastor.	☐	☐
3.	In der Kirche unterschreibt man wichtige Papiere.	☐	☐
4.	In die Kirche kommen nur wenige Freunde und Familienmitglieder.	☐	☐
5.	Die kirchliche Trauung ist normalerweise sehr einfach.	☐	☐
6.	Es gibt in die Kirche überall Blumen.	☐	☐
7.	In der Kirche hält der Bräutigam eine Rede.	☐	☐
8.	Nach der Trauung isst das Brautpaar allein in einem Restaurant.	☐	☐
9.	Später bei der Feier spielt man auch Spiele.	☐	☐
10.	Die Spiele sind aber eher langweilig.	☐	☐

Meine Fragen: *Write three questions in German you would ask as part of the reception that Holger describes.*

Was für eine Zahnpastamarke benutzt dein Mann?
Was für Socken trägt deine Frau?

J. Vorteile und Nachteile   Describe one positive thing and one potentially negative thing *auf Deutsch* for three of the items in the blue box. Use as much vocabulary from Unit 9 as you can!

der Ruhestand	das Festessen
die Taufe	die Jugend
die Geburt	die Kindheit
die Firmung	die Hochzeit

Festessen: Das Essen schmeckt gut! Aber man kann vielleicht zu viel essen.

K. Das sind Fragen...   Working with a partner, take turns asking and answering questions based on the prompts here. Your instructor will give you a time adverb or phrase such as *morgen* or *vor zwei Tagen* so you know whether to use present or conversational past.

sich mit Freunden treffen
sich mit einer Freundin verabreden
sich warm anziehen
sich entscheiden, Astrophysik zu studieren
sich auf die Ferien freuen
sich von einer Grippe erholen
sich erkälten
sich entscheiden, Deutsch zu studieren

morgen: Triffst du dich morgen mit Freunden?
Ja, ich treffe mich morgen mit Freunden.

vor zwei Jahren: Hast du dich vor zwei Jahren entschieden, Astrophysik zu studieren?
Nein, ich habe mich nicht entscheiden, Astrophysik zu studieren.

L. Wie triffst du Entscheidungen?   When you have an important decision to make, what do you do? Check all that apply, and circle the most important one.

☐ Ich mache eine Liste von Vor- und Nachteilen.

☐ Ich schlafe eine Nacht darüber.

☐ Ich rede mit meinem Vater/meiner Mutter darüber.

☐ Ich rede mit Freunden darüber.

☐ Ich bete[1] oder meditiere.

☐ Ich werfe eine Münze.

☐ Ich denke rationell nach.

☐ Ich höre auf mein Herz / mein Bauchgefühl.

☐ Ich suche Rat[2] im Internet.

1 *to pray*
2 *advice*

Innsbruck, AT

M. Eine wichtige Entscheidung   Felix (Berlin, DE) describes how he makes important decisions. Instead of getting footnote translations as usual, you must match the number of the footnote to the correct translation based on context. Once you have matched all eight, look up a few to make sure you were correct! Then answer the other questions that follow.

Ist ja immer eine Frage im Leben, wie man eine wichtige Entscheidung trifft. Meistens ist es so, wenn man die Zeit hat, dann schlafe ich noch mal eine Nacht drüber, bevor ich mich für etwas entscheide, wenn es sehr wichtig ist. Das sammelt[1] ein bisschen die Gedanken[2] und relativiert[3] manches vielleicht. Und manchmal hilft es vielleicht auch, so Vor- und Nachteile[4] von einer Sache mal aufzuschreiben[5] oder im Kopf mal hin und her[6] zu bewegen[7]. Und ich treffe meistens meine Entscheidungen auch ein bisschen aus dem Bauch heraus, weil ich früher immer sehr viel im Kopf geplant habe, aber wie das im Leben so ist, nicht alles, was man plant, kommt dann auch so. Meistens kommt es immer anders, als man denkt, so dass ich heute eigentlich immer ein bisschen auf mein Bauchgefühl[8] höre, wenn ich jetzt eine Entscheidung zu treffen habe. Man sagt ja auch, man soll auf sein Herz hören, und das ist meistens die beste Entscheidung.

Use the footnote numbers to match each English translation to the German word it goes with.

Trier

____ back and forth

____ to write down

____ gut feeling

____ to put in perspective

____ to gather

____ to move

____ pros and cons

____ thoughts

How would you say the following sentences in German, based on what Felix said? Write the number of the question next to where you found it in the text. Remember that German often uses different words or expressions from English in metaphorical constructions.

1. You should listen to your heart.

2. There are pros and cons.

3. I usually make decisions based on my gut feeling.

4. You should sleep on it.

5. I have to gather my thoughts.

N. Leben und Tod   Read Christina's (Braunschweig, DE) account of her memory of her grandmother and respond to the prompt.

Ich war erst fünf Jahre alt, als meine Großmutter mütterlicherseits gestorben ist. Sie selbst war noch keine 70 Jahre alt und ihr Mann, mein Großvater Ernst, war fünf Jahre zuvor gestorben. Aber da war ich noch gar nicht geboren. Wenn man so jung ist und jemand aus der Familie stirbt, dann versteht man irgendwie, dass etwas Trauriges passiert ist. Auch wenn man selbst vielleicht nicht traurig ist. Ich erinnere mich an Oma Ursel in ihrem blauen Mantel und blauen Hut, wenn sie mich vom Bahnhof abgeholt hat. Und an ihre große Wohnung mit dem langen Flur, in dem ich Fahrrad gefahren bin. Nachdem sie gestorben war, haben ihre fünf Kinder ihre Wohnung ausgeräumt[1]. Das fand ich irgendwie nicht richtig und habe angefangen, alle Bücher wieder zurück in die Regale zu stellen. Ich bin dann als Kind und Jugendliche immer zu unseren Familiengräbern[2] auf dem Göttinger Stadtfriedhof gegangen, bis die Gräber eingeebnet[3] wurden.

1   ausräumen – *to clean, clear out*
2   das Grab – *grave*
3   Grab einebnen – *to restore a grave to its original condition*

1. Wie alt war Christina, als ihre Großmutter starb?

2. War das die Mutter von Christinas Mutter oder von Christinas Vater?

3. Wie alt war die Großmutter, als sie starb?

4. Wie hieß der Mann der Großmutter?

5. Wie viele Kinder hatte Christinas Großmutter?

6. Welche Erinnerung hat Christina an ihre Großmutter?

7. Was machte Christina mit den Büchern in der Wohnung von ihrer Großmutter?

O. Ein wichtiges Ereignis   Now that you have heard about various life phases and important events that people experience and have discussed some with your classmates, write an essay about an important event in your life so far.

Ein wichtiges Ereignis kann das Leben verändern. Ein wichtiges Ereignis in meinem Leben war mein High-School-Abschluss. Nach der High-School bin ich an die Universität gegangen. Ich habe nicht mehr bei meinen Eltern gewohnt.

10.1 Fernsehen

Culture: Television
Vocabulary: TV genres & terms
Grammar: *Welch-* & *dies-*

A. Wie viele Stunden?   Answer the following questions about TV and internet videos.

Wie viele Stunden in der Woche siehst du fern?

Wann siehst du meistens fern?

- [ ] vormittags
- [ ] nachmittags
- [ ] abends
- [ ] am Wochenende

Was für Sendungen siehst du gern?

[ ] Action	[ ] Comedy	[ ] Reality	[ ] Sport
[ ] Dokumentarfilm	[ ] Krimi	[ ] Romantik	[ ] Thriller
[ ] Drama	[ ] Kultur	[ ] Science Fiction	[ ] Werbung
[ ] Fantasy	[ ] Mystery	[ ] Soap	[ ] Western
[ ] Talkshow	[ ] Nachrichten	[ ] Spielshow	[ ] Zeichentrick

Was sind drei Sendungen, die du gern siehst? Was für Sendungen sind das?

Name der Sendung   Art der Sendung

    z.B.   *The Office*   *Comedy*

B. Wenn ich Fernsehen gucke   Write five sentences about what you watch and when you watch it. Remember, the conjugated verb in the clause with '*wenn*' goes at the end.

Abends sehe ich Late Night, wenn ich nicht lernen will.

Nachmittags schaue ich Netflix an.

Sonntags schaue ich Sport mit meinen Freunden im Studentenwohnheim.

C. Interview   Find a partner and ask about his or her TV-viewing habits based on the questions in 10.1A. In case you want to make some running commentary, here are some useful phrases:

Fantasy Filme finde ich auch gut.	*I like fantasy films too.*
Ich auch.	*Me too.*
CSI ist mir zu blöd.	CSI *is too stupid for me.*
Wirklich? Das überrascht mich.	*Really? That surprises me.*

Nr. 6/2005 • 0,80 €
30.4. bis 27.5.2005

nurTV
...einfach besser fernsehen!

Jetzt neu!
4 Wochen Programm
nur ,80 €

4 Wochen Programm
mit Tagestipps!

EXTRA 12 Seiten Rätselspaß

D. Ikonen

Working in groups of 3-4, pick three different types of *Sendung* from 10.1A and choose a show that your group feels best represents that genre, describing in two German sentences why you feel that show is an 'icon'.

Sendung	Warum ist es dafür typisch?

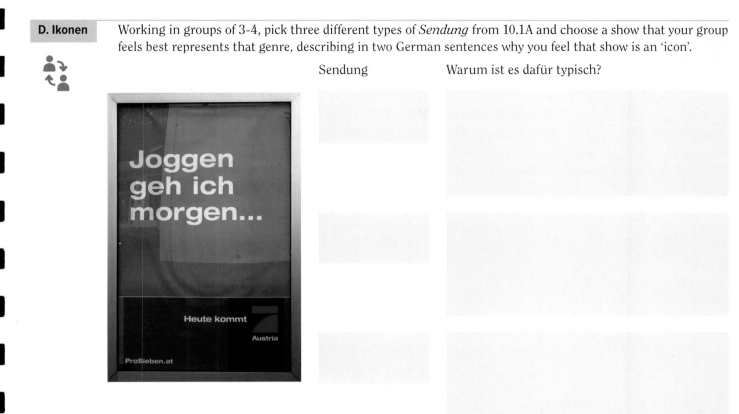

E. Ein Land kennen lernen

You can learn a lot about a culture by what television shows are popular. With a partner, decide on a television show (new or old) that represents the culture (or a subculture) of the US or Canada very well. Write four German sentences about specific elements of the show that are culturally representative.

Friends ist eine ältere amerikanische TV-Sendung. Diese Sendung läuft nicht mehr im Fernsehen, aber sie war eine wichtige Sendung, weil sie Stars produziert hat. Der wichtigste Star ist sicherlich Jennifer Aniston - Rachel in *Friends*. Und auch die anderen Schauspieler haben durch *Friends* ihre Karrieren gestartet.

F. Wie findest du...

Make a list of five different TV shows that come to mind on a separate piece of paper. They can be old, new, good, bad, etc. In class, work with a partner and ask what he or she thinks about the shows you listed.

Wie findest du...
Ich finde [Sendung] gut/schlecht/langweilig/spannend/
    schrecklich/lustig/blöd.
Ich kenne die Sendung/Serie nicht.
Nie davon gehört.
Ich sehe das immer/oft/selten/nie.

G. Deutsches Fernsehen

German television has some similarities and differences to the situation in North America, but we can only touch on a few points here. Read the text below and answer the questions.

In Deutschland gibt es – genau so wie in Amerika – sehr viele Fernsehsender mit **unterschiedlichen** Programmen. ARD und ZDF sind die zwei **öffentlichen** Fernsehsender. ARD hat regionale Stationen in ganz Deutschland und auch Österreich. Außerdem gibt es private Fernsehstationen, wie z.B. RTL und SAT 1. Hier nun ein **Überblick** über ein paar traditionelle Sendungen, die jede(r) Deutsche kennt:

„Wetten, dass..." (1981-2014) im ZDF war eine Fernsehshow, die Frank Elstner und Thomas Gottschalk zur beliebtesten deutschen Unterhaltungssendung machten. Die Idee der Show war, dass Kandidatinnen und Kandidaten etwas **Außergewöhnliches** machten und prominente Gäste **wetten** musste, ob der Kandidat die **Wette** schaffen konnte.

Die Krimiserie „**Tatort**" gibt es seit 1971. Diese Serie ist so **beliebt**, dass es dafür jeden Sonntag von 20.15 bis 21.45 Uhr „Tatort-Partys" gibt. **Mittlerweile** gibt es „Tatort" auch im Radio.

„Gute Zeiten, schlechte Zeiten" oder kurz: GZSZ ist eine sehr bekannte deutsche Seifenoper. In dieser Seifenoper geht es um eine Gruppe von jungen Leuten und deren Leben. Im deutschen Fernsehen werden viele Seifenopern gezeigt – die meisten davon sind Importe aus den USA, die synchronisiert werden.

Based on the context, write in the German term from the text next to its translation here:

unusual		to bet, wager	
public		crime scene	
currently		a bet	
popular		overview	

Circle the correct response:

Ja / nein   SAT 1 ist öffentlicher Fernsehsender.

Ja / nein   Es gibt in Deutschland und Österreich regionale Stationen.

Ja / nein   Deutschland hat viele öffentliche Sender.

Answer the questions below:

Was für eine Sendung war „Wetten, dass…"?

Was für eine Sendung ist „Tatort"?

Was für eine Sendung ist „GZSZ"?

Welche Sendung möchtest du lieber schauen (von „Wetten, dass…", usw.)? Warum?

Findest du Synchronisation besser als Untertitel? Warum oder warum nicht?

H. Wie oft? Work with a partner and ask each other the following questions. You may learn quite a bit about each other!

Wie viele Stunden am Tag…
guckst du fern?
guckst du DVDs?
guckst du YouTube Videos?
guckst du Netflix, Hulu oder Ähnliches?

Guckst du lieber allein oder mit anderen zusammen? Warum?

Guckst du lieber am Computer, auf dem Tablett oder auf dem SmartPhone? Warum?

Kaufst du die Sachen oder kriegst du alles illegal (Pirat)? Warum?

I. Guckst du lieber… Working with a partner, ask which sorts of shows your partner prefers and have him or her name an example. The various types of shows are listed in 10.1A.

Guckst du lieber Fantasy oder Reality?

Ich gucke lieber Fantasy. Ich finde „Once Upon a Time" ganz spannend.

J. Barbara erklärt Read Barbara's (Köln, DE) explanation of her TV viewing and answer the questions that follow.

Ich sehe manchmal Fernsehen, wenn es etwas gibt, was ich gucken möchte. Und das ist dann ein Ereignis. Seit wir hier zu dritt in der Wohnung sind, haben wir auch einen Fernseher und da haben wir auch einmal ein Video zusammen geschaut. Ich schaue hin und wieder[1] auch Nachrichten. Aber ich schaue jetzt nur selten fern, weil ich für mich entdeckt habe, dass ich schlecht ausschalten kann. Ja, die eine Sendung ist zu Ende und ich schaue mir die nächste an und dann geht es mir einfach schlecht. Ich gehe aber gerne ins Kino. Das ist etwas Anderes als Filme im Fernsehen zu sehen.

1 hin und wieder - *every now and then*

1. Guckt Barbara oft Videos?

2. Findet Barbara Fernsehen gut?

3. Hat Barbara einen Fernseher?

4. Welche Sendungen guckt Barbara?

5. Warum sieht Barbara nicht oft fern?

6. Warum geht Barbara gern ins Kino?

K. 20 Fragen

In groups of 3-4, organize a game of *20 Fragen, auf Deutsch natürlich*! Choose one of the genres from 10.1A; then pick a show yourself and write it in the box below. When it's your turn, the others in your group will take turns asking *ja-nein* questions and see if they can guess the show you chose within 20 guesses.

Läuft die Sendung noch?
Kommt die Sendung freitags?
Ist die Sendung auf Netflix zu sehen?
Spielt [Schauspieler] in der Sendung?
Sind die Kostüme gut?
Ist das ein Zeichentrickfilm?

L. Tagesschau

Head to the *Tagesschau* website (www.tagesschau.de). Choose a short clip to watch (such as *100 Sekunden*) and fill in the info below.

Subject(s)

Words you understood

What you thought it was about

Any cultural observations

M. Wortschatz

These words are found in reading activity 10.1N on the next page. Of course, these are worth learning for their own sake, too. Write each word next to its definition.

peinlich	neugierig	gucken	prädestiniert	das kommt darauf an
gestehen	gammeln	die Glotze	schamlos	sich entspannen

that depends   *TV set (slang)*

curious   *to laze about*

shameless   *predestined*

to admit   *to watch*

embarrassing   *to relax*

N. Was sieht Monique gern?

Read the following text and summarize Monique's (Rütenbrock, DE) TV viewing habits in 3-4 sentences below.

Wenn das Thema gut ist, gucke ich dann irgendwelche Dokumentationen oder Reportagen. Das kommt immer ganz darauf an, was es ist. Über irgendwelche Katastrophen oder so, sowas gucke ich mir schamloserweise gerne an, ganz neugierig zu gucken, was passiert ist. Und manchmal, das muss ich gestehen, das ist wirklich sehr peinlich, aber am Samstag laufen immer ganz viele von diesen amerikanischen, blöden, aber sehr leichten College-Sendungen und so weiter, diese ganzen Soaps. Dann einfach, um mich zu entspannen, mache ich die Glotze an und gucke drei Stunden in die Glotze, einfach nur, um zu gammeln, das ist auch ganz gut. Dazu sind die amerikanischen Serien oder Sitcoms wirklich prädestiniert.

O. Fernsehen unter der Woche

Describe what a typical week of TV and video viewing looks like for you in 100 words. If you don't watch a lot of TV, use a larger time interval such as a month, year, or even lifetime.

Ich sehe fast jeden Tag fern, meistens abends. Um sechs schaue ich die Kurznachrichten, so ungefähr eine halbe Stunde. Danach gucke ich manchmal noch eine Stunde Comedy-Serien wie *Family Guy* oder *Community*. Meine Lieblingsserie *Game of Thrones* verpasse ich auch nie; sie kommt leider nur einmal die Woche. Am Wochenende gucke ich morgens ab und zu interessante Fernsehprogramme über Natur oder verschiedene Länder der Welt. Ich hasse Reality-Shows, aber ich mag gern Filme. Allerdings sehe ich Filme immer bei Netflix an.

10.2 Lesen

Culture: Reading
Vocabulary: Literary genres
Grammar: Unpreceded adjective endings

A. Was liest du gern? For each type of reading below, write in one title that you have read or that you might read in the near future. If you absolutely would not read that type of stuff, state why not, *auf Deutsch natürlich*.

Biografien & Erinnerungen

Business & Karriere

Comic & Humor

Dramen

Film, Kultur & Comics

Kochen & Lifestyle

Krimis & Thriller

Lyrik

Naturwissenschaften & Technik

Politik & Geschichte

Reise & Sport

Religion & Esoterik

Romane & Erzählungen

Science Fiction, Fantasy & Horror

Zeitungen & Zeitschriften

B. Papier vs. Bildschirm In small groups, discuss the influence of electronic media on your personal reading and writing habits. Decide if you agree with the statements below – write *Ja!* or *Nein!* as appropriate.

Zum Thema Lesen:

Lesen ist Lesen, egal, ob in einem Buch oder am Computer.

Zeitschriften im Internet sind umweltfreundlicher.

Ein Buch ist klassisch und gehört nicht ins Internet.

Für den „Kindle"-Leser gibt es Tausende von Büchern und Zeitschriften. Das ist revolutionär.

Papier gibt dem Buch Leben. Das kann kein Computer.

Die Interaktive für *Auf geht's!* ist immer aktueller als das Buch. Das ist ein Vorteil der elektronischen Medien.

Zum Thema Schreiben:

Rechtschreibung ist nicht wichtig, weil mein Computer alles korrigiert.

Persönliche Briefe von Hand sind schöner als getippte.

Für die Interaktive von *Auf geht's!* müssen wir die Antworten tippen. Das ist das 21. Jahrhundert.

Im Lernbuch aber muss man alles per Hand schreiben. Somit lernt man besser Deutsch schreiben.

Meine Handschrift ist schrecklich und deshalb tippe ich alles am Computer.

Ein Blog im Internet ist für alle, aber mein persönliches Tagebuch trage ich in meiner Tasche.

Eulenspiegel

Buchhandlung

Kunst & Literatur
Gesundheit
Spirituelle Wege
Meditative Musik

C. Vorteile In your opinion, what are the top three advantages to reading books as opposed to watching videos? Select from the list below, and then write one of your own.

☐ Man lernt neue Vokabeln.

☐ Man lernt die Sprache besser.

☐ Man hat mehr Fantasie.

☐ Man muss aktiv interpretieren.

☐ Man wird intelligenter.

☐ Man kann sich besser konzentrieren.

☐ Man hat weniger Stress.

☐ Man lernt sich selbst besser kennen.

☐ Lesen macht total viel Spaß!

☐

D. Vorteile und Nachteile Working in groups, make a list of advantages to reading paper books versus reading on a screen, and list the three most prominent ones within your group. Then consider possible disadvantages as well, and write three of them below.

Vorteile   Nachteile

E. Wortschatz To prepare for the text on Karl May in 10.2F, let's review some vocabulary. Write the German word next to its translation. Try to use word parts and your deductive skills first; then look up any you aren't sure about.

| verlassen | das Abenteuer | der Lügner | der Häuptling | die Strafe |
| foltern | das Zeitalter | das Schicksal | der Gegner | ungerecht |

adventure

era

chieftain

opponent

liar

punishment

to torture

to leave

unjust

fate

F. Karl May   Read this text about the German novelist Karl May and answer the questions that follow.

Bad Segeberg

Karl May war ein berühmter Autor von Abenteuerromanen. Im Zeitalter von Videospielen und Internet ist er nicht mehr so beliebt, aber lange Zeit hat fast jedes deutsche Kind Karl May gelesen und alle kennen seine Helden Winnetou und Old Shatterhand.

Karl May hat von 1842 bis 1912 gelebt. Die meisten von seinen Büchern spielen im „Wilden Westen" oder in den arabischen Ländern. Er schreibt normalerweise in der ersten Person und „ich" ist immer ein Held. Im „Wilden Westen" ist er „Old Shatterhand", denn wenn er einen Mann einmal schlägt, dann ist der Mann K.O. Sein bester Freund ist der Apatschenhäuptling Winnetou. Old Shatterhand ist Christ und Pazifist. Seine Gegner sind Mörder und Lügner, aber wie Superman und Batman tötet Old Shatterhand seine Gegner nur, wenn es absolut keine Alternative gibt. Karl Mays christliche, pazifistische Welt ist aber auch eine sadomasochistische Welt mit Marterpfählen[1] und brutalen Strafen. Wer nicht schreit, wenn man ihn foltert, ist in Karl Mays Welt ein richtiger Mann.

Karl May hat Amerika nur ein Mal besucht, beschreibt es aber in seinen Büchern sehr detailliert. Old Shatterhand findet überall Freunde, weil er perfekt Englisch und viele Indianersprachen spricht und immer viel über die lokale Kultur weiß. Karl May war ein Idealist und protestierte in seinen Büchern vehement gegen das ungerechte Schicksal der „Indianer".

Jedes Jahr gibt es in Bad Segeberg die Karl-May-Spiele. Es gibt auch viele Filme von Karl Mays Romanen. Viele kennen die Winnetou Filme mit Pierre Brice als Winnetou und deshalb war im Jahr 2001 die Parodie *Der Schuh des Manitu* der erfolgreichste deutsche Film aller Zeiten.

---

1   *stake where people are burned to death*

Stimmt das oder stimmt das nicht?

1. Karl Mays Abenteuerromane sind heute genauso populär wie früher.

2. Mays Bücher sind alle in der dritten Person geschrieben.

3. Winnetou ist Deutscher.

4. Old Shatterhand spricht Englisch.

5. Winnetou liest Superman Comic-Hefte.

6. Old Shatterhand schreit nicht, wenn man ihn foltert.

7. Karl May war oft in den USA.

8. Karl May hat gegen die Brutalität der Indianer protestiert.

9. Viele Romane über Winnetou und Old Shatterhand wurden verfilmt.

10. Karl May hat den Film *Der Schuh des Manitu* gefilmt.

G. Kinderbücher   Look online for information on one of these *Kinderbücher* (perhaps you've read it!) and write your own 3-sentence description in the box.

Harry Potter und der Stein der Weisen
Der kleine Prinz
Pippi Langstrumpf
Heidi
Die unendliche Geschichte
Pu der Bär
Das doppelte Löttchen
Oh, wie schön ist Panama

H. Nur so zum Spaß!   Your classes surely demand that you read a lot. In small groups, discuss what you read for fun – *nur so zum Spaß* – when you don't have too much homework to do. Try to include a very short description of the reading material.

Lesematerialien: Romane
Novellen
Kurzgeschichten
Erzählungen
Autobiographien
Tagebücher
Zeitungen
Zeitschriften
Online Blogs
Comics

Wenn ich wenig Hausaufgaben habe, lese ich ein Comicbuch. Mein Lieblingscomicbuch ist *X-Men*. Es gibt Superhelden in diesem Comic. Liest du auch Comicbücher?

Ja, mein Lieblingscomicbuch ist [Titel].
Nein, ich lese lieber Romane/Zeitschriften/ Online, wenn ich Zeit habe. Ich lese am liebsten einen langen Roman, so wie *Krieg und Frieden*. Der Roman ist von Leo Tolstoi. Das ist ein russischer Autor und das Buch ist sehr, sehr lang!

I. Marcel Reich-Ranicki

Marcel Reich-Ranicki was a key figure among the educated citizenry in Germany. Known as the 'literary pope' of Germany, his opinions are the stuff of endless debates, both for and against him. Read the following text about Reich-Ranicki and answer the questions that follow.

Marcel Reich-Ranicki war (und ist noch immer) der bekannteste deutsche Literaturkritiker. Er wurde 1920 in Polen geboren. 1929 kam er mit seiner Familie nach Berlin. Weil er Jude war, durfte er aber nicht studieren. Die Nationalsozialisten deportierten ihn 1938 nach Polen, aber Reich-Ranicki konnte 1943 mit seiner Frau aus dem Warschauer Ghetto fliehen.

Nach dem Zweiten Weltkrieg arbeitete er erst für den polnischen Geheimdienst[1] und auch das Außenministerium[2]. Ab 1951 war er freier Publizist. 1958 blieb er nach einer Reise ein-

fach in Deutschland, weil er in Polen nicht mehr frei arbeiten konnte. Dort begann er seine Karriere als Literaturkritiker. Er wurde dann schnell zu einer literaturkritischen Ikone – zum Literaturpapst! Seine beliebte Sendung im ZDF hieß „Das literarische Quartett" und wurde vom März 1988 bis Dezember 2001 gesendet. Diese Literatursendung war lange Jahre ein großer Hit, weil Reich-Ranicki charmant, böse, extrem kritisch und manchmal auch ein wenig cholerisch war. Seine Sammlung *Kanon lesenswerter deutschsprachiger Werke* ist mittlerweile ein Klassiker.

Reich-Ranicki starb 2013 in Frankfurt/Main.

---

1   *secret service*
2   *State Department / Foreign Ministry*

1. In welchem Land wurde Reich-Ranicki geboren?

2. Hat Reich-Ranicki in Berlin studiert?

3. War Reich-Ranicki Kommunist?

4. Durch welches Massenmedium (Bücher, Zeitung, Radio, usw.) wurde Ranicki bekannt?

5. Gibt es in deinem Land berühmte Literatur-, Film- oder Musikkritiker? Wie heißen sie?

6. *Go to YouTube or a similar video outlet and find a suitable clip of* Das literarische Quartett. *Watch it for a few minutes, and then write a two sentence description* auf Deutsch *of Reich-Ranicki based on what you saw. Note the name of the clip here as well.*

J. Buchtitel

Write the titles of four books that you have read in English and then write each one's official German-translated title (search on www.amazon.de or a similar site; don't just guess!). If a book has not been translated, why do you think that is? For those with German titles, how to they match up with the English title? Similar? Different? Why?

Buch #1

Buch #2

Buch #3

Buch #4

K. Lesegewohnheiten

Write answers to the following questions in German on a separate sheet of paper. Be ready to discuss your answers in class.

1. Liest du in deiner Freizeit lieber Bücher oder bevorzugst[1] du Zeitschriften und Zeitungen? Warum?

2. Wie wählst[2] du die Bücher aus, die du lesen möchtest? (z.B. Empfehlungen von Freunden, Buchlänge, Design, Oprahs Liste, die NYT-Bestsellerliste)

3. Welche Buchgattung liest du am liebsten? Warum?

4. Liest du manchmal ein Buch nicht zu Ende? Warum? (z.B. aus Zeitgründen, aus Langeweile, aus Desinteresse)

5. Nenne drei Bücher, die du schon mehr als ein Mal gelesen hast!

6. Kannst du besser vor dem Fernseher relaxen oder beim Lesen? Warum?

7. „Die Konkurrenz schläft nicht!" und die Konkurrenz für den Büchermarkt wächst durch das Internet, Filme, Satellitenfernsehen und „Google books". Haben Bücher heutzutage noch eine Überlebenschance?

8. Kennst du ein Buch, das ein interessantes Bild von deiner Heimat bzw. von deinem Land gibt? Wie heißt es? Was passiert in diesem Buch?

1 bevorzugen – *to prefer*
2 wählen – *to choose*

10.3 Filme

A. Gattungen — Like with books and television shows, there are many genres of film. Check your five favorites below.

- [ ] der Abenteuerfilm
- [ ] der Actionfilm
- [ ] der Arthouse-Film
- [ ] der Dokumentarfilm
- [ ] das Drama

- [ ] der Erotikfilm
- [ ] der Familienfilm
- [ ] der Fantasyfilm
- [ ] die Komödie
- [ ] der Horrorfilm

- [ ] der Kriegsfilm
- [ ] der Krimi
- [ ] die Liebeskomödie
- [ ] der Martial-Arts-Film
- [ ] der Musikfilm

- [ ] der Liebesfilm
- [ ] der Science-Fiction-Film
- [ ] der Sportfilm
- [ ] der Thriller
- [ ] der Western

B. Über Filme — Interview a partner with the questions below. Use the list of film types in 10.3A when needed.

Wie viele Filme siehst du im Monat?
Was war der letzte Film, den du gesehen hast?
Welche Filmgattungen siehst du besonders gern?
Nenne einen guten Familienfilm.
Wie findest du [Film]?

Ich finde diesen Film super/toll/
gut/schlecht/bescheuert/blöd.

C. Deutsche Filme — Below are some well-regarded German films of the last 20 years. Choose two of them to investigate and describe them briefly in German (50 words each). Remember this is not a "cut & paste" task – the goal is for you to use your best German to summarize them. This means leaving out non-essential descriptions, and the results should be simple and straightforward.

Auf der anderen Seite

Der Baader Meinhof Komplex

Das weiße Band: Ein Kindergeschichte

Die fetten Jahre sind vorbei

Gegen die Wand

Good Bye, Lenin!

Das Leben der Anderen

Lola rennt

Der Untergang

Das Wunder von Bern

Use multiple internet sources – these are two good ones:

www.ofdb.de – German movie database
www.amazon.de – Summary and review

Kunsthaus Graz, AT

D. Zwanzig Fragen

Write down three movies that are fairly well known. Then play *20 Fragen* in groups of three or four. One of the group members starts with her movie in mind and the others ask *ja-nein* questions until they figure out what movie she is thinking of.

> Ist das ein Krimi?
> Spielt George Clooney in diesem Film?
> Ist der Film älter als 5 Jahre?
> Läuft der Film noch?

E. Yvonnes Lieblingsfilm

Yvonne (Hildesheim, DE) describes her favorite movie. Read her description and answer the questions that follow, including one where you'll match the glossed words to their definitions.

Mein Lieblingsfilm ist *Vier Hochzeiten*[1] *und ein Todesfall*. Mir gefällt dieser Film eigentlich, obwohl gar nicht viel in diesem Film passiert. Es geht um Freundschaft und Liebe und zwischenmenschliche Beziehungen[2] und es ist sehr humorvoll dargestellt[3], driftet aber nie ins Niveaulose oder einfach Überzogene[4] ab, sondern bleibt immer auf einer unterhaltsamen[5], aber sehr tiefen[6] Ebene[7]. Es macht mir Spaß, diesen Film zu gucken. Zu lachen und zu weinen gleichzeitig[8]. Und ich weine immer noch bei der Szene, wo der eine die Beerdigungsrede[9] über seinen besten Freund hält. Da kommen mir auch beim vierten Sehen dieses Films immer noch die Tränen[10].

1. Wie heißt dieser Film auf Englisch?

2. Was sind die Themen dieses Films?

3. Warum findet Yvonne diesen Film gut?

4. *Fill in the glosses for Yvonne's text that you've just read using the boxes on the right and matching them with the words on the left. Check them with a dictionary only after you've made all your guesses.*

simultaneously
deep
eulogy
weddings
overdone
entertaining
tears
level
portrayed
interpersonal relationships

1 _____ 6 _____

2 _____ 7 _____

3 _____ 8 _____

4 _____ 9 _____

5 _____ 10 _____

F. Warum ist ein Film gut? Choose a film you particularly like and give it a rating from 1-5 (with 5 the best) for each of the five elements below. Then describe *auf Deutsch* what you particularly like about the film.

Film:

Rating

Regisseur

Story

Spezialeffekte

Soundtrack

Schauspieler

G. Synchronisation Read about the dubbing of foreign films into German and answer the questions that follow.

Wenn man in den USA einen Film aus dem Ausland sieht, dann muss man sehr wahrscheinlich englische Untertitel lesen. In den deutschsprachigen Ländern werden ausländische Filme synchronisiert. Das heißt, dass die Schauspieler deutsche Sprecher bekommen, die die Wörter neu sprechen. Der Vorteil für die Deutschen ist, dass sie keine Untertitel lesen müssen. Der Nachteil ist allerdings, dass deutschsprachige Kinobesucher die Originalstimmen der ausländischen Schauspieler nicht kennen. Außerdem bekommen die Deutschen somit weniger Gelegenheiten, Englisch oder andere Sprachen zu hören oder Deutsch lesen zu müssen, wenn sie einen Film sehen. In den Niederlanden und Finnland gibt es beispielsweise kaum synchronisierte Filme. Das ist auch ein Grund dafür, warum holländische und finnische Kinder im Durchschnitt besser lesen können als deutsche Kinder und auch Englisch besser verstehen und sprechen. Lesen bildet also, so oder so!

1. Findest du Untertitel für ausländische Filme besser als Synchronisation?

2. Haben Filme in den Niederlanden Untertitel oder werden sie synchronisiert?

3. Welche Nachteile nennt der Text in Hinsicht auf die Synchronisation ausländischer Filme?

4. Welche Vorteile gibt es, wenn Kinder und auch Erwachsene Untertitel lesen müssen?

H. Buchverfilmungen   Alix and Nina describe situations where films were made from books. Read their comments and answer the questions that follow.

Alix (Hildesheim, DE): Ich habe mir neulich „The Great Gatsby" angeguckt. Er hat mir sehr gut gefallen. Ich habe ihn mit meinen beiden jüngeren Schwestern angeguckt; die fanden es zu lang. Sie haben den Film teilweise nicht verstanden, weil sie davor das Buch nicht gelesen haben. Ich glaube, man kann den Film verstehen und toll finden, ohne das Buch gelesen zu haben. Es macht schon Sinn, wenn man weiß, wie Dinge im Buch beschrieben werden, wie sie dann im Film umgesetzt wurden, sehr opulent und um die Musik wurde viel Wirbel[1] gemacht.

1   *hype*

Nina (Wolfenbüttel, DE): Ja, die „Harry Potter" Filme finde ich eigentlich ganz gut, vor allem wenn man sich das anders vorstellen kann. Als ich die Bücher gelesen habe, habe ich mir vieles anders vorgestellt, als es dann in den Filmen kam. Aber ich finde es interessant zu sehen, wie das andere interpretieren. Und von daher mag ich die Filme auch sehr gerne, weil sie ja auch sehr spannend sind und die haben ja schon viel gemacht, damit es gut aussieht.

For each statement below, mark it as richtig *(r) or* falsch *(f). Then write the number of each one next to the place where you find the information in the interviews above.*

1. Die Schwestern von Alix fanden den Film toll.

2. Alix hat der Film „The Great Gatsby" gut gefallen.

3. Alix meint, man muss das Buch zuerst gelesen haben, um den Film zu verstehen.

4. Alix glaubt, der Film repräsentiert das Buch sehr gut.

5. Nina glaubt, die „Harry Potter" Filme sind nicht wie die Bücher.

6. Nina hat die Bücher lieber als die Filme.

7. Die Filme haben die „Harry Potter" Bücher anders interpretiert als Nina.

Hast du ein Buch gelesen und auch die Verfilmung gesehen? Welches war besser?

I. Möchtest du das sehen?   Take turns asking whether your partner wants to see a film (that you name). Answer by saying either that you have seen it, or that you do or don't want to see it because it's supposed to be good/bad/boring, etc.

Möchtest du „Crouching Tiger II" sehen?
Ja, er soll ganz gut sein.

Möchtest du „The Avengers" sehen?
Nein, ich habe ihn schon gesehen.

J. MPAA vs. FSK

Read the description of the German film rating organization and compare it to the Motion Picture Association of America (MPAA) in the United States. You can review their standards at www.mpaa.org.

FSK steht für die „Freiwillige Selbstkontrolle der Filmwirtschaft". Es ist eine unabhängige[1] Organisation, die Filme, DVDs, Werbungen usw. überprüft[2] und Entscheidungen trifft, ob der eine oder der andere Film für Jugendliche freigegeben[3] werden kann oder nicht.

1. Freigegeben ab 0: alle können diese Filme sehen, wo es keine schrecklichen Situationen gibt und Probleme schnell und positiv gelöst werden.

2. Freigegeben ab 6 Jahren: Spannung und Bedrohung[4] dürfen nicht zu lange anhalten[5] und sollen immer positiv gelöst werden.

3. Freigegeben ab 12 Jahren: viele Thriller und Science-Fiction-Filme werden freigegeben, aber nicht Action-Filme mit Gewalt. Filme mit ernsten gesellschaftlichen[6] Themen sind OK und wichtig für die Entwicklung von Teenagers, aber keine Filme, die „antisoziale, destruktive oder gewalttätige" Helden romantisieren.

4. Freigegeben ab 16 Jahren: keine Filme mit glorifizierter Gewalt, mit Diskriminierung einzelner Gruppen, mit der falschen Darstellung des „partnerschaftlichen Rollenverhältnisses der Geschlechter[7]" und mit der Darstellung der Sexualität als „ein reines Instrumentarium der Triebbefriedigung[8]."

5. FSK ab 18: nicht freigegeben für Jugendliche unter 18 Jahren. Gilt für die Filme, wo „schwere Jugendgefährdung vorliegt[9]."

1   *independent*
2   *überprüfen – to evaluate*
3   *freigeben – to clear, permit*
4   *threat*
5   *to last*

6   *social*
7   *"Inaccurate portrayal of gender"*
8   *"a pure instrument of sexual gratification"*
9   *"serious endangerment of youth is present"*

Analysis: What similarities and differences do you find between the FSK and MPAA rating systems?

K. Ein Vergleich

Select five films that have rating from both the MPAA and the FSK, and give both ratings. Discuss in English why you think the ratings are similar or different, using the description above, and what you find from the MPAA website. End with some observations on cultural differences between the United States and Germany as expressed in the rating systems they use.

Some ideas:

Schindlers Liste
Lola rennt
Good Bye, Lenin!
Der Soldat James Ryan *(Saving Private Ryan)*
Die Unglaublichen *(The Incredibles)*

Recommended sources:

www.mpaa.org
www.fsk.de (Freigaben Online to get ratings)
www.amazon.com
www.amazon.de (Amazon in Germany)

L. Ins Kino oder auf die Couch?

When we miss a film in the movie theaters, we can often go online or log into our Netflix account to see the latest release just a few weeks after it's been in theaters. In small groups, discuss what you like about going to the movies and what advantages you see in watching a film at home. Check out these ideas to get you started!

	im Kino	**auf der Couch**
Vorteile	Freunde treffen	alleine
	Popcorn essen	Pinkelpausen[1]
	große Leinwand[2]	billigere Getränke
	toller Sound	man kann laut sein
Nachteile	andere Leute	alter Film
	klingende Handys	kleiner Bildschirm
	teuer	kein gutes Popcorn
	Parkplatzsuche	keine anderen Kinogänger

1 *bathroom/washroom breaks*
2 *(movie) screen*

M. Ein guter Film

Now write about one of your favorite films. Follow these steps:

1. *Choose a favorite film to write about in German and write a fast draft of your ideas in English. Organize your ideas and hit your key points. Who are the main actors and director? What do you like about this film?.*

2. *Go look for some good models of short reviews – start at* www.ofdb.de *or* www.amazon.de.

3. *Tear up or delete your English draft and now write a draft in German, using models from the* Auf geht's! *text or the ones you found in 2) above. Don't refer to anything in English – stick to German.*

Diesen Film müssen Sie unbedingt sehen! Der Star des Films ist [Name]. Wenn Sie [Filmtitel] gemocht haben, dann werden Sie auch [Filmtitel] mögen. Hier ist eine kurze Zusammenfassung der Handlung: Am Anfang des Films gibt es…

10.4 Feiertage

Culture: Holidays
Vocabulary: Christmas, Easter & New Year
Grammar: Future with *werden*

A. Feiertage   For each word or description below, write in a holiday you associate with it.

Hase und Eier

Feuerwerk

Kerzen und Kranz

Frühling

Winter

Silvester

Schuhe

Schulferien

schulfreie Montage

Geschenke /
die Bescherung

Ostern   Pfingsten
Neujahr   Weihnachten
St. Nikolaustag

B. Daten   Match the holidays from the list below to the dates indicated and answer the questions that follow.

| Heiligabend | Tag der deutschen Einheit | den 2. Weihnachtstag |
| den 1. Weihnachtstag | Silvester | den Tag der Arbeit |

Am dritten Oktober feiert man

Am ersten Mai feiert man

Am vierundzwanzigsten Dezember feiert man

Am fünfundzwanzigsten Dezember feiert man

Am sechsundzwanzigsten Dezember feiert man

Am einunddreißigsten Dezember feiert man

Wann ist das?

Wann hast du Geburtstag?

Wann feiert man in den USA den Unabhängigkeitstag?

Wann feiert man in den USA den Tag der Arbeit?

C. Mein Lieblingsfest

In small groups, talk about what you associate with *Weihnachten*, whether you celebrate it or not, and if so, how. Feel free to talk about another holiday that you celebrate, if you prefer.

Weihnachten ist für mich das schönste/beste/langweiligste/schrecklichste Fest.

Ich feiere Weihnachten/Chanukka im Kreise der Familie/der besten Freunde/gar nicht.

Für mich ist Weihnachten [adjektiv].

Weihnachten ist wichtig, aber ich feiere lieber Ramadan/Kwanzaa/Ostern/Silvester/Mardi Gras/meinen Geburtstag.

Was machst du an Weihnachten? Gibt es Geschenke? Was isst und trinkst du?

Innsbruck, AT

D. Dein Geburtstag

Answer the following questions in complete sentences about your most recent birthday.

1. Hast du eine große oder eine kleine Geburtstagsfeier gefeiert? Oder gar keine?

2. Wen hast du eingeladen?

3. Was hast du gemacht?

4. Was hast du gegessen?

5. Was hast du getrunken?

6. Welche Geschenke hast du bekommen?

7. Was war an deinem Geburtstag schön?

8. Wo möchtest du nächstes Jahr deinen Geburtstag feiern?

E. Austausch

Get into pairs and use the questions in 10.4D to find out about your partner's most recent birthday. Then, ask if that is how your partner usually celebrates birthdays.

Hast du immer eine große Geburtstagsfeier?
Nein, oft habe ich eine kleine Feier.
Lädst du immer deine ganze Familie ein?
Ja natürlich!

F. Reinfeiern   Birthdays are important in Germany, particularly the idea of *reinfeiern*. Read about this German practice and discuss the questions with a partner.

Baumkuchen
~ mit Zartbitterschokolade ~
Die Spezialität unserer Konditorei

ca. 280 g   € 10,00
ca. 440 g   € 15,50   (100 g = 3.57 €)
ca. 600 g   € 20,50   (100 g = 3.52 €)
ca. 900 g   € 29,70   (100 g = 3.42 €)

Konditorei und Café seit 1876

In Deutschland feiert man seinen Geburtstag oft im großen Stil mit Kaffee und Kuchen mit der Familie, am späten Morgen vielleicht schon ein Glas Sekt und natürlich das Auspacken der Geschenke von Familie, Freunden und Verwandten. Doch oft beginnt die Geburtstagsfeier schon am Abend zuvor und das heißt „in den Geburtstag reinfeiern". Man lädt seine Freunde zu einer Party ein und beginnt gegen 20 Uhr und feiert bis nach Mitternacht. Auf gar keinen Fall sollte man als Gast früher gehen, denn man muss dem „Geburtstagskind" viel Glück zum Geburtstag wünschen. Viele Deutsche glauben, dass es Unglück bringt, wenn man jemandem vor dem Geburtstag gratuliert. Also auf gar keinen Fall diesen Fehler begehen!

1. Welche deutschen Geburtstagstraditionen werden in diesem Text erwähnt?

2. Was soll man als Gast auf gar keinen Fall machen?

3. Wie nennt man die Person, die Geburtstag hat?

G. Der nächste Geburtstag

With a partner, talk about your next birthday and what you are planning on doing, using the future tense with *werden*. When your partner runs out of things to say, ask probing questions. Feel free to use the prompts provided.

Kaffee und Kuchen
Geschenke bekommen
Freunde einladen
eine Geburtstagstorte haben
ins Restaurant gehen
groß kochen
einen Film sehen
in die Kneipe gehen

Beim nächsten Geburtstag werde ich keinen Kaffee trinken. Ich werde viele Freunde einladen. Wir werden einen Film sehen.

Wirst du deine Eltern einladen?
Ja, natürlich werde ich meine Eltern einladen.

Weihnachtsmarkt, Ulm

H. Wem schenkst du das? To whom would you give these presents? Don't use names; practice possessives and new word endings.

deiner besten Freundin   deinem besten Freund
deinem Professor   deiner Professorin
deinem Bruder   deiner Schwester

Wem?

ein Videospiel

alte Socken

eine hässliche Krawatte

ein Buch

eine Uhr

eine Flasche Wein

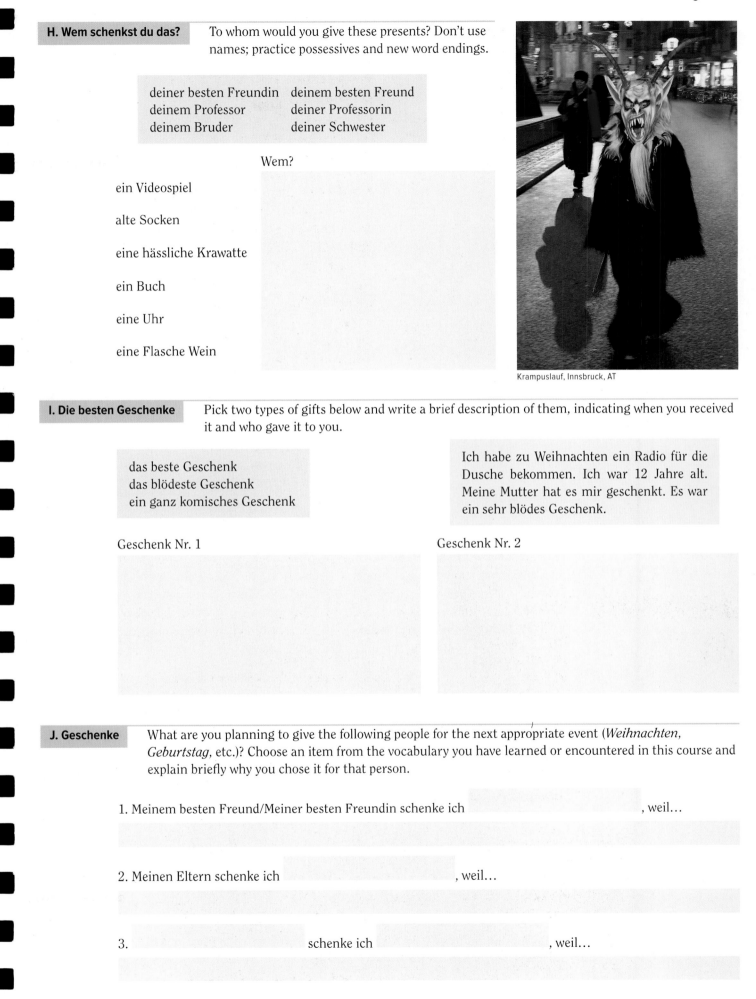

Krampuslauf, Innsbruck, AT

I. Die besten Geschenke Pick two types of gifts below and write a brief description of them, indicating when you received it and who gave it to you.

das beste Geschenk
das blödeste Geschenk
ein ganz komisches Geschenk

Ich habe zu Weihnachten ein Radio für die Dusche bekommen. Ich war 12 Jahre alt. Meine Mutter hat es mir geschenkt. Es war ein sehr blödes Geschenk.

Geschenk Nr. 1

Geschenk Nr. 2

J. Geschenke What are you planning to give the following people for the next appropriate event (*Weihnachten*, *Geburtstag*, etc.)? Choose an item from the vocabulary you have learned or encountered in this course and explain briefly why you chose it for that person.

1. Meinem besten Freund/Meiner besten Freundin schenke ich _____ , weil…

2. Meinen Eltern schenke ich _____ , weil…

3. _____ schenke ich _____ , weil…

255

K. Feiertage   Write which holidays you associate with the following actions. Be prepared to explain why.

1. eine lange Autoreise

2. heißes Wetter

3. ganz laute Musik

4. müde sein

5. blöde Geschenke bekommen

6. Zeit mit Familie verbringen

7. extrem gelangweilt sein

8. mit vielen Menschen sein

Göttingen

L. Und du?   Find a partner and share three of your most interesting associations from the list in 10.4K.

M. Familie Kellner   Read how the Kellner family celebrates Christmas and retell it in your own words in three simple German sentences. Use vocabulary from the text as needed but don't borrow any structures; restate it in your own straightforward German.

Familie Kellner (Baden-Baden, DE): Also, Weihnachten sind wir immer alle zu Hause. Meine Schwester kommt auch immer nach Hause und ich fahre immer nach Hause. Dann tagsüber[1] wird vielleicht noch der Weihnachtsbaum dekoriert, die letzten Geschenke eingepackt. Dann nachmittags gehen wir in die Kirche, so meistens von fünf bis um sieben. Und dann fahren wir nach Hause. Dann schon wieder langsam zu Abend essen. Danach gibt's die Geschenke und schöne Familienfotos werden noch gemacht. Und dann setzen wir uns eigentlich nur noch so auf die Couchsessel und lassen Weihnachtsmusik spielen und essen Weihnachtsbrötchen und trinken ein Glas Wein dazu.

Weihnachtsbrötchen sind ganz spezielle Brötchen, also Kekse, die man eigentlich nur zu Weihnachten bäckt. Es sind auch oft die speziellen Weihnachtsgewürze[2] drin, wie Koriander und Zimt[3].

1   *during the day*

2   *Christmas spices*
3   *cinnamon*

N. Weihnachtsfragen   Give your opinion by checking the boxes and completing the sentences below.

Ja   Nein

☐ ☐   Weihnachten will ich im Kreis der Familie verbringen.

☐ ☐   Man soll an Gott glauben, wenn man Weihnachten feiert.

☐ ☐   An Weihnachten geht es hauptsächlich um Geschenke.

☐ ☐   Weihnachten ist eine ruhige Zeit.

☐ ☐   Weihnachten ist eine stressige Zeit.

☐ ☐   An Weihnachten gibt es zu viele Geschenke.

☐ ☐   Weihnachten ist der schönste Feiertag des Jahres.

☐ ☐   Zu Weihnachten gehört immer Fernsehen.

Zu Weihnachten essen viele Leute immer…

Nach Weihnachten sind viele Leute…

Weihnachten ist…

O. Familie Deiß   Compare how you celebrate either Christmas or another similar holiday with the description of the Deiß family below.

Familie Deiß (Frankfurt, DE): Weihnachten ist bei uns in dieser Familie noch sehr, sehr traditionell. Es gibt sehr, sehr viele Geschenke, viel zu viele Geschenke meiner Meinung nach. Sie werden alle eingepackt in Geschenkpapier. Sie werden alle unter den Baum gestellt und sie haben alle ein Schildchen[1], wem das Geschenk gehört. Es gibt bei uns immer echte Kerzen am Weihnachtsbaum. Richtig echte Kerzen. Die gibt es kaum mehr. Die meisten Leute haben elektrische Lichter an ihrem Baum, die angeknipst und ausgeknipst werden können. Aber ich mag auch den Geruch[2] von den Tannennadeln, von dem echten Baum mit den Kerzen. Man muss halt einen Eimer[3] Wasser unter dem Baum haben.

Und zuerst wird mit Sekt angestoßen und dann packen alle ihre Geschenke aus und dann wird zu

Abend gegessen, meistens Fisch. Das ist auch Tradition, weil man im Laufe des Abends noch so viele Plätzchen und Süßigkeiten isst, dass man als Abendessen was Leichtes hat und keinen großen Braten. Und die zwei Weihnachtstage später, dann trifft man sich viel mit Freunden und Familie und isst große Essen und redet und tauscht Geschenke aus und zeigt sich gegenseitig[4] Geschenke. Das sind dann die zwei ruhigeren Tage. Heiligabend ist immer sehr aufregend und hektisch eigentlich.

1   *small sign*
2   *aroma*
3   *pail*

4   zeigt sich gegenseitig – *show each other*

P. Wie bei uns gefeiert wird   Write an essay of about 150 words describing how you and/or your family celebrates a major holiday such as *Weihnachten, Chanukka, Ramadan, Kwanzaa,* Chinese New Year or the like. Feel free to borrow structures and vocabulary from the previous section as much as possible, modifying the language to suit your needs.

11.1 Ferien

Culture: *Ferien*
Vocabulary: Travel and trip terms
Grammar: *Als* for past events

A. Nach oder zu?   For each destination, write a German phrase to indicate going there. Use either *nach, in,* or *zu* and the appropriate article (one is provided).

Kino	Berge
San Francisco	Park
Apotheke	Berlin
Supermarkt	die Alpen
Campingplatz	Bibliothek
McDonald's	Chile

Highway 1, California

Use *zu* for places:
    zu der = zur
    zu dem = zum
Use *nach* for cities & countries.
Use *in* for businesses and set phrases.
    in das = ins

Bonus Frage: nach oder zu?

Alle Wege führen   Rom.

B. Assoziationen   Which associations do you have with *Ferien*? Pick the 5 top associations and rank them 1-5 with 1 being the strongest association. You may add two of your own associations as well.

✓ Familie	langweilig	ausschlafen	✓ Hobbys
jobben	Fernsehen	✓ Freunde	
✓ Großeltern	Sport	Strand	
Ferienlager	Camping	Natur	
spannend	Urlaub	✓ Ausland	

C. Sommerferien   Prepare a one-minute presentation about your typical summer vacation.

> Als ich klein war, bin ich oft ins Ferienlager gefahren. Jetzt aber assoziiere ich Sommerferien mit Jobben. Ich habe letzten Sommer in einem Restaurant und bei 7-11 gejobbt. Normalerweise mache ich mit meiner Familie Urlaub, meistens in Oregon. Im Sommer habe ich auch mehr Zeit für Hobbys, vor allem Gitarre spielen.

D. Bericht   Present your reports from 11.1C in small groups. Then answer these questions.

     1. Was verbindet fast jeder mit Sommerferien?

     2. Wer hat die besten Sommerferien? Warum?

     3. Wer hat die langweiligsten Sommerferien? Warum?

E. Ferien   Barbara and Lexi describe how they spent their school vacations when they were younger. Read their comments and answer the questions that follow.

Fritzlar

Barbara (Köln, DE): In den Ferien mussten wir immer zu den Großeltern fahren. Immer. Auch zu Weihnachten und Ostern. Aber für mich war es eine Freude. Meine Geschwister wollten nie, die wurden krank, wenn sie dahin mussten, aber ich war da sehr gern. Meine Geschwister sind nicht so lange geblieben, da war ich dann alleine bei den Großeltern. Und das war sehr schön für mich. Und ich glaube, sie haben dann zu viert, also meine Eltern und meine Schwester und mein Bruder auch kleine Familie gemacht zu Hause. Sie fanden das auch ganz gut.

Es gab für unsere Familie keinen gemeinsamen Urlaub. Ich weiß nicht warum. Meine Eltern haben keinen Urlaub gemacht. Ich weiß nicht, ob sie immer gearbeitet haben. Wir haben in Bayern gewohnt, in einer sehr schönen Gegend, wo andere Urlaub machen. Das ist vielleicht auch ein Grund, warum wir niemals zusammen Urlaub gemacht haben.

Lexi (Frankfurt, DE): Die letzten Jahre waren wir hauptsächlich in Frankreich, weil wir festgestellt haben, dass es in Frankreich unheimlich viel zu sehen gibt. Aber vorher waren wir in Italien, und auch mehrere Jahre hintereinander in Kroatien. Weil es einfach ein unheimlich schönes Land ist, um durchzufahren, und es gab die schönen Inseln, die kroatischen Inseln. Wir haben jeden Sommer eine neue Insel besucht für den Strandurlaub. Und sind ansonsten durch das Land gefahren. Ich glaube, es war hauptsächlich Kroatien, Italien und Frankreich. Einmal waren wir in Spanien. Also, europäische Mittelmeerländer.

1. *Mark the associations that Barbara and Lexi have with their vacation memories.*

	Barbara	Lexi
ins Ausland reisen	☐	☐
zu Verwandten fahren	☐	☐
alleine reisen	☐	☐
mit den Eltern reisen	☐	☐
Strandurlaub machen	☐	☐
die Landschaft sehen	☐	☐

2. *Did you ever stay somewhere without the rest of your family, like Barbara? Where and with whom?*

3. *Were your vacations more like Barbara's or Lexi's? Give at least one reason for your choice* auf Deutsch.

F. Ehrenamtliche Arbeit   Answer these questions about your volunteer experiences.

1. Welche ehrenamtliche Arbeit hast du schon gemacht?

2. Bei welchen Organisationen hast du oder haben deine Familie oder Freunde ehrenamtlich gearbeitet?

3. Was waren die Vor- und Nachteile?

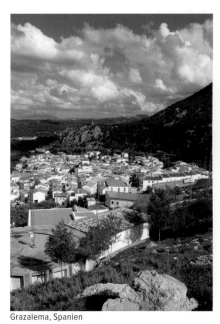

Grazalema, Spanien

G. Helfen macht Freu(n)de   You want to volunteer this summer and have the following three choices. Select the group you would most like to work with and give three reasons *auf Deutsch* for choosing that group.

Das Rote Kreuz: 1863 gründet Henri Dunant das Rote Kreuz in Genf. Das Rote Kreuz ist eine sehr große Hilfsorganisation: allein in Deutschland gibt es 3,5 Millionen Mitglieder. Das Rote Kreuz rettet Menschen, hilft bei Katastrophen, sorgt für Kranken und Schwache und sucht nach Vermissten.

Der WWF: Der WWF (World Wildlife Fund) ist eine der größten unabhängigen Naturschutzorganisationen der Welt. Sie konzentriert ihre Arbeit auf drei Großlebensräume: Meere & Küsten, Binnenland-Feuchtgebiete[1] und Wälder. Der WWF wurde 1961 in der Schweiz gegründet und hat ein globales Netzwerk von 31 nationalen Organisationen. Der WWF schützt die Natur nach dem Prinzip: „Naturschutz für und mit Menschen".

Habitat: Mehr als 2 Milliarden Menschen in der Welt leben in Slums und Baracken ohne fließendes Wasser. Schmutziges Wasser und ein Minimum an Hygiene bedeuten: Krankheiten und Viren töten zu viele junge und alte Menschen. Habitat for Humanity versucht diesen armen Menschen aktiv zu helfen. Diese Organization arbeitet in über 70 Ländern der Welt mit Freiwilligen[2], Unternehmen, Schulen, Universitäten, Kirchen, Gemeinden und einzelnen Personen zusammen, die helfen können und wollen. Das Motto von Habitat for Humanity Deutschland ist: „Zuhause für Familien."

2   *volunteers*

1   *'moist areas' (i.e., wetlands)*

Meine Organisation: Zuhause für Familien

Warum?

H. Praktika Internships play an ever increasing role in post-secondary education. Answer the questions below about this internship position advertisement.

Praktikant/in Marketing, Novartis Consumer Health GmbH, München

Ihr Studienschwerpunkt: Betriebswirtschaftslehre

Ihre Kenntnisse:
– Bereits erste Praktikaerfahrung in Marketing
– Sehr gute Englisch- und MS-Office-Kenntnisse
– Kommunikationsstärke, Teamfähigkeit, Kreativität, Eigeninitiative sowie eine analytische Denkweise

Ihre Aufgaben:
Sie unterstützen das Brand Management für z.B. Voltaren, Lamisil oder Nicotinell im Tagesgeschäft. Bei aktuellen Projekten arbeiten Sie bei der Neuproduktentwicklung und -einführung sowie bei der Entwicklung und Kontrolle von Werbekampagnen (TV/Print) mit. Auch die Erstellung von Präsentationen für interne sowie externe Meetings und unseren Außendienst gehört zu Ihren Aufgaben.

Vergütung: €567, -

Dauer des Praktikums: ab sofort: 6 Monate

1. Welche Qualifikationen hast du für dieses Praktikum?

2. Ist dieses Praktikum für dich interessant? Warum / warum nicht?

3. Was denkst du: Warum gibt es so viel Englisch in diesem Text?

Rate your qualifications for the following abilities (1 = your best, 2 = second best, etc.):

Kommunikationsstärke

Teamfähigkeit

Kreativität

Eigeninitiative

analytische Denkweise

I. Mein ideales Praktikum Write a short essay on your ideal *Praktikum* that you would like to do while in school. Describe where you would spend it and what you would do. Use the present tense.

Ich finde Politik sehr interessant! Mein ideales Praktikum ist im amerikanischen Senat in Washington, DC. Hier sind meine Idealvorstellungen: Ich arbeite im Sommer für einen mächtigen Senator…

11.2 Urlaub

Culture: *Urlaub*
Vocabulary: Vacation & travel language
Grammar: *Nachdem & bevor* vs. *nach & vor*

A. Wo hast du Urlaub gemacht? Fill in the blanks with a correct preposition to indicate where you were on vacation. Your choices are: *auf, in, in der, in den.*

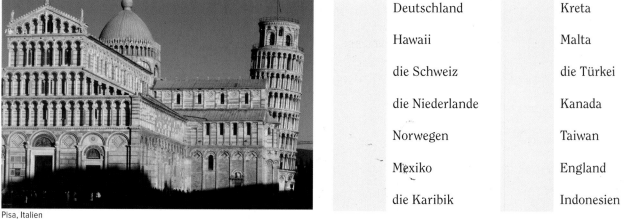

Pisa, Italien

Deutschland	Kreta
Hawaii	Malta
die Schweiz	die Türkei
die Niederlande	Kanada
Norwegen	Taiwan
Mexiko	England
die Karibik	Indonesien

B. Wichtig im Urlaub Pick the 5 most important things for you for *Urlaub* and rank them 1-5 with 1 being the most important. You may add one or two of your own elements as well.

Strand	Freunde	Weg vom Alltag	Hobbys nachgehen
Ruhe	Kultur	ausschlafen	Leute kennen lernen
relaxen	viel trinken	Party machen	neue Kulturen kennen lernen
aktiv sein	gutes Essen	Sport treiben	
Erlebnis	Bildung	gutes Wetter	

C. Warum? Write one sentence for each of your ranked items in B, explaining why you find them important.

D. Zusammenfassen In small groups, present your answers from 11.2C. Then prepare a short summary of your group's answers.

in unserer Gruppe
am wichtigsten
ziemlich wichtig
zwei von uns meinen, dass...

Chania, Griechenland

E. Was machst du im Urlaub?

Read these descriptions of a typical *Urlaub* below. In each box below, write three phrases to describe that person's vacation.

Metéora, Griechenland

Monique (Rütenbrock, DE): Also, ich war ein paar Mal in Südfrankreich. Das ist dann halt wirklich so ein Badeurlaub. Dann liegt man den ganzen Tag am Strand. Aber ich habe dann halt noch gesurft zum Teil oder Ausflüge gemacht, ein bisschen gewandert. Wenn ich einfach in Deutschland bleibe, quasi keinen richtigen Urlaub gebucht habe, dann fahre ich häufig zu meiner Tante in die Niederlande. Sie hat einen sehr schönen Garten. Mit ihr fahre ich dann viel Fahrrad oder wir nähen[1] zusammen irgendwelche Klamotten[2]. Sie kann sehr gut nähen. Oder einfach irgendwelche Kulturtrips nach Amsterdam oder alles mögliche. Also, wenn ich schon ins Ausland fahre, dann will ich auch was sehen. Es sei denn nach Südfrankreich, da liegt man nur am Strand.

---
1   *to sew*
2   *clothes*

> southern France
> netherlands   hiking
> garden   Amsterdam
> sews the clothes
> day on the beach

Martin (Idstein, DE): Ich habe eigentlich mehr Spaß, wenn es ein bisschen so Aktivurlaub ist. Also nicht am Strand rumhängen und nur in der Sonne liegen, sondern eben segeln, tauchen oder ein bisschen die Gegend erkunden[3], die Landschaft ein bisschen fotografieren und so weiter. Und ich fahre gern ans Wasser, weil ich gern schwimme, und das finde ich einfach so ein Stück Lebensqualität, an einem See oder am Meer zu sein und sich da ein bisschen abkühlen[4] und so. Und ich bin eigentlich meistens in den Süden gefahren. Das hat sich aber wahrscheinlich so ergeben, weil meine Eltern früher auch immer Richtung Spanien gefahren sind. Wir haben dort Verwandte besucht, die ausgewandert[5] sind.

---
3   *to explore*

---
4   sich abkühlen – *to cool off*
5   auswandern – *to emigrate*

> Activities   drive to
> explore   Spain
> photographs
> swimming quality aspect

Barbara (Köln, DE): Viele Dinge sind sehr wichtig. Kontakt mit Menschen, die in anderen Situationen leben und arbeiten, sich ihr Leben anders gestalten. Das gibt es natürlich auch hier, nicht nur im Urlaub, aber im Urlaub ist es noch anders. Da bist du offener und freier, hast Zeit zu gucken. Kultur. Sowohl Reste alter Kulturen, also, was weiß ich, von den Römern oder was es da immer zu sehen gibt. Aber insbesondere auch Theater, Konzerte. Vor allen Dingen, wenn es in einer Sprache ist, die ich nicht verstehe. Ich freue mich auf Theater in Krakau, ich werde nichts verstehen, nur sehen. Das ist wunderbar. Ja, eben nicht das Alte mitzunehmen, sondern sich auf Neues einzulassen. Man hat genug Altes sowieso dabei.

> See and work with
> people, be natural
> learn culture
> Roman theater

Athen, Griechenland

263

F. Meine Reise

Which person from 11.2E would you like to vacation with the most and why? Write at least three sentences.

Martins Ideen klingen am interessantesten.

Im Urlaub möchte ich auch…

Außerdem finde ich es toll, wenn man im Urlaub…

Granada, Spanien

G. Urlaub machen   Answer these questions, writing at least two sentences or phrases for each.

1. Was gehört deiner Meinung nach zu einem perfekten Urlaub?

2. Großstadt oder einsame Insel: Wo könnte man dich finden?

3. Wo möchtest du deinen Traumurlaub verbringen?

H. Gut oder schlecht?

Sometimes we just want to be on an island to get away from all things ordinary and annoying. In small groups, decide on the most important advantages and disadvantages of being on an isolated island. Here are a few ideas; make sure to come up with some of your own as well.

Vorteile:

Man ist nur für sich selbst verantwortlich.
Man muss sich mit niemandem unterhalten.
Man ist sein eigener Herr.
Man ist allein.

Nachteile:

Man ist allein.
Man ist vielleicht einsam.
Niemand kümmert sich um einen.
Es kann sehr langweilig werden.

I. Reif für die Insel! Read what Johannes (Kassel, DE) has to say about his favorite spot in Germany. Then go online and find out about Sylt to help you answer the questions that follow.

Sylt

Es gibt viele Lieblingsorte. Ich bin sehr gerne in den Bergen, ich bin aber auch sehr gern am Meer, zum Beispiel auf der Insel Sylt, wo die großen Dünen sind auf der einen Seite, und auf der anderen Seite das Wattenmeer ist. Wo das Wasser täglich kommt und wieder abläuft; wo immer ein Wind geht; wo die Rufe der Vögel zu hören sind. Das ist ein Platz, wo ich sehr gerne bin.

1. Was sind Johannes' Lieblingsorte in Deutschland?

Insel Sylt.

2. Wo liegt die Insel Sylt? Beschreib den Standort so genau wie möglich.

Bergen, near, wattenmeer Dünen

3. Was ist der Slogan der Insel Sylt auf der offiziellen Webseite (www.sylt.de)?

sylt macht sychtig

4. Kreuz all das an, was Johannes an der Insel Sylt mag:

- [x] die Berge auf der Insel Sylt
- [ ] die unterschiedlichen Landschaften
- [ ] den Wind und das Meer
- [ ] die Seen auf der Insel
- [ ] die beruhigende Natur

5. Ist Sylt auch für dich ein interessantes Reiseziel? Warum/warum nicht?

J. Mein letzter Urlaub Write a short essay about the last vacation you truly enjoyed. Embellish if you wish, and add a photograph to the essay to make it more vivid – consider these questions to cover some details.

Wo?   Wann?

Mit wem?   Was passierte?   Mein letzter Urlaub war genial/ideal!

Was war das Besondere an diesem Urlaub?

11.3 Weltreisende

Culture: World travel
Vocabulary: Country & continent names
Grammar: Two-way prepositions review

A. Die Welt ist klein — Below are listed some popular destinations for German vacationers outside Europe. Pick the top three of most interest to you for vacation, ranking them each 1-3 (with 1 being the most interesting).

Tunesien	Kenia	Kanada	Japan
Ägypten	Indonesien	Florida	Hawaii
Thailand	Australien	die Türkei	die Dominikanische Republik
Neuseeland	Brasilien	Kuba	Indien
Mexiko	die Malediven	China	Venezuela

B. Ich möchte dorthin — For each destination you ranked above, write one sentence saying why you would like to go there.

Ich möchte nach / in die…, weil… *(verb)*.

China

C. Umfrage — In small groups, tally the most popular vacation destinations from the list in A. Prepare to present your results.

Thailand

Jede(r) in unserer Gruppe will nach…

Keiner in unserer Gruppe will nach…

Für unsere Gruppe ist das beliebteste Reiseziel aus der Liste…

Das zweitbeliebteste Reiseziel ist…

D. Radiospot

With your small group, choose one country from 11.3A and write a 30-second radio advertisement convincing listeners that your chosen country is the best place to vacation next summer. Each person in the group must do some speaking or make some appropriate sounds to enhance the ad.

E. Mensch, die Leute dort...

Think about some stereotypes you have towards countries that you have never visited. Look at the list in 11.3A again, pick two different countries, and jot down your stereotypes *auf Deutsch* about these places. Be honest but remember that we are looking at stereotypes as objects of cultural investigation and not as a means of insult.

La Paz, Mexiko

F. Wie die uns sehen

Do you ever wonder what other people might think about your country as a whole? In small groups, discuss how you think people from other nationalities see your country when they come to visit it. Take a look at this list for ideas.

Jamaika

freundliche Menschen

demokratisch

frei

kriegerisch

weltoffen

unterschiedliche Landschaften

große Städte

gutes Essen

G. Italien

Before you start reading the next text, write down five associations you have with Italy.

H. La Dolce Vita   Here is Jeannine's (Koblenz, DE) account of an Italian vacation with her boyfriend, Martin. Read her story and answer the questions that follow.

Florenz, Italien

Einmal fuhren wir mit dem Motorrad nach Italien. Eigentlich wollten wir einen Zwischenstopp mit Übernachtung einlegen, aber plötzlich gab es keine Schlafgelegenheit[1]. Die Hinfahrt hat deshalb dreizehn Stunden gedauert – autsch. Und mit der Ankunft in der Toskana fing es an zu regnen. Eigentlich hat es zwei Wochen lang geregnet. „Total untypisch," sagten uns die Einheimischen[2]. Der Campingplatz von Mailand war plötzlich unauffindbar[3]. Auf dem Zeltplatz von Florenz hat es fast unser Zelt weggeschwemmt[4]. Und auf der Straße nach Siena hat mein Freund in seinen Motorradhelm geschrien. Da sind wir nach Pisa gefahren, wo sich lauter Menschen in lustiger Pose am schiefen Turm fotografieren ließen… kurz bevor der Regen wieder anfing. In Italien soll man schön Urlaub machen können. Wir fahren aber doch lieber nach Schweden, da ist das Wetter besser.

1   *place to sleep*
2   *natives*
3   *not to be found*
4   *swept away*

1. Wie sind Jeannine und Martin nach Italien gefahren?

2. Was meinst du: War die Fahrt kurz oder eher lang?

3. Geh ins Internet und schau nach, wo in Italien die Orte liegen, die Jeannine erwähnt. Beschreib kurz, wo die sind. (Tipp: Es sind fünf.)

4. Was ist in diesem Urlaub alles schief gelaufen[5]? Kreuz alle richtigen Antworten an und korrigier die falschen Aussagen!

   5   schief laufen – *to go wrong*

   ☐ Es war die ganze Zeit wunderschönes Wetter.

   ☐ Es gab Schwierigkeiten mit den Übernachtungsmöglichkeiten.

   ☐ Es regnete fast pausenlos für vierzehn Tage.

   ☐ Der Campingplatz von Mailand war gut ausgeschildert[6].

   ☐ Jeannines Freund war frustriert.

   ☐ In Pisa gibt es nichts Besonderes zu sehen.

   ☐ Das nächste Mal fahren die beiden nach Schweden.

   6   *marked*

5. *Have you ever had a similarly messed-up vacation? Jot down notes so that you can tell your classmates about your vacation gone wrong,* auf Deutsch natürlich!

I. Was schlägst du vor?

Jeannine and her boyfriend, Martin, concluded that Sweden was better for their next trip. Now try to convince them to visit the area you grew up in by planning out a trip for them. And remember that they like motorcycles!

Kenia

Ihr sollt nach … fahren.

Das Wetter ist …

Man kann viel …

Die Leute sind …

J. Mal weg vom Alltag

Write an essay of approximately 200 words describing a country that you would like to vacation in. What would you like to see there? Where would you like to go? Why? Use related texts in the *Lernbuch* and the *Auf geht's!* Interactive to help you with phrases.

London, Vereinigtes Königreich

Ich möchte gerne nach Argentinien in den Urlaub fahren. Ich war noch nie in Südamerika. Argentinien ist interessant. Viele Einwohner kommen aus Europa und man spricht dort Spanisch, Italienisch und auch Deutsch. Das Land ist sehr groß. Es gibt Berge, Wälder, das Meer, Wüste, alles. Und es ist sehr schön.

Ich möchte nach Buenos Aires fahren. Die Stadt ist sehr schön und es gibt da viel zu tun. Aber ich möchte auch in den Bergen wandern. Im Westen gibt es die Anden. Sie sind sehr hoch und man kann da gut wandern und auch klettern.

Ich möchte im Dezember fahren. Da ist Sommer in Argentinien und in den USA ist das Winter. Im Winter möchte ich warmes Wetter haben. Für mich ist Argentinien ein Erlebnisurlaub und Aktivurlaub. Strandurlaub ist nicht so interessant für mich.

11.4 Richtung USA

Culture: Reactions to the USA
Vocabulary: Types of vacations
Grammar: Relative clauses

A. Urlaub in den USA   Choose one city or region in the USA for each type of *Urlaub* below and write two sentences on what tourists can do there.

Erlebnisurlaub — Bryce Canyon, Utah. Man kann da sehr gut wandern. Es ist sehr schön, aber es gibt viele Touristen.

Erlebnisurlaub

Badeurlaub

Bildungsurlaub

Kultururlaub

Aktivurlaub

B. Marinkos Amerikareise   Marinko (*Kroatien*) describes a trip to the USA. Read the text and answer the questions.

Das war eine schöne Zeit. Das war, denke ich mal, vor vier Jahren. Da waren wir dreieinhalb Wochen in Amerika. Wir haben uns ein Auto gemietet. Und da haben wir halt so eine Tour gemacht nach Anaheim, dann Richtung Disneyland und Zion Park, der Grand Canyon, Sedona und Phoenix, Yuma, nach San Diego und wieder zurück nach San Francisco. Das war eine sehr große Tour und ein sehr großes Erlebnis. Kalifornien hat mir sehr gefallen, also, das Land ist wunderschön. Wir waren auch da zu Besuch bei jemandem. Die Leute sind auch sehr nett, muss man auch sagen. Auf jeden Fall war das sehr schön. Mir hat's sehr gut gefallen. Allein von der Natur her gesehen. Der Grand Canyon ist mir seitdem in Erinnerung geblieben.

Queen Anne style home, Mississippi

Stimmt das oder nicht?

1. Marinko ist allein gefahren.

2. Marinko war einen Monat in den USA.

3. Marinko war in Utah.

4. Marinko findet die Amerikaner freundlich.

5. Marinko ist nach Anaheim geflogen.

6. Marinko hat den Grand Canyon leider nicht besucht.

7. Marinko hat Freunde in den USA besucht.

8. Marinko findet die Natur in den USA sehr schön.

C. Neuengland entdecken Read the following travel brochure text on New England and answer the questions that follow.

Point Judith Light, Rhode Island

Point Judith Light, Rhode Island

Wenn man hier in Deutschland an die USA denkt, fällt einem vieles ein: der Wilde Westen, Kalifornien, Disney World, New York City, der Grand Canyon oder vielleicht die Niagarafälle. Es gibt aber noch viel mehr als diese bekannten Ziele zu entdecken.

Neuengland ist der europäischste Teil der USA. Vielleicht deswegen finden viele Europäer es so schön dort. Landschaft, Klima und Vegetation Neuenglands sind fast wie in Europa. Aber Neuengland ist auch eine historische Gegend mit dem Staat Massachusetts, wo vor fast 400 Jahren die Mayflower mit den Pilgervätern an Bord landete. Auch gibt es Boston, wo die berühmte Tea Party stattfand. Neuengland wird auch als die Wiege[1] der USA bezeichnet.

Daneben ist Neuengland auch heute noch die Region der Colleges und Universitäten. Neben den beiden wohl berühmtesten Universitäten Harvard in Massachusetts und Yale in Connecticut, gibt es eine große Anzahl weiterer kleiner und großer Universitäten, die im ganzen Land bekannt sind.

Neuengland ist so groß wie Österreich und Portugal zusammen. Trotzdem ist es ganz klein im Vergleich zu dem ganzen amerikanischen Kontinent. Im Indian Summer haben die Wälder Neuenglands wunderbare Farben, aber auch zu anderen Jahreszeiten ist diese interessante Region unbedingt[2] eine Reise wert.

1 *cradle*
2 *definitely*

1. *How can you tell that this is an advertising text?*

2. *Which kind(s) of* Urlaub *seems to be emphasized here?*

3. *What things are similar between New England and Europe?*

4. *What specific sites in New England are mentioned?*

5. *What specific target group/ demographic do you think this advertisement is aimed at?*

D. Marinas Amerikareise — Read Marina's (Hildesheim, DE) description of a trip she took to the US; then answer the questions. They will later be used as a basis for discussion.

Arizona

Wir haben von Chicago sechzehn Staaten durchquert mit einem *recreation vehicle*. Also, wir haben in Chicago angefangen, dann sind wir bis nach Louisiana runtergefahren, New Orleans und dann sind wir durch Texas, New Mexico, Utah bis nach Las Vegas, dann sind wir hoch bis nach Montana gefahren und dann durch Wyoming. Dann sind wir einfach wieder zurück nach Chicago gefahren und von da wieder geflogen. Sechs Wochen waren wir da.

Ich fand die Landschaft beeindruckend[1]. Was mich, ehrlich gesagt, sehr überrascht[2] hat, waren die Leute. Ich war ganz fasziniert von der Freundlichkeit und Offenheit und Hilfsbereitschaft der Amerikaner. Ich hatte vorher ziemlich viele Vorurteile, weil ich gedacht habe, ich gehe lieber nach England eigentlich oder ich mag Engländer lieber, und ich war aber ganz begeistert von den Amerikanern, die wir da kennen gelernt haben.

1 *impressive*
2 überraschen – *to surprise*

Wir hatten ständig Pannen mit unserem Wohnwagen, zum Beispiel, und da haben wir ganz nette Leute getroffen. Wir sind dann in Werkstätte gefahren. In Deutschland muss man Tage warten, bis man überhaupt drankommt[3], und uns ist das öfter passiert, dass wir sofort drangekommen sind. Sie haben das repariert und noch nicht mal Geld dafür haben wollen, sondern sie haben gesagt, sie finden das toll, wenn junge Leute rumreisen, und dass es ihnen ein Vergnügen[4] gewesen ist, uns zu helfen. Sie waren auch sehr hilfsbereit und einfach freundlich.

Ich habe einfach jetzt ein gutes Bild von Amerikanern, was vorher nicht der Fall war. Außerdem mochte ich vorher den Akzent überhaupt nicht, die amerikanische Sprache hat mir nicht so gut gefallen, weil ich eher so dieses britische Englisch mochte. Und das ist jetzt aber auch anders. In Louisiana, zum Beispiel, finde ich es ganz toll, wie sie sprechen.

3 dran kommen – *to have your turn*
4 *pleasure*

1. Wie beschreibt Marina die Amerikaner?

2. Was hat sie überrascht?

3. Wie hat sich Marinas Meinung über Amerikaner geändert?

Chicago, IL

4. Was kannst du persönlich machen, damit ausländische Touristen ein positives Bild von Nordamerika und seinen Menschen bekommen?

E. Ein Bild sagt mehr als tausend Worte

You have surely noticed that photos take a prominent place in both your *Lernbuch* and in the Interactive. Working with a partner, venture out into town (or onto the internet if need be) and take a couple of pictures that are worth a thousand words. Then, prepare a speech in which you explain how these photos would help a German visiting your town get a better understanding of it.

Auf diesem Foto sieht man die Kirche in der Stadtmitte. Die Kirche ist berühmt, weil sie so alt ist. Neben der Kirche steht das Rathaus. Hier ist ein Bild vom Rathaus.

F. USA 101

You might have encountered Germans – or Austrians or the Swiss – in your hometown and noticed differences in cultural etiquette and behaviors. Not that anything is wrong with different approaches to greeting someone or initiating small talk, but imagine you will have to teach a course called *USA 101*.

What would you want world travelers visiting the US to know about your country so that they might not commit too many cultural faux pas? Think of all the things you know about Germans and see if you can come up with a nice (and perhaps amusing) study list for your eager visitors. Write in English unless your instructor specifies German.

Southern home, Georgia

G. Vorurteile abbauen

In your best German, write 6-8 sentences about an experience that helped you change some of your previously held notions about a particular region or group for the better. Keep it simple but clear.

Yosemite, CA

Ich habe gedacht, dass...	*I thought that...*
Ich war schon einmal in...	*Once I was in...*
Ich habe jemanden kennen gelernt, der...	*I met someone who...*
Ich habe gelernt, dass...	*I learned that...*

Ich komme aus Kalifornien. Ich habe gedacht, die Leute im Mittleren Westen sind nicht sehr intelligent. Nur die Leute an der Westküste und an der Ostküste waren modern. Und sie reden komisch da, habe ich gedacht. Aber ich war mal in Madison und habe da viele Leute kennen gelernt. Die Leute in Madison waren wirklich nett und intelligent. Sie lesen Zeitungen und Bücher. Sie studieren. Sie wissen auch viel über die Welt. Und sie sind viel netter und freundlicher als die Kalifornier. Jetzt habe ich ein positives Bild vom Mittleren Westen.

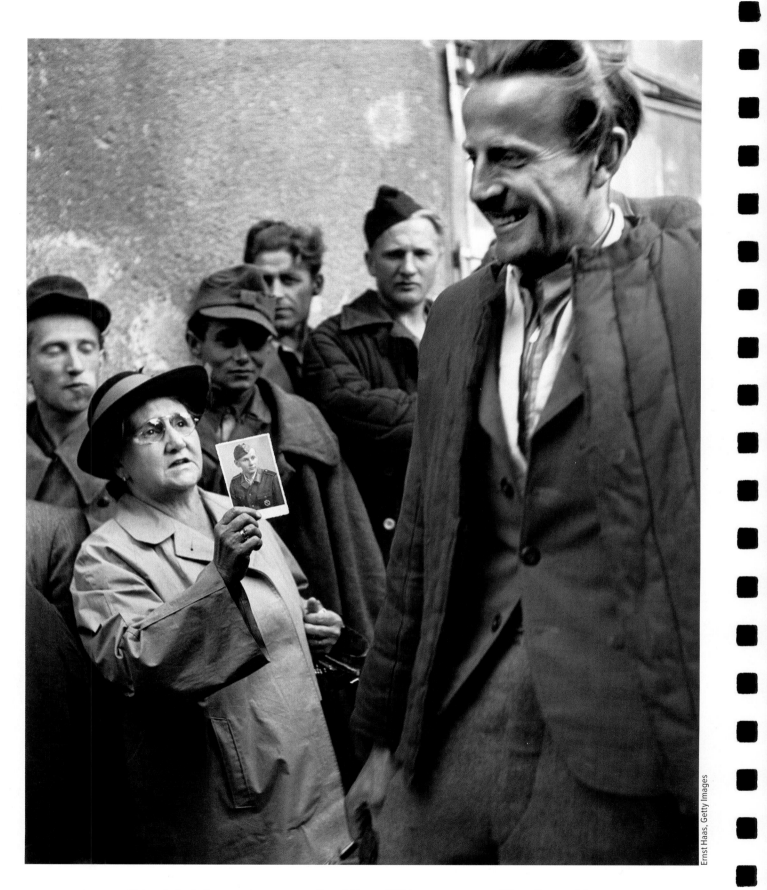

Kriegsheimkehrern   Ernst Haas, 1947   Wien, Österreich

Ernst Haas, Getty Images

Fischer beim Entladen   Eckernförde, Deutschland

Spazieren am Fluss   Passau, Deutschland

Hochzeitstradition   Trier, Deutschland

Schützenfestumzug   Göttingen, Deutschland

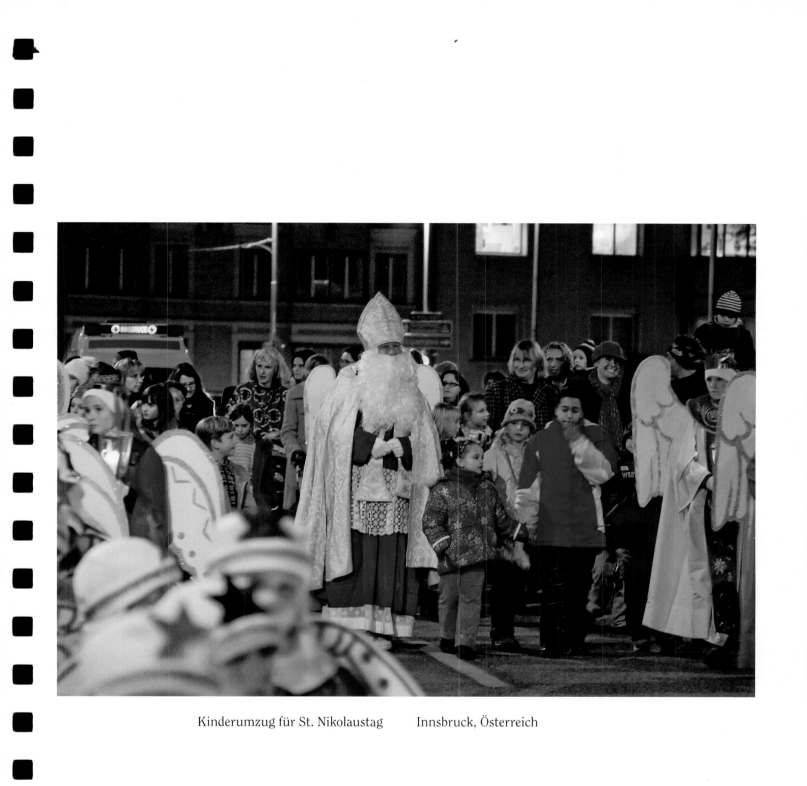

Kinderumzug für St. Nikolaustag   Innsbruck, Österreich

12.1 Krieg

Culture: Germany and WWII
Vocabulary: Descriptions of history
Grammar: Subjunctive with *würde*

A. Ein kurzes 20. Jahrhundert Take a look at the timeline of major European and international events starting with World War I and ending with the fall of the Berlin Wall. Using internet searches, *Allgemeinwissen* and your *Auf geht's!* materials, give the year that each event took place.

Ermordung[1] des österreichisch-ungarischen Thronfolgers Franz Ferdinand am 28. Juni in Sarajewo; Beginn des 1. Weltkrieges

Kriegseintritt[2] der USA am 6. April; Oktoberrevolution in Russland

Waffenstillstand[3] am 11. November um 11 Uhr; Bilanz des Krieges: 17 Millionen Tote; Deutschland unterschreibt den Versailler Vertrag

Ernennung Hitlers zum Reichskanzler am 30. Januar

Anschluss Österreichs; Anschluss des Sudetenlandes

Einmarsch deutscher Soldaten in Polen am 1. September; Beginn des 2. Weltkrieges

Angriff Deutschlands auf Russland am 22. Juni; japanischer Angriff auf Pearl Harbor am 7. Dezember

Bedingungslose[4] Kapitulation/Befreiung Deutschlands am 8. Mai; Bilanz des Krieges: 72 Millionen Tote, darunter 6 Millionen Juden

Gründung der zwei deutschen Staaten

Fall der Berliner Mauer am 9. November

[1] *assassination*
[2] Eintritt – *entry*
[3] *armistice*
[4] *unconditional*

B. Eine andere Kultur Describe in three German sentences a place you know of that is an example of a culture within another culture.

> Ich wohne in Chicago und es gibt da ein polnisches Viertel. Sehr viele Leute sprechen da Polnisch und essen polnisches Essen. Das ist wie Warschau, nur in Chicago. Und das finde ich sehr interessant!

C. Krieg im Film In small groups discuss films about WWII (or other wars, if you wish) that you have seen and comment on how "realistic" you find them to be. Here is a list of film titles and ideas to get you started.

Schindlers Liste (1993)
Der Untergang (2004)
Der Vorleser (2008)
Lore (2012)
Unbroken (2014)
Fury (2014)

Der Film [Titel] ist (un)realistisch; kitschig; zu dramatisch; zu kurz/lang.

Die Charaktere sind überzeugend[1]; übertrieben[2]; wahrheitsgetreu[3].

Die Handlung ist spannend; langweilig.

1 *convincing*
2 *exaggerated; over the top*
3 *true to life*

D. Amerika in Deutschland

Lexi (Frankfurt, DE) remembers what it was like growing up with US military bases nearby. Read her narrative below and answer the questions that follow.

Es war schon was Besonderes, wenn man so einen Stützpunkt[1] besucht. Das ist wie ein großes Gebiet, wo die Amerikaner wohnen, wo ihre Armeegebäude sind, wo auch ihre Supermärkte und ihre Restaurants sind. Und wir durften in einige dieser Restaurants gehen, nicht in alle. Und als wir siebzehn oder achtzehn waren, waren wir sehr begeistert, in mexikanische oder amerikanische Restaurants zu gehen, die wir so in der anderen Umgebung[2] nicht finden konnten. Und das war auch eine ganz große Sache, weil wir erst vorher zur Bank gehen und Dollar abheben mussten, weil man nur in Dollar bezahlen konnte. Und man ist wirklich in amerikanisches Leben eingetaucht[3]. Man fährt also in dieses Gebiet rein, durch diesen Zaun durch und befindet sich dann auf amerikanischem Gebiet und das war schon aufregend. Und dann haben wir mehrmals das mexikanische Restaurant besucht, weil wir ja auch das Essen sehr mochten. Und ja, es war sehr witzig. Es war plötzlich eine andere Kultur mitten im eigenen Land.

1 *base*
2 *surrounding area*
3 eintauchen – *to submerge*

Stimmt das oder stimmt das nicht?

1. Deutsche durften keine amerikanische Stützpunkte besuchen.

2. Es gab einen Zaun um die Stützpunkte herum.

3. Man durfte in alle amerikanischen Restaurants gehen.

4. Lexi isst gern mexikanisch.

5. Deutsche konnten in den Restaurants auch mit deutschem Geld bezahlen.

6. Es gab auch andere mexikanische Restaurants in der Umgebung.

7. Lexi ist gern in amerikanische Restaurants gegangen.

8. Lexi konnte keine Dollar bekommen.

E. Heimkehr

Look at the photo on page 274 by Ernst Haas, an key Austrian figure in photojournalism. Describe the photo (taken after the end of WWII) in several German sentences, explaining what the people in the photo are doing, what they may be thinking or feeling and what you find interesting or effective about the photo.

F. Eine Scheibe Brot   Frau Löwenstein (Wuppertal, DE) talks about her experiences at the end of WWII. Read the text and answer the questions that follow.

Als der Krieg zu Ende ging, war das sehr interessant. Die Amerikaner durchforsteten die Wälder[1], weil sich manche deutschen Soldaten darin versteckt[2] hielten, die dann weggelaufen waren. Und da kam zum Beispiel einer mal, der hatte furchtbare Angst und fragte bei uns, klingelte und fragte, ob er ein Stück Brot haben könnte. Und wir waren drei Personen, wir hatten nur zwei Stückchen Brot noch für uns selber. Und ein bisschen Mehl. Und ich sagte, wir hätten selber nichts und hatten auch Hunger. Und da sagte meine Mutter: „Wir haben zwei Stück. Da können wir eine Scheibe abgeben." Und wir drei haben uns die andere Scheibe geteilt. Und meine Mutter hat gesagt: „Wir haben noch etwas Mehl. Ich koche uns eine Mehlsuppe".

Das war aber kein sauberes Mehl, das war sogenanntes Aufkehrmehl[3]. Ein Verwandter half in einem Lager mit, wo Mehl abgeladen[4] wurde. Wenn die Säcke hingestellt wurden, da fiel Mehl durch, wenn die Säcke nicht ganz dicht[5] waren. Und dann konnten die Arbeiter sich das Mehl aufkehren und mitnehmen. Und der hat uns solches Mehl, eine Tüte voll, mitgebracht. Das war, nachdem wir dem Soldaten eine Scheibe Brot mitgegeben haben. Und ein paar Tage später haben wir eine Brotmarke[6] gefunden für ein Pfund Brot. Das sind Dinge, die man nie vergisst. Wir sind immer wieder beschenkt[7] worden, wenn wir von unserem Bisschen, was wir hatten, abgegeben hatten. So war das.

1 *to comb the woods*
2 verstecken – *to hide*
3 aufkehren – *to sweep up*
4 abladen – *to unload*
5 *sealed*

6 Marke – *(food) stamp*
7 *to give a gift*

1. Was haben die deutschen Soldaten im Wald gemacht?

2. Brot ist ein wichtiges Thema in Frau Löwensteins Erzählung. Wie war die Essenssituation für Frau Löwensteins Familie nach dem Krieg?

3. Beschreib die Idee von „Aufkehrmehl" in deinen eigenen Worten.

4. Wie wird der deutsche Soldat beschrieben, der Frau Löwensteins Familie um eine Scheibe Brot bittet?

5. Wenn man etwas Gutes tut, dann passiert einem auch etwas Gutes, sagt Frau Löwenstein. Schreib über eine gute Tat, für die du belohnt worden bist.

G. Assoziationen *Was verbindest du mit dem englischen Wort "war"?*

Nürnberg

H. Kriegszeit in Kassel Frau Kropp (Warburg, DE) remembers her experiences of wartime in Kassel. Read the paragraphs below and note in each box at least four associations Frau Kropp has with *Kriegszeit* and *nach dem Krieg*.

1942 bin ich nach Kassel gekommen und ich habe in Kassel alle Angriffe miterlebt. Und habe den Krieg Gott sei Dank ohne Hunger überlebt[1]. Und 1943 in der Bombennacht haben wir alles verloren. Wir haben die Nacht an der Fulda[2] verbracht und am nächsten Morgen kamen die Aufklärer[3] und die haben alles fotografiert,

1 überleben – *to survive*
2 *Fulda River*
3 *scouts*

Tote, Lebendige, lagen wir alle in einer Reihe. Und dann sind wir zu Verwandten gekommen, nicht weit von Kassel. Die ersten sechs Wochen konnte ich abends nicht alleine auf die Straße gehen, da kriegte ich eine Gänsehaut[4]. Weil die Flieger abends über das Dorf brummten, haben wir immer im Keller geschlafen. Es ist nichts passiert, aber wir hatten immer Angst. Ja, es war nicht so einfach.

4 *goosebumps*

Kriegszeit

Und 1945 sind wir zurück nach Kassel gekommen, da haben wir in der Schanzenstraße im letzten Haus gewohnt. Und dann kamen die Amerikaner. Dann mussten wir das Haus verlassen und haben über den Sommer in der Baracke gewohnt. Aber die Amerikaner, die haben uns auch viel gebracht. Der Kommandant

war ein Jude, der mochte die Deutschen nicht leiden, aber ein Peter, der stellte[5] uns abends heimlich[6] Büchsen[7] mit Essen und Fleisch vor die Tür und das haben wir uns dann geholt. Ganz heimlich, dass keiner es sah.

5 stellen – *to place, put out*
6 *secretly*
7 *cans*

nach dem Krieg

I. Ein Vergleich Based on your work throughout the *Auf geht's!* program, write a summary of some of the key associations that Germans have with *Krieg*. Link these associations to historical events and some of the personal stories you have read. Then compare your associations to those of the Germans. How have your experiences shaped your associations? How might some of the Germans you have heard from react to your associations?

J. Vergangenheitsbewältigung   Answer the following questions.

1. *What do you associate with* Vergangenheitsbewältigung *(overcoming the past)?*

2. *In the case of West Germany, Vergangenheitsbewältigung has been an important social and political issue since World War II.*

   Which specific things from Germany's past do you suppose are key things to be "overcome"?

K. Was ist Vergangenheitsbewältigung?   Answer the following question.

1. *Definition:*   Vergangenheitsbewältigung *is the usual German term for efforts to deal publicly with the Nazi past.* – Thomas McCarthy

2. *Definition:*   Vergangenheitsbewältigung ist eigentlich *"Guilt Management".* – Thomas Kniesche

3. *Definition:*   Vergangenheitsbewältigung ist *"The Politics of Memory".* – *unknown*

Question: When and how much do you hear about "dealing with our past" or "facing up to our national guilt and responsibilities" in the North American context? Which things from its past should North Americans deal with?

L. Ein Tag der Befreiung

On May 8, 1985, Richard von Weizsäcker, President of West Germany at the time, gave a formative speech to commemorate the end of WWII 40 years earlier. Read the following excerpt from it and answer the questions that follow.

Viele Völker gedenken[1] heute des Tages, an dem der Zweite Weltkrieg in Europa zu Ende ging [...] – der 8. Mai 1945 ist ein Datum von entscheidender[2] historischer Bedeutung in Europa. [...] Der 8. Mai war ein Tag der Befreiung. Er hat uns alle befreit von dem menschenverachtenden[3] System der nationalsozialistischen Gewaltherrschaft[4]. [...] Es geht nicht darum, Vergangenheit zu bewältigen. Das kann man gar nicht. Sie lässt sich ja nicht nachträglich[5] ändern oder ungeschehen[6] machen. Wer aber vor der Vergangenheit die Augen verschließt[7], wird blind für die Gegenwart.

1   to commemorate
2   decisive
3   verachten – to despise, hate
4   rule of violence
5   after the fact
6   something that did not happen
7   verschließen – to close

1. Geschichtlich ist der 8. Mai 1945

☐ das Ende des 2. Weltkrieges für alle Länder.

☐ der Tag der bedingungslosen[8] Kapitulation Deutschlands.

☐ ein Tag wie jeder andere.

8   unconditional

2. Richard von Weizsäcker nennt den 8. Mai 1945

☐ einen Tag, an dem Deutschland triumphierte.

☐ einen Tag der Niederlage[9] für Deutschland.

☐ einen Tag, an dem Deutschland befreit wurde.

9   defeat

3. Was brachte dieser Tag für alle Menschen?

☐ das Ende der nationalsozialistischen Tyrannei

☐ den Beginn der nationalsozialistischen Tyrannei

☐ das Ende der Befreiung

4. Was denkt von Weizsäcker über die Vergangenheit?

☐ Man kann sie bewältigen.

☐ Man kann sie verändern.

☐ Man kann von ihr lernen.

M. Bei uns

Richard von Weizsäcker's 1985 speech reinterpreted May 8, 1945 as a day of liberation rather than defeat in the German conscience, making possible, for Germans, a reconciliation with their own past. Looking at your own country, write an essay on a historical event that you believe your country should rethink as a nation.

aus der Geschichte lernen
die Vergangenheit neu interpretieren
dankbar sein
anderen Menschen vergeben[10]
seinem eigenen Land vergeben

10   to forgive, pardon

Mein Land sollte Thanksgiving/Labor Day/ den Atombombenabwurf überdenken.

Man kann viel aus der Geschichte lernen und sein Land besser verstehen.

12.2 Der Osten

Culture: *Die DDR*
Vocabulary: Terms for historical narration
Grammar: *Hätte, wäre* and subjunctive of modals

A. Die Berliner Mauer Write three things you know about the Berlin Wall.

B. Berlin in der Nachkriegszeit Complete the activities below.

1. *This text describes six important events in the history of Berlin since WWII. In the boxes next to each paragraph, write the year when the event occurred.*

1945   1948   1961   1989   1990   1991

 Die Luftbrücke[1]. Die Sowjetunion blockiert alle Straßen von Westdeutschland nach Berlin. Die USA und ihre Alliierten transportieren elf Monate lang per Flugzeug Lebensmittel und andere Sachen nach Westberlin.

 Hauptstadt. Im Kalten Krieg ist Bonn die Hauptstadt der Bundesrepublik Deutschland (BRD). Bonn liegt in der Nähe von Köln. Aber jetzt wird Berlin wieder die Hauptstadt der Bundesrepublik Deutschland.

 Aufgeteilt. Der Zweite Weltkrieg endet. Berlin und Deutschland werden in vier Zonen aufgeteilt: die britische Zone, die französische Zone, die amerikanische Zone und die sowjetische Zone.

 Der Mauerbau. Die Deutsche Demokratische Republik (DDR) baut mit Unterstützung der Sowjetunion eine Mauer um Westberlin. Für die Bürger der DDR wird es schwer oder sogar unmöglich, in den Westen zu reisen.

 Die Wende. Die Mauer fällt und die Grenzen zur DDR werden geöffnet.

 Wiedervereinigung[2]. Die BRD und die DDR werden ein Land.

> When you see a long German word, try breaking it into pieces. What do you think these mean?
>
> *Flugzeug* (flight + thing)
> *Lebensmittel* (life + means of)

---
1 *air bridge*
2 *reunification*

2. *Now go through the text again and underline or highlight every compound word like the examples to the right.*

3. *Write the German for the following terms.*

   East Germany:

   West Germany:

   Capital of West Germany before 1990:

   Cold War

286

C. Gründung der DDR

Read the following text on the founding of the DDR and its eventual downfall. Then answer the questions that follow.

Berliner Mauer Markierung

Die Deutsche Demokratische Republik wurde am 7. Oktober 1949 gegründet. Die DDR verstand sich als „sozialistischer Staat der Arbeiter und Bauern". Am 17. Juli 1953 kam es zum ersten größeren Konflikt zwischen dem Staat und seinen Bürgern, als es in Berlin einen Arbeiteraufstand[1] gab. Truppen der Sowjetunion beendeten diese Proteste gewalttätig[2], wobei Menschen starben. Mehr und mehr Menschen flohen daraufhin aus Ostdeutschland nach Westdeutschland, was „Republikflucht" hieß und illegal war. Schon seit 1952 wurde die deutsch-deutsche Grenze streng kontrolliert, nicht aber die Grenze zwischen Ost- und West-Berlin. Nachdem jedoch ca. 3,5 Millionen Menschen aus der DDR geflohen waren, reagierte die Regierung am 13. August 1961 mit einer radikalen Methode: Sie baute eine Mauer um Westberlin herum. Die Berliner Mauer war 167,8 Kilometer lang und schwer bewacht[3]. Ungefähr 200 Menschen starben an der Berliner Mauer.

Im Sommer 1989 kam es zu einer massiven Auswanderungswelle via Ungarn und Österreich nach Westdeutschland. Es folgten Proteste und Demonstrationen gegen die Regierung der DDR.

1 *worker revolt*
2 *violently*
3 bewachen – *to guard*

Die Berliner Mauer fiel letztendlich[4] am 9. November 1989. Am Ende der DDR lebten dort ca. 16 Millionen Menschen, wohingegen in Westdeutschland ca. 63,7 Millionen lebten. Am 3. Oktober 1990 folgte der offizielle Beitritt[5] der DDR zur BRD. Im Volksmund spricht man allerdings von der Wiedervereinigung Deutschlands. Am 17. Januar 1991 wurde Helmut Kohl der erste Kanzler des wiedervereinigten Deutschlands.

4 *ultimately*
5 *joining, admittance*

1. Was ist „Republikflucht" im Kontext der DDR?

2. Was erfährst du über die deutsch-deutsche Grenze?

3. Kreuz die richtigen Antworten an und verbessere die falschen Antworten.

☐ Die DDR sah sich als ein sozialer Staat.

☐ 1953 kam es zu Demonstrationen in Ostberlin.

☐ Die Berliner Mauer kostete vielen Menschen das Leben.

☐ Die Berliner Mauer fiel plötzlich und ohne Grund.

☐ Vor der Wiedervereinigung waren Ost- und Westdeutschland gleich groß.

☐ Helmut Kohl regierte nach dem Beitritt der DDR zur BRD.

D. Einkaufen   If you were to need a new car, which of the following would be problems for you? Check all that apply!

☐ Ich kenne nicht die richtigen Leute.

☐ Ich habe kein Geld.

☐ Ich habe nicht genug Zeit.

☐ Ich weiß nicht, wo man ein Auto kaufen kann.

☐ Die Autos sind immer ausverkauft.

☐ Die Auswahl ist zu klein.

E. Einkaufen in der DDR   Read the following comments by citizens of the former DDR. Summarize what they are saying briefly in the boxes and answer the questions that follow.

Christine (Duderstadt, DE): Wenn man etwas kaufen wollte, brauchte man dazu Beziehungen. Ob man eine Million DDR-Mark auf dem Konto hat oder nur hundert, das machte keinen Unterschied, weil man für das Geld nichts kaufen konnte. Man brauchte Leute, die man kennt, und man muss selbst etwas tun, etwas geben. Wenn man ein Haus baut, braucht man Freunde, sonst geht es nicht, um Material zu kriegen, um die Arbeitskräfte[1] zu kriegen. Das kann man nicht machen, wenn man stinkig ist. Dann hat man keine Freunde. Und im Westen kann man sich es eben leisten[2], wenn man Geld hat, stinkig zu sein.

1 *workers*
2 sich etw. leisten – *to be able to afford something*

Stephanie (Erfurt, DE): Wenn man eine Schlange gesehen hat, hat man sich hinten angestellt, obwohl man nicht wusste, was es gab. Weil man dachte, es gibt irgendwas, was es sonst nicht gibt. Und auch wenn ich es nicht brauche, ich kann es irgendwie tauschen. Für exotische Sachen wie Bananen und Orangen hat man eine Stunde Schlange gestanden. Und das war rationiert, was heißt: pro Familie ein Kilo Bananen. Und das gab's vielleicht zwei- bis dreimal im Jahr. Das Einkaufen war sehr billig. Es gab nicht so viel Auswahl, aber die Grundnahrungsmittel[3] gab es.

3 *food staples*

Stimmt das oder nicht?

1. In der DDR musste man viel Geld haben.

2. In der DDR durfte man stinkig sein.

3. Freundschaft war wichtiger als Geld in der DDR.

4. Einige Lebensmittel waren rationiert.

5. Man hat nicht oft Bananen bekommen.

6. Lebensmittel waren sehr teuer in der DDR.

F. Reisen Fill in the blanks and circle your appropriate answers.

Ich bin in   verschiedenen
Ländern gewesen.

Ich bin in   verschiedenen
Bundesstaaten in den USA gewesen.

Ich reise   gern / ungern.

Ich würde mehr reisen, wenn ich mehr
Geld / Zeit / Interesse   hätte.

G. Reisefreiheit in der DDR Summarize the texts below and answer the questions that follow.

Frau Köhrmann (Leipzig, DE): Also, groß reisen konnte man nicht. Nur Richtung Osten. Ich bin also in Prag gewesen. Ich bin in Polen gewesen. In Warschau auch. Aber in den Westen konnte ich nicht fahren. Mein Bruder ist 1959 weggegangen und er hatte eine Frau gehabt. Die Eltern waren damals in Westdeutschland. Und sie erwartete ein Kind und hat die Eltern besucht. Das war noch möglich. Und dann kamen sie nicht wieder und sind da geblieben.

Christine (Duderstadt, DE): Ich kann mich gut daran erinnern, bevor die Mauern gebaut worden sind. Wenn wieder die Schule anfing, am ersten September, dann fehlten wieder vier Leute aus meiner Klasse, die in den Westen rübergegangen sind. Dann wurden die Sachen, die denen gehört hatten, die Wohneinrichtung[1], alles, was sie da gelassen hatten, das wurde da versteigert[2].

Und dann auf einmal wurde diese Mauer gebaut und alle sagten dann, das ist eigentlich der antifaschistische Schutzwall und das müssen sie machen, damit hier nicht alle Leute weglaufen, die wir in der DDR ausgebildet haben. Das wurde uns alles in der Schule dann sehr plausibel erklärt, wie gut das ist und wie richtig das ist. Da kann ich mich gut daran erinnern.

1   *furniture*
2   versteigern – *to auction off*

1. *Check the boxes of the countries that you think DDR citizens could travel to:*

☐ Frankreich   ☐ Westdeutschland   ☐ Polen   ☐ die USA

☐ die Sowjetunion   ☐ Dänemark   ☐ Spanien   ☐ Vietnam

☐ Rumänien   ☐ Finnland   ☐ Bulgarien   ☐ Kanada

2. *Why do you think Christine says „bevor die Mauern gebaut worden sind"; i.e., "walls" in the plural?*

3. Was ist dir wichtiger: Reisefreiheit oder Sicherheit?

H. Grenzgänger   Barbara (Bad Waldsee, DE) talks about her family history and leaving East Germany for the west.
Read her story and answer the questions that follow.

Mein Vater wurde im Jahre 1939 als Soldat eingezogen[1], und meine Mutter hat dann unsere Firma, das war eine Spielwarenfabrik, geleitet. Ich bin also während des Krieges aufgewachsen, mit zwei älteren Brüdern. 1944 bekam meine Mutter die Nachricht, dass mein Vater in der Ukraine in der Nähe von Kiew nach einer Schlacht[2] vermisst wurde. Sie hat zehn Jahre lang darauf gewartet, dass wir Nachricht von ihm bekommen, aber wir haben keine bekommen, und so wissen wir bis heute nicht, was mit meinem Vater passiert ist.

Und 1948, als Deutschland bereits drei Jahre lang in vier Besatzungszonen geteilt war, und Thüringen in die sowjetische Besatzungszone geteilt war, hat meine Mutter ihre Fabrik verloren. Die Fabrik wurde enteignet, oder nationalisiert. Das bedeutete, dass meine Mutter als Chefin ihren Posten verloren hatte, und irgendwo als Sekretärin arbeiten musste. Das war natürlich keine gute Situation für uns, weil wir einfach auch dann kein Einkommen mehr hatten. Und seit 1948 haben wir uns dann mit dem Gedanken[3] getragen, in den Westen zu flüchten. Meine Oma wohnte im westlichen Deutschland, südlich des Thüringer Waldes und schon während der Besatzungszeit ist

meine Mutter oftmals nachts über die Grenze, und hat geschmuggelt, und hat ihre Mutter besucht. Und das habe ich auch getan. So, wir waren sehr, sehr erfahrene Grenzgänger[4].

1950 haben wir dann endlich den Entschluss[5] gefasst, wirklich den Osten zu verlassen. Und ich hatte meiner Mutter viel geholfen, nachts aus unserer Fabrik die Sachen zu stehlen[6], also von unserer eigenen Fabrik, die Sachen zu stehlen, die sie brauchte, um wieder im Westen eine Spielwarenfabrik aufzubauen. Und ich erinnere mich noch daran, einmal nachts haben wir zwei elektrische Nähmaschinen[7] gestohlen und in unserem Keller versteckt. Und im Mai 1950 bin ich dann zunächst allein über die Grenze, und dann kam meine Mutter später nach.

---

1   *drafted*
2   *battle*
3   *thought, idea*

4   *border crossers*
5   *decision*
6   *to steal*
7   *sewing machines*

1. Ist Barbaras Vater aus dem Krieg heimgekehrt?

2. Hat Barbara Geschwister?

3. Wo hat die Familie nach dem Krieg gewohnt?

4. Warum hat die Mutter ihre Stelle als Chefin der Fabrik verloren und wurde Sekretärin?

5. Warum haben die Mutter und Barbara Dinge aus der Fabrik gestohlen?

6. Was für eine Fabrik wollte die Mutter im Westen wieder aufbauen?

7. Wann ist Barbara dann in den Westen geflüchtet?

I. Meiner Meinung nach

How important are these things to you? Rate the five most important things to you from the list below, with 1 being *am wichtigsten*.

die Selbstverwirklichung

was meine Eltern sagen

Zusammenhalt mit Freunden

was ich über mich selbst denke

dass ich anderen helfe

dass andere mir helfen

allein klarzukommen

was meine Freunde über mich denken

dass ich über Studium und Beruf entscheide

soziale Sicherheit

J. Mentalität

Stephanie (Erfurt, DE) makes some observations on the difference in mentality of people who grew up in East and West Germany. Read the texts and complete the tasks that follow.

Berlin, 1986

1. Note the key differences between living in the BRD and DDR.

Vom Staat war alles vorgegeben[1]. Diese ganze Selbstverwirklichung[2] gab's nicht. Hier fällt mir immer auf, ich muss mich selber verwirklichen. Ich muss was werden. Ich muss das machen, was ich machen möchte. Dieses Denken gab's dort nicht, sondern man hat oft eine Ausbildung vom Staat bekommen. Das war nicht das, was man wollte, aber man hat etwas bekommen. Man hatte eine Sicherheit, aber man hatte nicht die Möglichkeit[3], sich zu verwirklichen.

1 *determined*
2 *self-actualization*
3 *opportunity*

DDR (Ostdeutschland)

Die Leute haben auch besser zusammengehalten[4], weil man wenig hatte. Man musste viel improvisieren und deswegen hat man zusammengehalten. Hier ist man so aufs Individuum bezogen[5]. Und dort ist man aufs Kollektiv bezogen. Und ich musste auch lernen, mit diesem Individuumsdenken klarzukommen[6]. Das musste ich auch lernen. Ich hatte mich öfter über andere definiert als über mich selber. Das ist der Hauptunterschied, glaube ich.

4 zusammenhalten – *to stick together*
5 *focused*
6 mit etwas klarkommen – *to deal with*

BRD (Westdeutschland)

2. Was meint Stephanie? Warum gibt es diese Unterschiede?

K. Im Rückblick

As you have learned, there were both advantages and disadvantages to life in the former DDR, and some of these differences still exist in modern German society.

Write an essay in German summarizing everything you have learned about the pros and cons of life in the DDR. Refer to the many texts in this *Thema,* as well as the *Auf geht's!* Interactive, both for content and ideas on how to construct your sentences effectively.

Das Leben in der DDR war weder nur schlecht noch nur gut. Es gab dort Vorteile und Nachteile. Es gab genug zu essen, aber es gab nicht sehr viele exotische Lebensmittel. Ein Problem war auch die Reisefreiheit, die im Prinzip nicht existierte.

12.3 Auslandsjahr

Culture: Americans studying in Germany
Vocabulary: Reflections on cultural differences
Grammar: Subjunctive with *wenn*

A. Ein Jahr in Deutschland

Choose your top three reasons to study in Germany, and rank them 1 to 3, with 1 as the best.

___ Deutsch besser lernen

___ selbstständig werden

___ sich verwirklichen

___ billiger studieren

___ deutsche Vorfahren

___ eine andere Kultur kennen lernen

___ gutes Bier und guten Wein trinken

___ einfach so aus Spaß

___ die eigene Kultur besser verstehen

___ ein besseres Studium haben

München

B. Warum Deutschland?

On this page and the next, three international students discuss their reasons for studying in Germany. Note key words for each in the boxes provided and answer the questions that follow.

Il Yun (Korea): Die europäische Kultur und die europäischen Wertmaßstäbe[1] haben unsere Gesellschaft in den letzten 100 Jahren stark beeinflusst, vor allem durch Japan und die USA. Aber diese Europäisierung, sogenannte Modernisierung, ist ein bisschen nicht so geeignet[2], glaube ich. Das ist so nicht unsere eigene Kultur. Wir müssen diese Situation überwinden[3]. Ich möchte noch gern tiefer die Kultur und die Gesellschaft in Europa kennen lernen, um unsere eigene zu finden.

Anne Marie (Irland): Ja, ich habe mit 13 angefangen Deutsch zu lernen in der Sekundarschule bei uns in Irland. Und als ich 15 war, habe ich die Möglichkeit gehabt, einen Schüleraustausch zu machen. Dann bin ich nach Schwaben gefahren und habe dort drei Monate verbracht. Ich bin in die Schule gegangen, ich habe bei einer Familie gewohnt und ich muss sagen, dass ich nur tolle Erfahrungen damals gemacht habe. Danach habe ich Deutsch als Hauptfach gewählt und jetzt studiere ich Deutsch. Ich würde sagen, dass der Grund, dass ich jetzt Deutsch überhaupt studiere und überhaupt in Deutschland bin, ist, weil ich so wundervolle Erfahrungen gemacht habe, als ich 15 war.

---

1 *values*
2 *appropriate*
3 überwinden – *to overcome*

292

Nikos (Griechenland): Ich bin hier vor zwei Jahren als Erasmus Student gewesen. So habe ich meine ersten Kontakte hier geknüpft. Und natürlich war ich sehr zufrieden mit dem Studiensystem. Das Studiensystem Deutschlands ist sehr flexibel. Organisatorisch und wissenschaftlich auch. Zusätzlich[1] gibt es auch finanzielle Vorteile. Deutschland hat keine Studiengebühren, noch nicht. Und es gibt kulturelle und traditionelle Vorteile. Deutschland hat noch eine sehr gute Tradition, eine sehr tiefe Kultur, die dem Studium helfen können.

---

1 in addition

	Il Yun	Anne Marie	Nikos
1. Wer möchte in Deutschland studieren, weil es Spaß macht?	☐	☐	☐
2. Wer findet das deutsche Unisystem besser organisiert?	☐	☐	☐
3. Wer möchte die eigene Kultur besser verstehen?	☐	☐	☐
4. Wer war AustauschschülerIn?	☐	☐	☐
5. Wer spricht über finanzielle Gründe?	☐	☐	☐
6. Wer interessiert sich für Geschichte?	☐	☐	☐
7. Was meinst du? Wer wird DeutschlehrerIn?	☐	☐	☐
8. Was meinst du? Wer wird Geschäftsmann/frau?	☐	☐	☐

Mittelrhein

C. Und du? Write three sentences about why you are studying at your current college/university. Use the 12.3B texts as models.

D. 2010: Bachelor in Deutschland

In order to have university standards that conform with other countries, German universities have switched to a B.A. and M.A. system. Read how the *Universität Heidelberg* describes it with their program in *Molekulare Biotechnologie* and summarize the advantages for students after each section.

Das Studium gliedert sich[1] in ein dreijähriges BA-Studium, das mit dem Bachelor-Grad (*Bachelor of Science,* B.A.) abgeschlossen wird. Daran schließt sich[2] ein zweijähriges Master-Studium mit dem Abschluss *Master of Science* (M.Sc.) an. Das Studium ist modular gegliedert und der Studienfortschritt wird über Credit Points (*European Credit Transfer System; ECTS*) bewertet. Die Einführung von Credit Points soll der zunehmenden Globalisierung Rechnung tragen[3] und die internationale Mobilität der Studierenden steigern[4]. Im MA-Studium, in dem problemorientiertes Lernen im Vordergrund[5] steht, wird Englisch als Unterrichtssprache eingesetzt.

1 sich gliedern – *to be organized*
2 sich anschließen – *to follow*
3 Rechnung tragen – *to take into account*
4 *to increase*
5 *foreground*

Die Organisatoren[6] gehen davon aus, dass die meisten Absolventen[7] des BA-Studiums bei Eignung[8] auch den MA-Teil wählen werden. Denkbar ist aber auch, dass einige Absolventen den BA-Teil als Basis wählen werden, um in andere Berufszweige zu gehen, in denen eine solide Basis der Life-Sciences verlangt wird, zum Beispiel Patentwesen[9], Journalistik oder Wirtschaft. In den USA ist es üblich[10], dass BA-Absolventen als Techniker in Forschungsinstituten und Industrie arbeiten. „Wir halten es für sehr wahrscheinlich, dass wir auch in Deutschland gut ausgebildete BA-Absolventen in diesem Arbeitsbereich vermitteln[11] können", sagt Prof. Dr. Michael Wink.

6 *organizers*
7 *graduates*
8 *if suitable*
9 *patent law / administration*
10 *customary*
11 *to place, find a position for*

E. Die Deutschen   Read these comments by foreign students about Germans and summarize them in the boxes provided.

Agnieszka (Polen): Die Deutschen sind auch ein bisschen verschlossen. Das habe ich auch bemerkt. Und die Beziehungen zwischen Familienmitgliedern sind vielleicht nicht so eng wie bei uns. Ich habe hier eine Deutsche kennen gelernt. Sie ist 18 und sie wohnt allein, hat eine eigene Wohnung. Und bei uns geht das nicht.

Katja (Russland): Ich habe bemerkt, es gibt einen Unterschied bei den Deutschen, die auch schon mal im Ausland für ein Jahr oder ein Semester waren. Ich habe gefunden, dass sie eigentlich viel aufgeschlossener sind und auch viel hilfsbereiter, weil sie wissen, wie es einem geht, wenn man im Ausland ist – anderes Essen, andere Leute, andere Sprache. Mit solchen Deutschen habe ich sehr, sehr gute Erfahrungen gemacht. Die sind viel aufgeschlossener und auch irgendwie hilfsbereiter. Sie sprechen auch langsamer.

Anne Marie (Irland): Die Deutschen können vielleicht am Anfang etwas kalt sein. Aber wenn man eine richtige Beziehung zu einer Deutschen hat, dann wird es dauern. Mit 15 bin ich nach Deutschland gekommen und die Familie, bei der ich gewohnt habe, bleibt immer noch in Kontakt mit mir. Ich habe dort mein eigenes Zimmer, sie sind echt nett und wie meine zweite Familie hier in Deutschland. Und ich habe auch die gleiche Erfahrung mit Freunden in der Uni gemacht. Die sind vielleicht am Anfang etwas zurückhaltend, aber nach einer Weile klappt es irgendwie.

F. Willkommen

Based on your work throughout the *Auf geht's!* program, write a guide for Germans visiting your home country, with the top ten things they need to know to have a positive experience. Write your essay in German unless your instructor specifies otherwise.

San Francisco, CA

12.4 Im Nachhinein

Culture: Germans studying in America
Vocabulary: Reflections on personal transformation
Grammar: Passive with *wird* and *wurde*

A. Warst du schon einmal Ausländer?   Write four sentences about a time you were either a foreigner or felt like a foreigner.

Wo war das? Wann war das? Mit wem warst du da?
Wie hast du dich gefühlt?

China

B. Anna im Ausland   Read Anna's (Göttingen, DE) thoughts on her year in the US and underline or highlight the important phrases in the text.

Ja, das war eine interessante Erfahrung, in ein fremdes Land zu gehen. Ich habe mich sehr verändert in der ganzen Zeit. Ich habe neue Gewohnheiten kennengelernt. Ich habe gesehen, dass man anders leben kann. Wenn man nur in seinem Land bleibt, hat man einen ganz eingeschränkten[1] Blick. Und auf einmal bekommt man auch den Blick eines Anderen. Man lernt den Blick eines Anderen auf sein eigenes Land. Ich kann mein Land auch ganz anders sehen, wenn ich im Ausland bin. Und ich glaube, dadurch kann man viele Vorurteile abbauen. Einfach sagen, so wie wir es machen, ist es auch richtig, aber man kann es auch anders richtig machen. Es gibt nicht eine Wahrheit, sondern ganz viele Wahrheiten. Ich denke, ich bin auch viel reifer geworden, viel älter.

---

1   *limited*

C. Vorteile   Make a list of the advantages (according to Anna) of studying abroad. List some additional advantages.

D. Armin in Amerika   Read the text from Armin (Göttingen, DE) and answer the questions that follow.

Das Jahr in Amerika hat mir sehr, sehr viel gebracht. Es war eine der besten Zeiten meines Lebens. Ich bin viel gereist durch die westlichen Staaten und auch nach Kanada und habe wirklich viel gesehen, viele Leute kennengelernt. Und ich habe sogar auch meine jetzige Ehefrau in Amerika kennengelernt. Sie hat auch an der UCLA studiert durch ein Austauschprogramm aus Rio de Janeiro in Brasilien. Wir haben jetzt vor zwei Monaten geheiratet.

Die wichtigste Sache, die ich über mich selber gelernt habe, war, dass ich sehr viel flexibler werden musste. Ich war früher, bevor ich in den USA war, sehr viel unflexibler. Ich habe viele Sachen zu eng gesehen und hatte einfach Schwierigkeiten mich anzupassen. Jetzt bin ich mit einer Brasilianerin verheiratet, die viele Dinge völlig anders sieht als ich. Und ich denke, noch vor fünf Jahren hätte ich vieles überhaupt nicht verstanden, hätte vieles gar nicht ausgehalten. Ich bin immer sehr ordentlich und versuche überall ein System zu haben. Wenn jemand anders dann nicht die gleiche Einstellung zur Ordnung hat, dann wäre das sehr schwierig geworden. Heute bin ich einfach lockerer geworden.

1. Wohin ist Armin gereist?

nach Kanada

2. Woher kommt die Frau von Armin?

von UCLA

3. Wo haben sie sich kennen gelernt?

Rio de Janeiro in Brasilien

4. Was hat Armin gelernt?

USA ist unflexibler

5. Wie ist Armin geworden?

Er worden mehr flexible

6. Wie war Armin vor fünf Jahren im Vergleich zu jetzt?

E. Jens in den USA

Read the text from Jens (Göttingen, DE) and answer the questions that follow.

Meine Zeit in den USA war eine ganz besondere Zeit. Denn in einer anderen Kultur zu leben ist doch eine ganz andere Sache, als wenn man nur als Tourist da für zwei oder drei Wochen zu Gast ist. Ich habe mich dort besonders frei gefühlt, weil die Menschen sehr herzlich und sehr offen sind und man im Gegensatz[1] zu Deutschland sehr schnell und sehr warm empfangen wird. Das soll nicht heißen[2], dass die Leute in Deutschland sehr kalt sind. Sie sind auch sehr nett und sehr freundlich. Aber man muss häufig[3] erst das Eis brechen, bevor man diesen warmen Kern[4] in ihnen entdeckt. Und das ist ein wesentlicher[5] Unterschied zu den Amerikanern und das ist auch das, was ich an den Amerikanern sehr schätze.

1   *contrast*
2   *to imply*
3   *often*
4   *core, kernel*
5   *essential*

Rothenburg ob der Tauber

1. Wie beschreibt Jens die Amerikaner? *(at least three sentences)*

2. Wie sind die Deutschen im Vergleich zu den Amerikanern?

F. Ein Mauerblümchen blüht auf Read Stephanie's (Erfurt, DE) text and answer the questions that follow.

Geprägt[1] hat mich am meisten mein erstes Jahr in Amerika, weil ich mich da selber kennengelernt habe und weil ich da tolle Menschen kennengelernt habe. Das hat mich von meinem Wesen[2] her am meisten geprägt. Ich war vorher so ein bisschen ein Mauerblümchen[3]. Ich habe schon immer viel erzählt, aber das war es auch schon. Ich habe viel mehr gelesen. Und dort bin ich richtig aufgeblüht[4]. Das hat mich positiv geprägt. Überhaupt Auslandsaufenthalte[5] prägen. Also kann ich jedem empfehlen, das zu machen.

1 *formed, influenced*
2 *essence*
3 *wallflower*
4 aufblühen – *to blossom*
5 der Aufenthalt – *stay*

Ich denke, man ist wie ein Stück Holz[6]. Wenn man irgendwas macht, dann kriegt man eine Kerbe[7]. Und so kriegt man seine Form. Und wenn man nichts macht, nicht weggeht, nicht in ein anderes Land geht oder zumindest neue Sachen ausprobiert, dann kriegt man keine Kerben und hat keine charakteristische Gestalt. Und deswegen denke ich mir, man muss viele Kerben haben, um so die eigene Persönlichkeit zu haben, gute und schlechte Kerben.

6 *wood*
7 *chip, notch*

Stephanie vor dem Auslandsaufenthalt	Stephanie nach dem Auslandsaufenthalt
Sie ist Mauerzahlt. *Sie ist ein Holz mit eine kerbe*	*Sie sacht habe viel mehr gelesen*

1. Zwei Listen machen:

2. Nenne eine Kerbe (Erfahrung), die dich geformt hat.

G. Zu guter Letzt How has studying the German-speaking cultures affected your perspectives on one or more of the following? Write in English unless your instructor specifies German.

your own culture

your own identity

the German culture(s)

foreigners living in your home country

Unit 1: Smalltalk

1.1a Subject pronouns

Every sentence in both German and English has a subject, which is a noun (person, place, thing or idea) that is either doing an action or is the topic (subject) of the sentence. Pronouns (I, you, it, we, etc.) that are used as the subject of the sentence are called subject pronouns. In German these subject pronouns are:

ich	I	**wir**	we
du	you (informal)	**ihr**	you (informal plural)
er / sie / es	he / she / it	**sie / Sie**	they / you (formal)

Note that lowercase *sie* means either 'they' or 'she,' while uppercase *Sie* is the formal way of saying 'you.' This may seem confusing at first, but you'll get the hang of it soon.

The pronoun has to correspond in gender and number to the noun that it replaces. Thus, we would say:

> **Der Mann** *heißt Michael.* **Er** *ist jung.*

1.1b Present tense verbs

Verbs in German have different endings in the present tense, depending on what the subject is. While this is true in English as well, the number of possible endings in English is very restricted. In general, only the 3rd person singular has a different ending in English, while German has more options:

I go	we go	*ich gehe*	*wir gehen*
you go	you (plural) go	*du gehst*	*ihr geht*
he-she-it go**es**	they go	*er-sie-es geht*	*(S)ie gehen*

In German, verb endings must match both the person (first, second, or third) and number (singular or plural) of the subject. Another way of saying this is that the verb has to **agree** with the subject.

Every verb has a stem, formed by taking the base form of the verb (known as the **infinitive**) and removing the *-en* ending. To conjugate a verb, you add the appropriate ending to the verb stem to indicate person and number. For *gehen*, the stem is *geh-* and endings are added as in the example above.

Naturally there are a few verbs that don't follow this pattern for whatever reason. They are called **irregular** verbs because they don't behave like regular verbs in some way. The two most common irregular verbs in German are *haben* and *sein* – these forms you simply have to memorize:

haben				**sein**			
ich	habe	**wir**	haben	**ich**	bin	**wir**	sind
du	hast	**ihr**	habt	**du**	bist	**ihr**	seid
er-sie-es	hat	**(S)ie**	haben	**er-sie-es**	ist	**(S)ie**	sind

1.2 Nouns and gender

German nouns have grammatical gender, which means that every noun is classified as masculine, feminine or neuter. Sometimes these genders match common expectations. The word *der Mann* (man) is masculine, and *die Frau* (woman) is feminine. But this is not always the case: *das Kind* (child) is neuter.

The vast majority of nouns do not relate to "real-world" gender, but nonetheless each noun is classified as masculine, feminine or neuter. While there are general tendencies, most often the gender of a noun cannot be predicted, which means you need to memorize them.

1.2 Nouns and gender (cont'd)

Noun gender is crucial because German has various endings for adjectives and articles that modify nouns, and these endings depend on the gender of the noun.

Gender is indicated by the definite articles *der, die, das* that go with each noun:

der *Mann*   **die** *Frau*   **das** *Kind*

It is important to learn the definite article with each noun so that you can remember the gender along with the word. This is more work in the beginning, but it will help you later in your German studies because you won't have to keep looking up words that you already know just to remember what the gender is.

1.3a Yes-no questions

To ask a yes-no question in German, place the conjugated verb (the one that agrees with the subject) at the beginning of the sentence.

Bist du aus den USA?   Are you from the USA?

English uses this method sometimes, such as in sentences with the verb 'to be' or where there is a helping verb:

Are you crazy?   Have you been sick?

But sometimes English uses the verb 'do':   Do we have any homework?

German, on the other hand, always forms yes-no questions by putting the verb first:

Haben wir Hausaufgaben?   Do we have homework?

1.3b Wh- questions

English has so-called wh-questions that begin with one of our wh- question words: who, what, when, where, and why. German has similar questions words that begin with w-:

wann	when	**wie**	how
was	what	**wo**	where
wer	who	**woher**	from where

W-questions in German begin with the question word:

Wann beginnt Deutsch?   *Woher kommst du?*   *Wie heißt du?*

1.4 Basic word order

The most basic way to construct a sentence is to start with the subject. For example:

Das Wetter ist heute schön.   The weather is nice today.

The most basic German sentence follows the form: Subject - Verb - Everything else. However, unlike in English, you can create natural-sounding sentences in German that don't start with the subject. Yet even in these sentences, the conjugated verb (that agrees with the subject) has to remain the second element in the sentence. For instance, we could modify our sentence above to say:

Heute ist das Wetter schön.   Today the weather is nice.

You can see that the rest of the word order stays the same in English, but in German it changes. The subject *das Wetter* comes after the verb, which has to stay in the same position. If you wanted to, you could even say:

Schön ist das Wetter heute.   Nice is the weather today.

This sounds very strange in English but is only slightly unusual in German (and it is grammatically correct).

This is a significant difference between English and German word order. The main thing to remember: The verb comes second!

Unit 2: Familie und Freunde

2.1a Stem-changing verbs

German has many verbs that follow a regular conjugation pattern, such as *wohnen* (to live), which becomes: *ich wohne*. The *–e* on the stem *wohn-* indicates the 1st person singular. The stem *wohn-* stays the same throughout the various conjugations (*du wohnst, wir wohnen*). But German also has stem-changing verbs, where the stem itself changes for the 2nd and 3rd person singular. These stem changes are specially marked on your vocabulary lists. Make sure to learn these forms with the verb. Take a look at the verb *lesen* (to read):

	lesen		
ich	lese	**wir**	lesen
du	liest	**ihr**	lest
er-sie-es	liest	**(S)ie**	lesen

Even though stem-changing verbs are difficult at first, there are certain patterns you can follow. Here is a comprehensive list of these patterns:

a → ä	**au → äu**	**e → i**	**e → ie**
fahren → er fährt	laufen → er läuft	treffen → er trifft	lesen → er liest

2.1b *Gern* + verb

Gern is a simple word that expresses that you like to do something. You can also use it to express your dislike of something by adding *nicht* to the adverb *gern*.

*Er arbeitet **gern** zu Hause.*	He likes to work at home.
*Ich wohne **nicht gern** in New York.*	I don't like living in New York.

This is a very different construction from English, and would translate literally as: 'He works gladly at home.'

2.2a Definite and indefinite articles

Like English, German has definite articles (*der, die, das* = the), and indefinite articles (*ein, eine, ein* = a/an). For the most part, use *der/die/das* when you use 'the' in English and a form of *ein* when English uses 'a'.

***Die** Frau hat **eine** Tochter.*	***The** woman has **a** daughter.*

In English, the articles 'the' and 'a/an' don't change. In German they take endings depending on their gender (masculine, feminine, neuter) and what **case** they are used in. At the moment, you are using the nominative case, which is used to indicate subjects. You'll learn about other cases, such as accusative, in following units.

	definite	indefinite
masculine	der	ein
feminine	die	eine
neuter	das	ein

2.2b Possessives

Possessive articles are words that show to whom or to what something belongs. Here is a list of German possessive articles and their English counterparts:

mein-	my	**ihr-**	her	**euer-**	your (informal plural)
dein-	your (informal)	**sein-**	its	**ihr-**	their
sein-	his	**unser-**	our	**Ihr-**	your (formal)

2.2b Possessives (cont'd)

Two things are important for possessives: the gender of the noun to whom something belongs (the possessor) and the gender of the person or thing that is "possessed." The possessive article itself varies according the possessor (e.g., *sein, ihr*, etc.), but the endings of the possessive article reflect the gender and number of the thing possessed. Case also matters, but we will discuss that later on. So for example:

> *Das ist **Silvia (f). Ihre** Schwester (f) wohnt in Kalifornien.*
> This is Sara. Her sister lives in California.

> *Das ist **Silvia (f). Ihr** Bruder (m) wohnt in Deutschland.*
> This is Sara. Her brother lives in Germany.

> *Das ist **Peter (m). Seine** Schwester (f) wohnt in Ungarn.*
> This is Peter. His sister lives in Hungary.

> *Das ist **Peter (m). Sein** Hund (m) wohnt in Köln.*
> This is Peter. His dog lives in Cologne.

Possessive articles take the same endings as the indefinite article *ein*.

2.3 Plural forms

German has a wide variety of plural forms. When learning a new noun, learn its plural form as well. Luckily, the definite article for the plural form of all nouns in the nominative and accusative case (Unit 3) is always *die*.

Plural change	Singular form + notation	Plural form
no change in plural form	der Stiefel, –	die Stiefel
add ending: –e	der Stift, –e	die Stifte
add ending: –en	die Bibliothek, –en	die Bibliotheken
add ending: –er	das Bild, –er	die Bilder
add ending: –n	die Socke, –n	die Socken
add ending: –nen	die Schülerin, –nen	die Schülerinnen
add ending: –s	der Pulli, –s	die Pullis
vowel change: umlaut	die Mutter, –¨	die Mütter
vowel change: umlaut; add ending: –e	der Zahn, –¨e	die Zähne
vowel change: umlaut; add ending: –er	das Hauptfach, ¨–er	die Hauptfächer

There is one additional plural form that is used for those nouns without plural forms, such as *die Musik*. If you want to talk about different types of music or sports, you add *–arten* to the stem: *die Musikarten, die Sportarten*. Or for different types of sausages or cheeses, add *–sorten*: *die Wurst, die Wurstsorten* and *der Käse, die Käsesorten*.

2.4 Comparisons

When we compare ourselves to others, we can go about this in two ways: either we say that we are more or less (adjective) than somebody else or we are equal to that person.

For example: "I am **happier than** he is" or "I am **as successful as** she is."

In German, we say, "*Ich bin **glücklicher als** er*" and "*Ich bin **so erfolgreich wie** sie*," respectively.

The comparative in German adds an *–er* to the adjective and sometimes needs an umlaut for certain words:

Ich bin groß.	I'm tall.
*Ich bin **größer als** er.*	I'm taller than he is.
*Ich bin **so groß wie** er.*	I'm as tall as he is.
*Ich bin **nicht so groß wie** er.*	I'm not as tall as he is.

Unit 3: Wohnen

3.1a Accusative for direct objects

By now you have already come across the term 'subject' in reference to word order in Unit 1 and Unit 2. To review, the subject of a sentence is the agent of the sentence and the conjugated verb agrees with the subject. The term 'direct object' refers to another noun in the sentence that is not the agent, but rather is an object (even if it is a person) upon which some sort of action is performed. In English, you can't tell whether a noun is functioning as a subject or an object in a sentence just by looking at it; word order is the deciding factor. Consider the difference between these two sentences:

> The dog sees the man.   vs.   The man sees the dog.

Word order tells us who the subject is that is doing the seeing. This is often not the situation in German, which uses case endings to show whether a noun is functioning as a subject or a direct object. Case is associated with definite articles (*der, die, das*) as well as different endings on indefinite articles or adjectives. Case is used to show how the nouns function in a sentence. This allows one to play around with word order while keeping the same meaning. In the example with the dog, we would express the dog seeing the man as:

> *Der Hund sieht den Mann. OR Den Mann sieht der Hund.*

The *den* in *den Mann* is in the accusative case, which indicates that this noun is the direct object rather than the subject of the sentence, even though it is in the first position. Thus these two sentences mean the same thing: the dog sees the man.

This example only works with a sentence that has at least one masculine noun, as they are the only nouns that have a different article in the accusative case (used for direct objects) compared to the nominative case (used for subjects). If we use two feminine nouns, we are faced with the same dilemma as in English:

> *Die Katze sieht die Frau.*   The cat sees the woman.
>
> *Die Frau sieht die Katze.*   The woman sees the cat.

The essential difference you need to know here is that German has other means besides word order to show whether a noun is a subject or an object, namely case, and you cannot rely on word order alone to recognize subjects and direct objects like in English. You can find a table with all possible combinations of cases and endings at the back of this book.

3.1b Negation with *nicht* and *kein*

In German, there are two ways to indicate negation, one using *nicht* and one using *kein*. The word *nicht* is used to negate verbs, adverbs and entire sentences, as well as nouns with definite articles (*der, die, das*) and possessive articles (*mein, dein, sein, ihr, unser, euer*). Here are some examples with *nicht*:

> *Das dauert nicht lang.*   This won't last long.
> *Ich verstehe die Wörter nicht.*   I don't understand the words.
> *Das ist nicht mein Bier.*   That's not my business.[1]

Use *kein*, which is an *ein*-word, to negate a noun with an indefinite article (*ein*) or without an article at all. *Kein* takes the same endings as *ein*, so case, gender and number are important.

> *Ich habe einen Bruder.*   *Ich habe keinen Bruder.*
> *Ich habe eine Schwester.*   *Ich habe keine Schwester.*
> *Ich habe Geschwister.*   *Ich habe keine Geschwister.*

English does not have anything like *kein* so make sure to focus on noticing it when you read and hear it to start getting a feel for how it is used.

---

1 This is a colloquial German phrase, so the translation is not direct. Use this phrase with your conversation partners for that authentic German touch.

3.2 *Möchte*

The verb *möchte* means "would like": *Ich möchte einen Film sehen* = I would like to see a movie. *Möchte* behaves a little differently from other present tense verbs, in particular because the final *–t* is dropped for the 3rd person singular: *er–sie–es möchte*. You will also notice that the main verb, the verb that gives the meaning of what you want to do, moves to the end of the sentence.

I don't want to eat fish.   *Ich **möchte** keinen Fisch **essen**.*

You'll also notice that, unlike English, you don't need another word for 'to' when using an infinitive in German.

*Ich möchte Eis **essen**.*   I would like **to eat** ice cream.

3.3 Prepositions with accusative

Prepositions are words that show connections or relationships between a noun and something else in the sentence. Examples in English are: *with, on, above, for, between, under*. The preposition plus the noun it is associated with (as well as articles and adjectives) are called **prepositional phrases**:

with some peanut butter	above all else
for the time being	between you and me
under intense investigation	on a whim

The noun or pronoun associated with the preposition is called a **prepositional object**. Because prepositional objects are nouns, they need to be in a specific case. However, prepositional phrases aren't subjects or objects of sentences. So you can't say something like: "With some peanut butter is here" or "I would like an above all else."

Each German preposition is associated with one specific case, or 'takes' a certain case (sometimes one of two, depending on context). Any nouns associated with that preposition are automatically put in that case.

For now, we will learn six prepositions in German, all of which take the accusative case. Any noun phrase (a noun plus its articles and adjectives) associated with these prepositions is put in the accusative case.

bis	until, by (date)	*gegen*	against
durch	through; by	*ohne*	without
für	for	*um*	around; at (time)

You'll notice that some prepositions have multiple translations in English. There is not a 1-to-1 relationship between prepositions in German and English because this small set of words has to do so much work, explaining all the possible spatial, temporal and attitudinal relationships between words. *Durch* for example usually translates into English as 'through' when talking about physical space (*durch die Tür*) but it also can be translated as 'by means of':

Man lernt durch Fehler.   You learn by (means of) making mistakes.

The trick here is to remember that each specific use of a preposition in English may or may not be the same as in German, so be suspicious and don't simply ask, "How do you say 'with' in German?" Why? Because English uses the preposition 'with' in dozens of ways, and those ways might use a number of different prepositions in German depending on the exact meaning or usage you're going for.

3.4a Separable-prefix verbs

Some verbs in German have prefixes, which are short word parts attached at the beginning of a word that modify or change the meaning of the main verb they are attached to. So for example, the prefix *un-* in English can negate or reverse the meaning of the word it is attached to: important → unimportant.

German verbs have many prefixes as well, which are separated into two groups: separable and inseparable. Separable prefixes can separate from their main verb, while inseparable prefixes cannot separate.

Let's look at some examples:

aufräumen – to clean up	
Sie räumt das Zimmer auf.	She's cleaning the room.
einschlafen – to fall asleep	
Die Stundenten schlafen im Unterricht ein.	The students are falling asleep in class.

Here are some common separable prefixes (that look a lot like prepositions but are not):

an-	*kommen* – to come	*ankommen* – to arrive
auf-	*räumen* – to vacate	*aufräumen* – to clean up
aus-	*sehen* – to see	*aussehen* – to appear, look like
mit-	*arbeiten* – to work	*mitarbeiten* – to cooperate
vor-	*gehen* – to go	*vorgehen* – to proceed, go first
weg-	*fahren* – to drive	*wegfahren* – to drive away
zurück-	*kommen* – to come	*zurückkommen* – to come back

Separable prefixes separate when conjugated in the present tense, and the prefix goes to the end of the sentence:

Ich komme morgen an.
Wir sehen gut aus.
Wir arbeiten gerne mit.
Mein Hund kommt hoffentlich zurück.

When the verb appears in the infinitive, like after *möchte*, it is written together as one word (not separated):

Wir möchten das Zimmer aufräumen.
Sie möchte nicht zurückkommen.
Er möchte gut aussehen.

3.4b Inseparable-prefix verbs

In addition to separable prefix verbs, German has a good number of inseparable prefixes for verbs. As you might guess, inseparable prefixes stay with the main verb at all times. Some common inseparable prefixes for verbs are:

be-	*kommen* – to come	*bekommen* – to receive
ent-	*kommen* – to come	*entkommen* – to escape
er-	*kennen* – to know	*erkennen* – to recognize
ge-	*hören* – to hear, listen	*gehören* – to belong to
ver-	*stehen* – to stand	*verstehen* – to understand
zer-	*stören* – to disturb	*zerstören* – to destroy

When pronouncing these words, the stress never falls on inseparable prefixes. If you listen, you can tell whether a prefix is separable or inseparable depending on where the word stress falls:

ANkommen vs. *entKOMMen*

Unit 4: Ausgehen

4.1	Modal verbs	4.3b	Time expressions
4.2a	Dative with indirect objects	4.4a	Predicate adjectives
4.2b	Dative prepositions	4.4b	Adjective endings
4.3a	Telling time		

4.1a Modal verbs

Modal verbs modify a main verb and alter its meaning to show things like ability, permission, obligation, desire and probability. English has them too: *can, shall, must, may, ought,* etc. The German modal verbs are:

dürfen	to be allowed to	***sollen***	should
können	can; to be able to	***wollen***	to want (to)
mögen	to like (to)	***müssen***	must; to have to

Modal verbs with an umlaut (*dürfen, können, mögen, müssen*) retain the umlaut in the plural forms, but not in the singular forms. Note that with modal verbs, the 1st and 3rd person singular are identical.

dürfen				**können**			
ich	darf	**wir**	dürfen	**ich**	kann	**wir**	können
du	darfst	**ihr**	dürft	**du**	kannst	**ihr**	könnt
er–sie–es	darf	**(S)ie**	dürfen	**er–sie–es**	kann	**(S)ie**	können

mögen				**müssen**			
ich	mag	**wir**	mögen	**ich**	muss	**wir**	müssen
du	magst	**ihr**	mögt	**du**	musst	**ihr**	müsst
er–sie–es	mag	**(S)ie**	mögen	**er–sie–es**	muss	**(S)ie**	müssen

For those modal verbs that do not have an umlaut in the infinitive (*sollen, wollen*), the conjugated forms are much more regular; *sollen* is the most regular of all modal verbs:

sollen				**wollen**			
ich	soll	**wir**	sollen	**ich**	will	**wir**	wollen
du	sollst	**ihr**	sollt	**du**	willst	**ihr**	wollt
er–sie–es	soll	**(S)ie**	sollen	**er–sie–es**	will	**(S)ie**	wollen

When using modals, other verbs go to the end of the sentence: *Ich **will** Wasser **trinken**.*

4.2a Dative with indirect objects

The dative case is used in German to indicate who is receiving something or benefiting from an action.

Die Studierenden geben dem Dozenten die Aufgabe.

Die Studierenden is the subject of this sentence, and it is in the nominative case. *Die Aufgabe* is the direct object, the thing being given, and it is in the accusative case. *Dem Dozenten* is the recipient (indirect object).

Here are the dative forms of the definite and indefinite articles:

dem Mann	*der Frau*	*dem Kind*	*den Menschen*
einem Mann	*einer Frau*	*einem Kind*	*keinen Menschen*

4.2b Dative prepositions

You have already looked at some prepositions that require the accusative case, such as *für, gegen,* and *ohne*. There are eight prepositions in German that take the dative case. Any noun phrase connected with one of these prepositions needs to have dative case endings.

aus	out of	*Sie geht schnell aus dem Zimmer.*
außer	besides	*Außer Bier und Wein gibt es auch Cola.*
bei	at; next to; with	*Wir essen heute bei meinen Eltern.*
mit	with	*Ich möchte ein Haus mit einer Garage.*
nach	after; to	*Nach dem Deutschunterricht gehe ich nach Hause.*
seit	for (time)	*Ich lerne seit 2 Jahren Deutsch.*
von	from; of	*Das ist das Auto von meinem Mitbewohner.*
zu	to; for	*Zum (= zu + dem) Frühstück trinke ich Kaffee.*

4.3a Telling time

There are two basic ways to tell time in German, one in normal conversation and one for events, public transportation schedules and other more formalized situations.

Official time:

For official events like train schedules, movie times, meetings, etc. most Germans use the 24-hour clock.

The morning hours are what you might expect: 1.00 = 1 AM, 5.00 = 5 AM

After noon (12.00) you can calculate the PM time by subtracting 12 from the number in front of the period.

$$15.00 = 15{-}12 = 3{:}00 \text{ PM}$$

When saying official time in German, say the number for the hour, then *Uhr*, then the minutes:

17.54 = *siebzehn Uhr vierundfünfzig*   3.30 = *drei Uhr dreißig*

Conversational time:

Conversational time uses the numbers 0-12 only. When saying full hours, just say the number and then *Uhr*:

7.00   *Es ist sieben Uhr.*

The one exception is *ein Uhr* for 1.00 (not *eins Uhr*). You can also leave out the *Uhr* and say the time without it:

8.00   *Es ist acht.*

In this situation, for 1.00 you say *Es ist eins*.

Use *Uhr* only for full hours, not if any kind of minutes are indicated.

In conversation, you can add *morgens*, *nachmittags* or *abends* to clarify morning or afternoon.

7:00 PM   *sieben Uhr abends*

For time before and after the hour, use *vor* (before) and *nach* (after):

1.10   *Es ist zehn nach eins.*   3.50   *Es ist zehn vor vier.*

You can also use *Viertel* (quarter) for 15 minutes or *halb* for 30 minutes before the NEXT hour (this can be unintuitive for the native English speaker, who is used to saying it is half past the previous hour):

2.45   *Es ist Viertel vor drei.*   4.30   *Es ist halb fünf.*

To say at what time something is, use the preposition *um* with the time:

Der Film beginnt um 7.00 abends.   *Der Kurs beginnt um 8.30 morgens.*

To say how long something lasts, use the prepositions *von ... bis.*

Der Film läuft von 22.00 bis 23.45.

Summary:

	Time	Conversational	24-hour clock
morgens	9.00	*neun Uhr*	*9 Uhr*
	9.05	*fünf nach neun*	*9 Uhr 5*
	9.15	*Viertel nach neun*	*9 Uhr 15*
	9.30	*halb zehn*	*9 Uhr 30*
nachmittags	15.45	*Viertel vor vier*	*15 Uhr 45*
	15.50	*zehn vor vier*	*15 Uhr 50*
abends	20.10	*zehn nach acht*	*20 Uhr 10*
	20.30	*halb neun*	*20 Uhr 30*
	24.00/0.00	*Mitternacht*	*24 Uhr oder 0 Uhr*

4.3b Time expressions

Time expressions help us clarify how often, when, until when or for how long we do something. For now, we will focus on adverbial time expressions. Here is a list of frequently used time expressions:

abends	in the evening	*heute*	today
bald	soon	*jetzt*	now
damals	back then	*mittags*	midday
danach	after that	*morgen*	tomorrow
dann	then	*morgens*	in the morning
einmal	once	*nie*	never
früher	earlier; back then	*oft*	often
gestern	yesterday	*zuerst*	first(ly)

Oftentimes, the time expression is at the beginning of the sentence, as it is an important point of reference, and therefore receives special emphasis:

Gestern bin ich nicht zur Uni gegangen.   *Heute gehe ich mal wieder.*

There are also time expressions that are formed with a determiner and an accusative object:

jeden Tag	every day	*letztes Jahr*	next week
jede Minute	every minute	*nächste Woche*	next week
jedes Mal	every time	*letzten Monat*	last month

As you can see, there is a basic form of *jed-*, *letzt-* and *nächst-*; you will have to add an *–e*, *–en* or *–es* according to the gender the noun. Such time expressions that are 'floating' in a sentence without a preposition are in the accusative case.

4.4a Predicate adjectives

Adjectives are words that describe nouns, such as 'big' or 'red.' They can be used in two basic ways: as predicate adjectives or as attributive adjectives. We'll look at attributive adjectives in the next section.

A predicate adjective is used to describe the subject of a sentence, and it is usually connected (or linked) to the subject using a linking verb such as *sein*:

Mein Hund ist alt.

The adjective *alt* is used as a predicate adjective here and is linked to the subject with the verb *sein*. Here are some other sentences with predicate adjectives.

Meine Eltern sind sympathisch.   *Die Nudeln sind chinesisch.*
Der Salat ist sehr gesund.   *Ich bin sehr optimistisch.*

The most common linking verb in German is *sein*, but there are other verbs that can use predicative adjectives such as:

vorkommen	*Das kommt mir schwer vor.*	That seems difficult to me.
sich anhören	*Das hört sich gut an.*	That sounds good.

In German, predicate adjectives do not take any endings, so that makes things easier.

4.4b Adjective endings

In addition to being used predicatively, adjectives can also be attached to nouns directly. These are called *attributive adjectives* because they describe attributes of a noun without using a linking verb. In English it can be hard to tell the difference because the adjective does not change at all. For example:

The soup is spicy.   vs.   the spicy soup

The first example uses 'spicy' as a predicate adjective: there is a linking verb (is) and the adjective "spicy" describes the subject of the sentence. In the second example, the adjective is attributive because it is found right next to a noun (soup), there is no linking verb connecting it and we don't know if it's a subject (The spicy soup is hot), a direct object (I like the spicy soup) or even connected to a preposition (I can do without the spicy soup).

4.4b Adjective endings (cont'd)

One enormous difference between German and English is in adjective endings. German adjectives (and determiners like *mein* and *dies-* for that matter) take endings when used attributively. Learning to place the correct endings on adjectives and determiners being used attributively is a long process because it changes with gender and case. This means that you need to learn the gender of nouns (or get fast at looking it up) and you need to learn to identify case when you see or hear it or figure out what case you need when speaking.

The table below shows all the endings that you put on adjectives, as well as determiners such as indefinite articles (*ein*), possessives (*mein*), and so-called *der*-words (*dieser, solcher*). You will probably want a printout of this for your binder – these is also another copy of this table at the back of your book for reference.

The four columns account for the four cases in German: nominative (A), accusative (B), dative (C) and genitive (D). The 16 rows are composed of four different groups of four. Each member of the group of four shows the three genders plus the plural form. They are ordered as: masculine, feminine, neuter, plural. The four larger groupings of rows show what to do in four situations:

> Rows 1-4: There is a definite article (*der, die, das,* etc.) in front of the adjective.
> Rows 5-8: There is an indefinite article or possessive in front of the adjective.
> Rows 9-12: There is a *der*-word in front of the adjective.
> Rows 13-16: There is nothing in front of the adjective.

Your instructor may have a different system of describing these endings (there are other ways to lay them out), but if you use this method in class, you can refer to each situation with "battleship" coordinates, such as C14 or A1. This can be a convenient way to describe items in the table, and this is much easier than saying "accusative masculine after a *der*-word" for example.

Adjective Ending Table

	(A) nom	das ist/sind…		(B) acc	ich sehe…		(C) dat	mit…		(D) gen	trotz…	
1	**der**	große	Mann	**den**	großen	Mann	**dem**	großen	Mann	**des**	großen	Mannes
2	**die**	große	Frau	**die**	große	Frau	**der**	großen	Frau	**der**	großen	Frau
3	**das**	große	Kind	**das**	große	Kind	**dem**	großen	Kind	**des**	großen	Kindes
4	**die**	groß**en**	Hunde	**die**	großen	Hunde	**den**	großen	Hunden	**der**	großen	Hunde
5	mein	groß**er**	Mann	mein**en**	großen	Mann	mein**em**	großen	Mann	mein**es**	großen	Mannes
6	mein**e**	große	Frau	mein**e**	große	Frau	mein**er**	großen	Frau	mein**er**	großen	Frau
7	mein	groß**es**	Kind	mein	groß**es**	Kind	mein**em**	großen	Kind	mein**es**	großen	Kindes
8	mein**e**	groß**en**	Hunde	mein**e**	großen	Hunde	mein**en**	großen	Hunden	mein**er**	großen	Hunde
9	dies**er**	große	Mann	dies**en**	großen	Mann	dies**em**	großen	Mann	dies**es**	großen	Mannes
10	dies**e**	große	Frau	dies**e**	große	Frau	dies**er**	großen	Frau	dies**er**	großen	Frau
11	dies**es**	große	Kind	dies**es**	große	Kind	dies**em**	großen	Kind	dies**es**	großen	Kindes
12	dies**e**	groß**en**	Hunde	dies**e**	großen	Hunde	dies**en**	großen	Hunden	dies**er**	großen	Hunde
13		gut**er**	Wein		gut**en**	Wein		gut**em**	Wein		gut**en**	Wein**es**
14		gut**e**	Suppe		gut**e**	Suppe		gut**er**	Suppe		gut**er**	Suppe
15		gut**es**	Bier		gut**es**	Bier		gut**em**	Bier		gut**en**	Bier**es**
16		gut**e**	Leute		gut**e**	Leute		gut**en**	Leut**en**		gut**er**	Leute

1–4	der, die, das, den, dem, des	definite article
5–8	ein-, kein-, mein-, dein-, sein-, ihr-, unser-, eur-	indefinite and possessive articles
9–12	dies-, jed-, welch-, solch-, all-, manch-	*der*-words
13-16	Ø, viel	only adjectives

There are some words that deviate from these patterns; however, this table will cover 99% of what you need.

Unit 5: Quer durch Deutschland

5.1 *War* and *hatte*

In Unit 1, you learned about two very useful and important words in German: *sein* (to be) and *haben* (to have). It is also important to learn these two verbs in the past tense. German has three past tenses, of which the conversational past and the narrative past are the most important. You will learn about the conversational past in this unit, but most German speakers prefer to use the narrative past for the verbs *haben* and *sein*.

Here are the narrative past tense forms of *haben* and *sein*. They are similar to English "was/were" and "had" as you can see. We strongly recommend that you memorize these forms!

	sein					haben		
ich	war	**wir**	waren		**ich**	hatte	**wir**	hatten
du	warst	**ihr**	wart		**du**	hattest	**ihr**	hattet
er–sie–es	war	**(S)ie**	waren		**er–sie–es**	hatte	**(S)ie**	hatten

5.2 Conversational past

To talk about the past, the best tense to use is the conversational past. Structurally this tense exists in English as well, where it is called the **present perfect**, but its use is more restricted in English than in German.

To put a verb in the conversational past, you need to use an auxiliary verb (usually *haben*, sometimes *sein*) and the past participle form of the verb:

> I **have eaten** already today. *Ich **habe** heute schon **gegessen**.*

English uses the auxiliary 'to have' while German uses *haben*. English uses the past participle (eaten) just like German (*gegessen*). One difference is that the past participle comes at the end of the sentence in German.

You can see the parallels in other sentences:

> I **have** already **seen** this movie. *Ich **habe** diesen Film schon **gesehen**.*
> He **has made** a few mistakes. *Er **hat** einige Fehler **gemacht**.*

You will note that the auxiliary verb (*haben*) agrees with the subject but the participle does not change.

> I have eaten. *Ich habe gegessen.*
> He has eaten. *Er hat gegessen.*

The conversational past is used extensively in German, while English will often favor the regular past tense:

> I **ate** too much. *Ich **habe** zu viel **gegessen**.*

In English it would sound a bit strange to say "I have eaten too much" out of the blue. In German, *Ich habe zu viel gegessen* sounds natural.

Forming the past participle:

There are two basic kinds of verbs in German: regular verbs and irregular verbs. Regular verbs all follow an identical pattern when forming the past participle, while irregular verbs have several different patterns you have to memorize. This book has a list of irregular verbs at the back. It doesn't include every single irregular verb in the German language, but it does include all of the most common ones. It's a good idea to refer to it often or to print a list out for your notebook. If you are writing a sentences with a verb, check the list of irregular verbs: if the verb (or its root) is there, you can see what the past participle is. If it's not on the list (and is a regular verb), form the past participle by adding *ge-* to the root and replacing the *-en* ending with *-t*:

machen	→	***ge**mach**t***
tanzen	→	***ge**tanz**t***
arbeiten	→	***ge**arbeite**t***

5.2 Conversational past (cont'd)

Irregular verbs have various patterns that you will need to memorize or look up. They typically have an *-en* ending instead of *-t* and will also use a *ge-* prefix, BUT the verb stem itself may or may not change:

schlafen	→	*geschlafen*
finden	→	*gefunden*
stehen	→	*gestanden*

English also has irregular verbs which often behave similarly to German irregular verbs. English and German both come from the same source, a language called Germanic, and thus they both continue to share many features despite being separated by at least 1500 years:

I have sung.	*Ich habe gesungen.*
I have found it.	*Ich habe es gefunden.*
I have already eaten.	*Ich habe schon gegessen.*

Verbs with prefixes:

You have already looked at separable and inseparable prefixes in unit 3. These prefixes affect past participles differently.

Verbs with inseparable prefixes do NOT add a *ge-* to the past participle. Compare *suchen* and *besuchen*:

suchen → *gesucht*	*Ich habe meinen Hund gesucht.*
besuchen → *besucht*	*Ich habe meine Mutter besucht.*

Verbs with separable prefixes DO add the *ge-* prefix, and it comes between the separable prefix and the verb:

schlafen → *geschlafen*	*Ich habe lange geschlafen.*	I slept a long time.
ausschlafen → *aus**ge**schlafen*	*Ich habe lange aus**ge**schlafen.*	I slept in a long time.

5.3 Conversational past with *sein*

Some verbs in German use the auxiliary *sein* rather than *haben* along with the past participle to form the conversational past. These tend to be verbs of motion and verbs that show some sort of change of state.

*Ich **bin** nach San Francisco **gefahren**.*	I drove to San Francisco.
*Wir **sind** nach Hause **gegangen**.*	We went home.
*Sie **ist** nach Deutschland **geflogen**.*	She flew to Germany.
***Bist** du zu Hause **geblieben**?*	Did you stay home?
*Gestern **bin** ich 18 **geworden**.*	I turned 18 yesterday.
*Ich **bin** dreimal in Deutschland **gewesen**.*	I've been to Germany three times.

These are some of the verbs you'll encounter that take *sein* instead of *haben* in the conversational past:

aufstehen	to get up		*laufen*	to run
aufwachen	to wake up		*reisen*	to travel
bleiben	to stay		*schwimmen*	to swim
einschlafen	to fall asleep		*sein*	to be
fahren	to drive, go		*springen*	to jump
fallen	to fall		*steigen*	to climb
fliegen	to fly		*sterben*	to die
gehen	to go; walk		*umziehen*	to move house
geschehen	to happen		*werden*	to become
kommen	to come			

For some of the verbs of motion that take *sein*, you can use *haben* with a slight change in meaning. For instance, *Ich bin mit dem Auto gefahren* means that you drove, but if you want to emphasize the process, you can say, *Ich habe das Auto gefahren*, which focuses on the fact that you were the one driving the car (as opposed to just going).

5.3 Conversational past with *sein* (cont'd)

In a similar way, some verbs of motion can take *haben* instead of *sein* as long as they don't indicate direction or distance: *Ich habe ein bisschen geschwommen* or *Sie hat gejoggt*. This focuses more on the process and not the movement, but usually you are safest just sticking with using *sein*.

And just in case you were wondering, English used to use the verb 'to be' as an auxiliary as well. You can find it in Early Modern English texts, with such things as "I am fallen" or "He is risen" or "They are come".

5.4 Coordinating conjunctions

Conjunctions are words that connect sentences, clauses or word together. A coordinating conjunction connects independent sentences together into one sentence. This does not change the basic word order of each clause. These coordinating conjunctions are:

und	and	*denn*	for; because
aber	but	*sondern*	instead (but)
oder	or		

Here are sample sentences that illustrate the usage of each of these coordinating conjunctions. *Und* and *aber* are more common, but you will run into the other conjunctions as well. *Oder* is most often used to combine words and phrases rather than entire sentences. Use *sondern* to say that it is not this but rather that instead.

*Der Esel war zu alt **und** der Bauer wollte ihn verkaufen.*

*Die Tiere waren zu alt, um Essen zu finden **oder** etwas zu fangen.*

*Wir haben keinen Putzplan, **denn** wir haben unsere eigene Routine.*

*Ich war immer ein guter Jagdhund, **aber** jetzt bin ich zu alt.*

*Der Schnee ist nicht ein schöner Schnee, **sondern** der wird ganz schnell grau.*

Unit 6: In der Stadt

6.1   *Wo* vs. *wohin*
6.2   Two-way prepositions (motion)

6.3   Two-way prepositions (no motion)
6.4   Subordinating conjunctions

6.1 *Wo* vs. *wohin*

Both *wo* (where) and *wohin* (where [to]) are question words that deal with location. *Wo* inquires about a location that is assumed to be static, while *wohin* asks about a change in location. As a review, here are two sentences:

Wo wohnst du?	Where do you live?
Wohin gehst du?	Where are you going (to)?

6.2 Two-way prepositions (motion)

You have already learned that prepositions take specific cases: there are prepositions that always take accusative and some that always take dative. One group we have seen but not worked with specifically are the two-way prepositions, which can take either the accusative or the dative case. When used to describe a location, what matters is whether motion with a change of location is described or not. If it is, then use the accusative case. If not, then use the dative case.

an	at; up to	*in*	in; into	*unter*	under
auf	on top of; up; onto	*neben*	next to	*vor*	in front of
hinter	behind	*über*	over; above	*zwischen*	between; in between

The question words *wo* and *wohin* are an important support tool when looking at two-way prepositions. If the question *wohin* best fits with the sentence, that implies motion with a change of location and thus these prepositions will take the accusative. If not, use the dative.

Take a look at these sample sentences for the two-way prepositions with both accusative and dative. Pay particular attention to the change of the definite article, which shows the change in case.

an	**A:** *Ich laufe **an die** Ecke.*	I'm walking to the corner.
	D: *Ich warte **an der** Ecke.*	I'm waiting at the corner.
auf	**A:** *Du steigst **auf den** Berg.*	You're hiking up the mountain.
	D: *Du stehst **auf dem** Berg.*	You're standing on top of the mountain.
hinter	**A:** *Wir laufen **hinter das** Haus.*	We're walking behind the house.
	D: *Wir stehen **hinter dem** Haus.*	We're standing behind the house.
in	**A:** *Ich gehe **in den** Laden.*	I'm stepping into the store.
	D: *Ich bin **im Laden**. (in + dem = im)*	I'm in the store.
neben	**A:** *Er stellt sich **neben die** Ampel.*	He's stepping next to the traffic light.
	D: *Er wartet **neben der** Ampel.*	He's waiting next to the traffic light.
über	**A:** *Der Vogel fliegt **über die** Brücke.*	The bird is flying over the bridge.
	D: *Der Vogel schwebt **über der** Brücke.*	The bird is gliding above the bridge.
unter	**A:** *Sie laufen **unter den** Baum.*	They're walking under the tree.
	D: *Sie stehen **unter dem** Baum.*	They're standing under the tree.
vor	**A:** *Ich stelle mich **vor die** Kirche.*	I'm stepping in front of the church.
	D: *Ich stehe **vor der** Kirche.*	I'm standing in front of the church.
zwischen	**A:** *Sie rennt **zwischen das** Kind und **den** Ball.*	She's running between the child and the ball.
	D: *Sie ist **zwischen dem** Kind und **dem** Ball.*	She is between the child and the ball.

6.3 Two-way prepositions (no motion)

There are many cases when two-way prepositions are used with verbs for situations that have nothing to do with location or movement. For these uses, you must memorize or look up whether accusative or dative is used. Dictionaries and vocabulary lists will indicate whether accusative or dative is used for these combinations.

denken an + akk.	to think about	*Ich denke an meinen Vater.*
an + dat. (for a day)	on a day	*Am Mittwoch gehen wir.*
warten auf + akk.	to wait for	*Ich warte auf gutes Wetter.*
reden über + akk.	to talk about	*Wir reden über unsere Probleme.*
in + dat. (for time)	in time	*In zwei Wochen haben wir Ferien.*
schreiben über + akk.	to write about	*Wir schreiben über die Politik.*

6.4 Subordinating conjunctions

Subordinating conjunctions connect a subordinate clause to main sentences. Subordinate clauses are similar to sentences themselves, with a subject and a verb, but they cannot stand alone without being attached to a main sentence. English has subordinating conjunctions as well:

Although she didn't study much, she aced the test.

"Although" is a subordinating conjunction, and the clause it goes with can't be its own sentence. You can't say or write just: *Although she didn't study much.*

As you might expect, German has a great number of subordinating conjunctions and you have already encountered many throughout the *Auf geht's!* program. Like English, German subordinating conjunctions attach clauses to main sentences, and these subordinate clauses can't stand on their own. But unlike English, the word order inside these subordinate clauses is changed: the conjugated verb (the one that agrees with the subject) is moved to the end of the clause. Behold:

*Wir **haben** morgen ein Quiz.*	We have a quiz tomorrow.
*Er weiß nicht, dass wir morgen ein Quiz **haben**.*	He doesn't know that we have a quiz tomorrow.

In English the word order is the same within the dependent clause, but in German the conjugated verb goes to the end of the clause.

Here is a short list of some common subordinating conjunctions:

als	when (for past); as
bevor	before
dass	that
ob	whether; if (for indirect questions)
obwohl	although
während	while; whereas
weil	because
wenn	when; whenever; if

Als *ich jünger war, bin ich oft ins Kino gegangen.*
When I was younger I went to the movies often.

Bevor *ich heute abend lerne, möchte ich zuerst etwas essen.*
Before I study tonight I want to get something to eat.

*Ich merke bald, **dass** es dort nicht ruhig ist.*
I soon realize that it isn't quiet there.

Unit 7: Bildung

7.1 Narrative past

The narrative past in German is used for formal written discourse and with a select number of verbs in spoken German. Those verbs are:

> *sein → war* (to be → was)
> *haben → hatte* (to have → had)
> *werden → wurde* (to become → became)

Unlike the conversational past, the narrative past does not take a helping verb. Therefore, it is actually simpler to use and shorter. Nonetheless, Germans prefer to use the conversational past for most verbs as pointed out earlier. To conjugate a regular verb in the narrative past, you have to take the stem of the verb, add a *–te* and then the appropriate ending. Here is an example with *lernen*:

ich	lern**te**	**wir**	lern**ten**
du	lern**test**	**ihr**	lern**tet**
er–sie–es	lern**te**	**(S)ie**	lern**ten**

As you can see, the 1st and 3rd person singular are identical, and so are the 1st and 3rd person plural. These are the same endings as *möchten*, by the way. There are a few exceptions to this conjugation rule: add an *–e* before the *–te* ending, if the verb stem ends in *–d* or *–t*, or with consonant plus *–n / –m*. For example: *du arbeitetest* or *ich rechnete*.

If you are using an irregular verb, the conjugation pattern listed is a bit different. Take a look at the verb *schreiben*, which undergoes a stem change (*ei → ie*) both in the conversational past and the narrative past (shown here):

ich	schrieb	**wir**	schrieben
du	schriebst	**ihr**	schriebt
er–sie–es	schrieb	**(S)ie**	schrieben

As you already know, both German and English has regular and irregular verbs. There is also a small group of mixed verbs that have a stem change but use regular verb endings in the narrative past and past participle:

wissen → wusste → gewusst   mixed verb; combines elements of regular and irregular
laufen → lief → gelaufen   irregular verb; no stem change in the past participle
trinken → trank → getrunken   irregular verb; three distinct forms

7.2 Modals in narrative past

The modal verbs *dürfen, können, mögen, müssen, sollen* and *wollen* are used in the narrative past in both spoken and written German when you talk about past events; the conversational past sounds awkward in most instances and is used only in very specific cases, such as: *Ich habe das nicht gewollt* (I didn't want for that to happen). The first thing to remember when conjugating the modal verbs in the narrative past is to drop any umlaut from the infinitive form. The modal verb *dürfen* is conjugated here as an example. The modal verbs *können, müssen, sollen* and *wollen* all follow the same pattern as *dürfen*.

ich	durfte	**wir**	durften
du	durftest	**ihr**	durftet
er–sie–es	durfte	**(S)ie**	durften

Here are some samples to help show the difference between modals in the present tense and the narrative past:

> *Als Kind **durfte** ich nur Fahrrad fahren, aber jetzt **darf** ich auch Auto fahren.*

> *In der Schule **musste** ich oft zum Direktor der Schule, aber jetzt **muss** ich das zum Glück nicht mehr.*

7.2 Modals in narrative past (cont'd)

In German, the modal verb stands in for what is often a set of words in English. Looking back at the previous sample sentences, the first sentence in English would be:

As a child I was only permitted to ride my bike, but now I'm also permitted to drive a car.

7.3 Narrative vs. conversational past

Both the conversational past and the narrative past mean essentially the same thing: the action or state of affairs described was in the past. Here are some differences in both style and meaning that you might observe:

- In southern Germany and Austria, the conversational past is used almost exclusively when speaking (except for *haben* and *sein*).
- Educated speakers tend to use the narrative past more than non-educated speakers.
- Some words like *sehen*, *geben*, *gehen* and *heißen* tend to be used in narrative past more than other words.
- The narrative past occurs much more commonly in writing than in speaking and can often be used to list a sequence of events. Thus you see it a lot in fairy tales and similar narratives.
- For northern Germans or more educated German speakers, the conversational past can indicate a state of affairs that continues into the present, while the narrative past is exclusively in the past.

Here is an example of a nuanced difference in meaning between the narrative and the conversational past:

Gestern ist mein Vater gekommen. | *Gestern kam mein Vater.*
This implies that the father is still here. | This implies that the father came and left.

These are fine shades of meaning and can vary greatly from speaker to speaker. For novice and intermediate learners, it's best to practice using the conversational past for everything except the verbs *haben*, *sein* and modals. As your German improves, you can try using more narrative past. Still, it is wise to learn all the forms of a verb up front so that you have the information there when you read it or want to use a past-tense form.

7.4 Imperative

In order to tell someone what to do, Germans can use the imperative form of a verb. Since you are talking to someone when ordering them around, there are three kinds of "you" to deal with: *du*, *ihr* and *Sie*.

The *Sie* form is the easiest: put the verb first in the sentence and put a *Sie* after it.

Sie kommen morgen. → *Kommen Sie morgen!*
Sie sprechen Deutsch. → *Sprechen Sie Deutsch!*

For the *du* form, put the verb first, and use only the stem for the *du* form (except for verbs with *a* or *au*), leaving off any endings. You also do not include the word *du* in *du*-form commands:

Du machst das. → *Mach das!* | *Du sprichst so schnell.* → *Sprich nicht so schnell!*

But:

Du fährst morgen. → *Fahr morgen!*

If the verb stem (the part without the *-en*) ends in a *-d*, *-t*, *-ig* or some clusters with *-m* or *-n*, you need to add an *-e* to the imperative form:

Arbeite mehr! | *Antworte mir!* | *Öffne die Tür!*

For *ihr*, simply use the normal *ihr* form but put it first and leave out the word *ihr*:

Kommt bitte morgen!

The imperative is considered very forceful and is often somewhat rude, so use it very sparingly or perhaps not at all. You can use a modal verb instead, or perhaps even a model verb in the conditional, which you'll learn more about later:

Sprich langsamer! | very strong, perhaps rude
Kannst du bitte langsamer sprechen? | nicer, not really rude
Könntest du bitte langsamer sprechen? | polite request

Unit 8: Europa

8.1 Superlative

The superlative form of adjectives is like the comparative (see 2.4) but means the highest degree of something. It can take two different forms in German. When used predicatively (usually after the verb *sein*), put *am* before the adjective and the ending *–sten* on it: *Mein Auto fährt **am schnellsten**.*

When the adjective is used attributively (modifying a noun directly), you add *–st* plus the appropriate adjective ending: *Mein Auto ist das schnell**ste** Auto in meiner Familie.*

All regular adjectives take the ending *–st*. However, there are a great number of irregular adjectives.

Adjectives can undergo the following changes in the superlative form:

- add an *–e* before the *–st* when the stem ends in an *–d*, *–t* or *–z* (*wild* → *am wildesten*; *stolz* → *am stolzesten*), and

- drop the *–s* and only add a *–t* if the adjective ends with a *–ss*, *–ß* or *–z* (*groß* → *am größten*).

There are also a number of adjectives that take a completely new form for the comparative and the superlative, such as we see in English with good → better → best. Important adjectives are:

gern → *lieber* → *am liebsten*	like → like better → like the most
gut → *besser* → *am besten*	good → better → best
viel → *mehr* → *am meisten*	a lot → more → the most

A few other adjectives change slightly in both the comparative and superlative:

hoch → *höher* → *am höchsten*	high → higher → highest
nah → *näher* → *am nächsten*	close → closer → closest
teuer → *teurer* → *am teuersten*	expensive → more expensive → most expensive

8.2 *Wissen* vs. *kennen*

The verbs *wissen* and *kennen* both translate into English as 'to know'. *Wissen* means to know factual information, while *kennen* indicates knowledge through familiarity and experience.

The verb *wissen* is often used in the short phrase:

Ich weiß (das). I know (that).

Oftentimes *Ich weiß (nicht)* is followed by a clause that explains what one knows, preceded by *dass*:

*Ich weiß, **dass** Polen in Europa liegt.* I know that Poland is in Europe.

Alternatively, *Ich weiß (nicht)* can be followed by an inverted statement beginning with *ob*:

*Ich weiß nicht, **ob** ich mitgehe.* I don't know whether I'll go along.

The verb *kennen*, however, simply takes an accusative object, such as:

Ich kenne ihn. I know him.

To use *kennen* with a person, you should actually know her or him personally. Don't say *Ich kenne Angela Merkel* unless you have actually met Germany's chancellor in person. Instead say:

Ich weiß, wer Angela Merkel ist. I know who Angela Merkel is.

8.2 *Wissen* vs. *kennen* (cont'd)

In casual conversation people will say:

> *Kennst du den Maler Picasso?*   Do you know the painter Picasso?

In response you could say:

> *Ja, ich habe seine Bilder gesehen.*   Yes, I have seen his paintings.

Of course, Picasso is long dead and we could not possibly know him, but his name has become synonymous with his paintings, so the exchange above would make sense.

8.3 Genitive case

The genitive case is used to show possession:

> **Das Auto meiner Mutter** *ist schnell.*   My mother's car is fast.

Most masculine and neuter nouns take an *–s* ending in the genitive case:

> *Das Auto meines Vaters ist schneller. Der Kofferraum des Autos ist auch größer.*
> My dad's car is faster. The trunk of the car is also bigger.

The definite and indefinite articles in the genitive case are as follows:

	definite	indefinite
masculine	des	eines
feminine	der	einer
neuter	des	eines
plural	der	(keiner)

Germans use the genitive case much less frequently in spoken language than they do in writing. In dialect, the genitive case is virtually nonexistent. There are two other ways to indicate possession in German. First, you can add an *–s* to the noun (without an apostrophe) if it is a proper noun (name):

> *Das ist **Toms Landkarte**.*   This is Tom's map.

Second, you can use the preposition *von*:

> *Ich reise mit **dem Auto von meinem Vater**.*   I'm traveling with my father's car.

8.4 Adjectival nouns

Some German nouns are actually adjectives functioning as nouns. For instance, from the adjective *bekannt* (known) comes *der/die Bekannte* (acquaintance). These adjectival nouns are capitalized like nouns, but they take endings exactly as if they were an adjective, including case for their function in their clause or sentence. Since most refer to people, pay attention to the endings because they will clue you in as to whether the noun refers to a female, male or a group:

> *die Bekannte* = female
> *der Bekannte* = male
> *die Bekannten* = plural

Here are some common adjectival nouns that you will encounter:

der / die Deutsche	German person
der / die Beamte	civil servant
der / die Erwachsene	grown-up
der / die Jugendliche	young person; teenager
der / die Verwandte	relative
der / die Verlobte	fiancé(e)

Unit 9: Unser alltag

9.1 Dative expressions

There are a number of idiomatic expressions in German that take the dative case. Here are a few common ones, though you may run into others in your reading:

Mir ist schlecht.	I feel ill.
Es geht mir gut.	I'm doing well.
Mir ist heiß.	I feel hot.
Ihm ist kalt.	He feels cold.

9.2 *Wenn* vs. *wann*

The German equivalent for 'when' can be *wann*, *wenn* or *als*. Here we will focus on the difference between *wann* and *wenn*. *Wann* is used for questions and statements that refer to a specific time, whether time of day, week, year and the like. For example:

Wann kommst du nach Hause?	When are you coming home?
Ich frage ihn, wann er nach Hause kommt.	I'll ask him when he's coming home.
Ich sage dir später, wann ich helfen kann.	I'll tell you later when I can help.

The usual reference is to a specific time, whether asking about a time (*Wann kommst du?*), inquiring about a time (*Ich frage ihn, wann er kommt*) or describing a time when something can happen (*wann ich helfen kann*).

Wenn can usually be translated as 'whenever' or 'if'. It can refer to past events that happened repeatedly, or more commonly to present or future events that don't imply a specific time. Here are two sentences to highlight the usage of *wenn*:

Wenn ich lerne, trinke ich Kaffee.	When I study, I drink coffee.
Wenn ich gelernt habe, habe ich Kaffee getrunken.	When(ever) I studied, I drank coffee.

Sometimes a sentence can work with either *wenn* or *wann*, but with a different meaning:

Ich sage Bescheid, wenn ich komme.	I'll let you know if I'm coming.
Ich sage Bescheid, wann ich komme.	I'll let you know at what time I'm coming.

You will learn more about the word *als* later, which refers to events in the past. For now the basic principle is:

-Use *wann* when you are asking about or describing a specific point in time.

-Use *wenn* for repeated events in the past (whenever) or possible events now or in the future (if).

9.3 Reflexive verbs

A verb is said to be used reflexively in German when the subject and the object are the same thing. In English, this is usually expressed by a reflexive pronoun such as 'myself': I hurt myself, or He hurt himself. You can see here that the subject is doing the action on itself. This is also the case for a reciprocal action, such as *Sie sehen sich* (They see each other).

Any verb that has an object can in theory be used reflexively. The pronouns used depend on whether an accusative or dative object is needed, which depends on the verb or any preposition involved. The pronouns look very much like normal personal pronouns, except that for 3rd person pronouns, the reflexive pronoun is *sich*:

	accusative	dative
ich	mich	mir
du	dich	dir
er–sie–es	sich	sich
wir	uns	uns
ihr	euch	euch
(S)ie	sich	sich

You can see the difference in this contrast: *Er sieht ihn* (He sees him) vs. *Er sieht sich* (He sees himself).

German has many verbs that are always reflexive, even if there is no obvious reason:

sich treffen (mit jmdm.)	to meet up / to get together (with someone)
sich verabreden (mit jmdm.)	to make an appointment (with someone)
sich verabschieden (von jmdm.)	to say goodbye (to someone)
sich etw. vorstellen	to imagine something
sich jmdm. vorstellen	to introduce yourself to someone

9.4 N-class nouns

Normally German nouns only take endings in the plural. However, there are some German nouns that actually take an *-n* or *-en* ending in any case but nominative. These words tend to refer to people or animals.

Nom.	*Acc.*	*Dat.*	*Gen.*	English
der Kunde	*den Kunden*	*dem Kunden*	*des Kunden*	customer
der Neffe	*den Neffen*	*dem Neffen*	*des Neffen*	nephew
der Löwe	*den Löwen*	*dem Löwen*	*des Löwen*	lion
der Bauer	*den Bauern*	*dem Bauern*	*des Bauern*	farmer
der Elefant	*den Elefanten*	*dem Elefanten*	*des Elefanten*	elephant
der Pilot	*den Piloten*	*dem Piloten*	*des Piloten*	pilot, driver

There are a few that take an *-s* in the genitive. They don't refer to people. These nouns are slowly changing to normal nouns with the *-n* ending throughout. So for example you can say *der Friede* but most people say *der Frieden*.

der Name	*den Namen*	*dem Namen*	*des Namens*	name
der Fels	*den Felsen*	*dem Felsen*	*des Felsens*	rock

We introduce this point so you are aware of these nouns, but memorizing exactly which words are N-class nouns is beyond the scope of the *Auf geht's!* program and is more than we expect from beginning German students. You can do an internet search on "German weak nouns" or "German N-declension" if are interested in learning more or if you want a full list of these words.

Unit 10: Unterhaltung

10.1 *Welch-* and *dies-*

Welch- is a question word that inquires about a specific person, thing or concept. Unlike other *w*-question words, *welch-* must take an appropriate ending according to the gender, number and case of the noun that it modifies. For example:

Welchen Film *hast du gestern gesehen?* (masc., acc.)   Which film did you see yesterday?

Welche TV-Show *siehst du am liebsten?* (fem., acc.)   Which TV show do you like best?

Dies- can be seen as the equivalent to *welch-* when used in a statement or as part of a question. *Dies-* is a demonstrative article, which means that it refers to a specific person, thing or concept. It is used to differentiate one thing from another, most often for clarification and emphasis. In spoken German, it is often used when talking about a specific object and actually pointing at it. For example:

Hast du **diesen Film** *hier gesehen?* (pointing at movie poster)   Did you see this movie?

Just like *welch-*, *dies-* must take the appropriate ending according to the gender, number and case of the noun it modifies. There are a number of other words that share these endings, such as *jed-* (each), *solch-* (such), *jen-* (that there) and *all-* (all). Together these words are often referred to as **der-words**.

10.2 Unpreceded adjectives

Adjectives that are used attributively (to modify a noun) but which have no articles in front of them are called **unpreceded**. Unpreceded adjectives are used commonly with plural nouns. They are also found in announcements, such as advertisements with singular nouns. Unpreceded adjectives have to show the gender and case of the noun they modify. For example:

Neuer Film *mit Til Schweiger!* (masc., nom.)   New movie with Til Schweiger!
Ich lese nur **spannende Bücher**. (pl., acc.)   I only read suspenseful books.

The endings for unpreceded adjectives are:

	masculine	feminine	neuter	plural
nom	–er	–e	–es	–e
acc	–en	–e	–es	–e
dat	–em	–er	–em	–en
gen	–en	–er	–en	–er

Here are some examples of sentences that have unpreceded adjectives:

Amerikanisches Bier *schmeckt mir nicht.*
Deutsche Autos *sind meistens sehr zuverlässig.*
Guter Rat *ist teuer.*
Gute Mitarbeiter *sind oft schwer zu finden.*
Roten Wein *macht man aus* **roten Weintrauben**.
Ich möchte Fleisch mit **gutem Gewissen** *genießen.*
Man grillt am besten bei **gutem Wetter**.

10.3 Review of adjective endings

Let's look again at the Adjective Ending Table, found in section 4.4b and at the back of the book, which has not only adjective endings but also the proper forms for determiners (*der, ein, kein*), possessives (*mein, dein, sein,* etc.) and *der*-words like *welch-* and *solch-*.

If you study the table, you will notice some patterns. If there is an article or possessive or *der*-word that has an ending, adjectives that follow will either have an *-e* or *-en* ending. If there is no such word in front of the adjective, the adjective will take endings that have more variety (*-es, -er, -e, -en, -es, -em*). One way to look at it is to see if the first word in a noun phrase (a noun plus all its determiners and adjectives) has 'information' about the noun. Does it indicate the case and gender? If so, the adjective ending is simple, either *-e* or *-en*. If it does NOT have this information, the adjective ending supplies the information.

If this way of looking at things helps you understand the endings better, great. If not, don't worry about it. Simply practice noticing the patterns and copying them from the table when you write. With practice, the normal German patterns will start feeling more familiar to you.

10.4 Future with *werden*

In German, you can indicate that an action will take place in the future by using the present tense with an appropriate adverb such as *morgen, in zwei Wochen* or *nächstes Jahr*: *Nächstes Jahr fliege ich nach Deutschland.*

In addition to using the present tense with some sort of temporal adverb, there is also a "proper" future tense in German which is formed by using the auxiliary *werden* + infinitive.

ich	werde	**wir**	werden
du	wirst	**ihr**	werdet
er–sie–es	wird	**(S)ie**	werden

The reason for having to learn the future tense, instead of only the present tense plus an appropriate adverb, is a stylistic one. When you use *werden* to talk about an event in the future, you can express different ideas. Those ideas may include wishful or hopeful thinking for the future or the present, as well as a sense of determination. It depends greatly on the context in written discourse and the emphasis or intonation in spoken language to determine the exact meaning of the sentence. For example, if you emphasize *werde* in the following sentences, you are saying that you are determined to do something:

Ich werde dieses Buch zu Ende lesen.	I will finish this book (no matter what).
Nächstes Jahr werde ich nach Deutschland fliegen.	Next year, I will travel to Germany (for sure).
Ich werde wohl ein bisschen später kommen.	I will probably come a little late (but I will surely come nonetheless).
Irgendwann einmal werde ich nach Deutschland fahren.	One day, I will travel to Germany (and I am hopeful that it will happen).

Beware of the false friend *wollen*, which always means 'to want (to do something)' and never 'will (do something)'. You would say *Ich werde dieses Buch lesen* in order to express 'I will read this book.' If you were to say *Ich will dieses Buch lesen*, then you are saying 'I want to read this book' and nothing else!

Unit 11: Reisen

11.1 *Als* for past

In Unit 9, you learned about the question word *wann* and the conjunction *wenn* to talk about information involving time. German has a third word that translates into 'when' in English and that is the conjunction *als*. To briefly recap and to set *als* apart from *wann* and *wenn*, take a look at the examples and explanations below:

***Wann** fährst du in den Urlaub?*	When do you go on vacation?
*Ich fahre in den Urlaub, **wenn** ich Zeit habe.*	I'll go on vacation if/when I have time.
*Meine Familie ist früher immer nach Mexiko gefahren, **wenn** es Sommerferien gab.*	My family used to always go to Mexico when(ever) we were on summer vacation.

Wann is a question word. *Wenn* can be used with both the present tense and the past tense; with the present tense, it suggests a simple 'when'. If *wenn* is used with the past tense, it indicates a repeated event in the past in the sense of 'whenever'.

The conjunction *als* is used to talk about singular past events, from one moment to a period of life (*als Kind*). Therefore, the conjunction *als* is more restricted in its use than *wenn*. Here are a couple of sample sentences:

***Als** ich ein Kind war, reiste ich viel mit meinen Eltern.*	When I was a child, I traveled a lot with my parents.
***Als** ich mit der Uni angefangen habe, hatte ich große Angst.*	When I started at the university, I was really afraid.

To recap:

- *wann:* for questions about and references to specific times
- *als:* for single events or periods in the past
- *wenn*: all other situations

11.2 *Nachdem & bevor* vs. *nach & vor*

The subordinating conjunction *nachdem* is unique in that it requires a certain order of tenses. Like other subordinating conjunctions, it pushes the conjugated verb to the end of the clause. Unlike other subordinating conjunctions, the tense in the clause with *nachdem* has to be further in the past than the main clause.

main clause	subordinating clause (with *nachdem*)
present tense	conversational past
narrative past	past perfect tense

Here are a few examples:

*Ich **gehe** in die Stadt, nachdem ich meinen Kaffee **ausgetrunken habe**.*

*Er **machte** sich sofort auf den Weg, nachdem sie ihn **angerufen hatte**.*

The past perfect is the third past tense in German. It is used only infrequently and is not something we are covering in *Auf geht's!*, but as you can see, it looks very much like the conversational past, but the auxiliary verb (*haben* or *sein*) is in the narrative past rather than present tense. This is very similar to the past perfect tense in English: "I **had** never **been** to Germany before I went there to study."

11.2 *Nachdem & bevor* vs. *nach & vor* (cont'd)

Here are a few more examples of the sequence of tenses with *nachdem*:

> *Nachdem ich die High School **abgeschlossen hatte**, **machte** ich eine Weltreise.*

> *Ich **mache** eine zweite Weltreise, **nachdem** ich den Uniabschluss **bekommen habe**.*

> *Nachdem ich einen Reiseführer über Liechtenstein **gelesen hatte**, **wollte** ich unbedingt in dieses Land **fahren**.*

11.3 More two-way prepositions

In Unit 6, you learned about two-way prepositions. Such prepositions take either the accusative case or the dative case, depending on whether they refer to movement (usually accusative) or location (usually dative). These two-way prepositions are:

an	at; up to	*über*	over; above
auf	on top of; up; onto	*unter*	under
hinter	behind	*vor*	in front of
in	in; into	*zwischen*	between; in between
neben	next to		

However, German also has many verbs that take a specific preposition. The meaning of the verb depends on the preposition being used. Since these combinations of verb and preposition are not always logical, they have to simply be learned. These include, for example:

an:	**denken an + akk.**	to think of sth. / so.
	arbeiten an + dat.	to work on sth.
auf:	**warten auf + akk.**	to wait for sth. / so.
	sich freuen auf + akk.	to look forward to sth. / so.
in:	**sich verlieben in + akk.**	to fall in love with so.
über:	**sprechen über + akk.**	to talk about sth. / so.
	sich freuen über + akk.	to be excited about sth. / so.
vor:	**Angst haben vor + dat.**	to be afraid of sth. / so.

To round things off, we would like to add two more important idiomatic expressions with prepositions (even if not with a two-way preposition). These are:

> *Ich bin **zu Hause**.* — I'm at home.

> *Ich gehe **nach Hause**.* — I'm going home.

11.4 Relative clauses (receptive)

Pronouns are very useful words that are used in place of nouns like I, he, or we in English, or *du*, *es*, or *ihr* in German. Relative pronouns are a different kind of pronoun from what you've learned about so far. They create relative clauses that provide more information about a noun in the main clause of a sentence. With relative pronouns, you can connect two sentences into one that flows better and is more sophisticated.

So, how do relative pronouns work? Let's start with two independent sentences: 'That is a professor. I know her.' The first sentence here introduces a noun (professor), and the second refers back to it with a personal pronoun (her). We can combine these sentences into one using a relative pronoun: 'That is a professor who(m) I know.' In fact, in English, you can often omit the relative pronoun completely: 'That is a professor I know.'

The number of relative pronouns is fairly limited in English: who(m), whose, which, whatever and that. For English, it is important to know if the relative pronoun refers to a person. If so, who(m) is used; otherwise which or that is used. German relative pronouns for both persons and things resemble definite articles (e.g., *der*, *die*, *das*) and use the same system you know of gender, number and case. Take a look at this chart for the relative pronouns in the nominative case:

	Masculine	**Feminine**	**Neuter**	**Plural**
Nominative case	der	die	das	die

Here are two independent sentences that are combined with a relative pronoun in the nominative case:

> *Die DDR wurde 1949 gegründet.* **Sie** *war ein sozialistischer Staat.*
> *Die DDR,* **die** *ein sozialistischer Staat war, wurde 1949 gegründet.*

In this example, the nominative feminine pronoun *sie* in the second sentence becomes its relative pronoun equivalent *die*. The verb in the second sentence (*war*) is moved to the end of the relative clause. Notice that the entire relative clause (*die ein sozialistischer Staat war*) is set off by a comma at the beginning and one at the end of the clause.

The important thing to remember with relative pronouns is that they require two pieces of information: the gender and the case of the nouns they relate back to. The gender comes from the noun itself: if a noun is feminine, then the relative pronoun must be feminine as well. And if the noun is plural, then its relative pronoun is also plural.

The case for a relative pronoun is determined by how the noun it represents is functioning in the RELATIVE clause, not the main clause. In the nominative case, the noun is still a subject:

> *Das ist der Dozent,* **der** *viele Kurse unterrichtet.*   That's the lecturer **who** teaches many courses.

Relative pronouns can be in any of the four cases in German. Here is what they all look like in one table:

	Masculine	**Feminine**	**Neuter**	**Plural**
Nominative	der	die	das	die
Accusative	den	die	das	die
Dative	dem	der	dem	denen
Genitive	dessen	deren	dessen	deren

Use the accusative forms for direct objects or after a preposition that requires the accusative:

> *Das ist mein Hund. Ich mag* **ihn** *sehr.*   *Das ist mein Hund,* **den** *ich sehr mag.*

> *Das ist mein Hund. Ich kaufe Hundefutter* **für ihn**.   *Das ist mein Hund,* **für den** *ich Hundefutter kaufe.*

11.4 Relative clauses (receptive) (cont'd)

Relative pronouns for the dative are very much like the dative definite articles (*dem, der, dem*), with the exception of *denen*.

*Das ist mein Vater. Ich schenke **ihm** ein Buch.*	*Das ist mein Vater, **dem** ich ein Buch schenke.*
*Das sind junge Kinder. Ich spiele oft **mit ihnen**.*	*Das sind junge Kinder, **mit denen** ich oft spiele.*

As the genitive case indicates possession, genitive relative pronouns replace possessive articles like *mein, ihr,* or *sein*, and they translate to 'whose' in English. With the genitive relative pronouns *dessen* and *deren*, you only need to know the gender of the noun they refer to. You don't have to think about how the noun in the relative clause functions (subject, direct object, or indirect object) because genitive relative pronouns don't change according to case:

*Das ist der Mann, **dessen Hund** hier spielt.*	That's the man whose dog plays here. (subject)
*Das ist der Mann, **dessen Frau** ich beschrieb.*	That's the man whose wife I described. (dir. object)
*Das ist der Mann, **dessen Kindern** ich helfe.*	That's the man whose children I help. (ind. object)

The last type of relative pronoun to familiarize yourself with is *was*. Use this relative pronoun when referring to certain types of sentence elements, such as indefinite pronouns:

alles	everything	**folgendes**	the following	**nichts**	nothing
einiges	some things	**irgendwas**	anything	**vieles**	lots; a lot
etwas	something	**manches**	many a (thing)	**weniges**	few things

In this example, *was* relates to the indefinite pronoun *alles*:

***Alles, was** noch von Bedeutung war, wurde zerstört.*	Everything that meant something was destroyed.

The trick here is not to translate from English into German in your head as it's fundamentally different. When referring to an indefinite pronoun, use *was*. Save the relative pronoun *das* for actual neuter nouns.

When *das* replaces a noun mentioned previously (that, this, what in English), then *was* will be the relative pronoun:

*Ich kann **vieles** auflisten, **was** ich an dir mag.*	I can list many things that I like about you.
*Ich widerspreche **dem, was** die Politiker gesagt haben.*	I disagree with what the politicians said.

The relative pronoun *was* is also used when there is no word or phrase named:

*Ich weiß nicht, **was** du willst.*	I don't know what you want.

Unit 12: Erinnerungen

12.1 Subjunctive with *würde*
12.2 *Hätte / wäre / modals*
12.3 Subjunctive with *wenn*
12.4 Passive: *wird & wurde*

12.1 Subjunctive with *würde*

German, just like English, has a number of different tenses: present, past, and future. It also has different moods, namely the indicative and the subjunctive. The indicative mood presents something as an objective fact. For example: *Ich lerne Deutsch* (I am learning German). All the verb forms you have learned so far (except for the imperative) have been in the indicative mood.

In the subjunctive mood, the action or event is not presented as a fact, but instead seen as a possibility or a wish. For example: *Ich würde sofort nach Deutschland fahren, wenn ich genug Geld verdienen würde.* (I would travel to Germany right away, if I earned enough money.) German has a couple of different ways to express the subjunctive mood. The simplest option is a combination of *würden* + infinitive (at the end of the clause) as shown in the sample sentence above.

The forms of *würde* (subjunctive of *werden*) follow the same pattern as *möchte*. Here they are, with examples:

werden (subjunctive)			
ich	würde	**wir**	würden
du	würdest	**ihr**	würdet
er-sie-es	würde	**(S)ie**	würden

Ich würde das nicht tun.
I wouldn't do that.

Wir würden mitmachen.
We would participate.

Sie würde vielleicht mehr Geld verdienen.
She would possibly earn more money.

Würdet ihr auch kommen?
Would you guys come too?

12.2 *Hätte / wäre / modals*

In spoken German, *würden* + infinitive is used with most verbs with the exception of *haben* and *sein*. With these verbs, you should use *hätte* and *wäre*, respectively, plus the appropriate ending. Another exception is the modal verbs. At this point, you are most likely familiar with the verb *möchte* to express a polite request, as in *Ich möchte dieses Buch lesen.* (I would like to read this book.) We can now pull back the curtain to reveal that *möchte* has been the subjunctive form of *mögen* all along! Here is a helpful hint to keep in mind when using the modal verbs in the subjunctive mood: if the infinitive has an umlaut, so does the subjunctive:

dürfen → ich dürfte	(I would be allowed to)	*können → ich könnte*	(I could)
mögen → ich möchte	(I would like to)	*müssen → ich müsste*	(I would have to)

The two modal verbs without an umlaut in the infinitive are *sollen* and *wollen*. Their respective subjunctive *ich*-forms are *sollte* and *wollte*.

12.3 Subjunctive with *wenn*

Since the subjunctive mood expresses an event or act, but only as an assumed possibility or a wish, statements with the subjunctive are often introduced with the subordinating conjunction *wenn*.

Here is a sample sentence for *wenn* with the subjunctive mood:

Wenn ich jemals genug Geld hätte, würde ich eine Weltreise machen.
If I would ever have enough money, I would travel around the globe.

You can also express 'if only' wishes using *wenn* and *nur* in German:

Wenn ich nur mehr Zeit hätte! — If only I had more time!
Wenn ich nur in Deutschland wäre! — If only I were in Germany!
Wenn ich nur Französisch könnte! — If only I could speak French!
Wenn sie nur kommen würden! — If only they would come!

12.4 Passive: *wird & wurde*

The term "passive" is used in English to describe sentences that focus not on the doer (often called the **agent**) but rather on the thing or person being done unto (called the **patient**). The sentence you just read is in fact passive (The term is used...), because it focuses on the word "passive," not on who is saying it, talking about it, explaining it, etc.

Here is a comparison of the same idea expressed first in the active voice (the "normal" kind of sentence in English) and then a second time in the passive voice:

Active sentence:	English speakers use the term 'passive.'
Passive sentence:	The term 'passive' is used by English speakers.

The first sentence is **active** because English speakers (agents) use this term (patient). The subject of the sentence does the using. The second sentence is **passive** because this term (patient) is being used by English speakers (agent). The subject of the sentence has the using done to it.

What this basically does is allow you to have patients as the subject of the sentence rather than having them as some sort of object (direct, prepositional, etc.). The subject gets more attention, and (importantly) the verb agrees with the subject: Speakers **use** vs. The term **is used**.

You will also note that in the active sentence above, the main verb (to use) is in the present tense, whereas in the passive sentences, you have the verb 'to be' in the present tense (is being), along with the main verb as a past participle, just as in the conversational past tense: I have **used**.

German follows a similar pattern to English, but the verb *werden* replaces the verb 'to be':

*Man **benutzt** das Passiv.*	One uses the passive. (active sentence)
*Das Passiv **wird benutzt**.*	The passive is used. (passive sentence)

Just like in English, the active construction is a normal present tense sentence, while the passive construction has a form of *werden* that is in the present tense and agrees with the subject (*Das Passiv wird...*). The passive sentence also requires a past participle, just as in the example: *Das Passiv wird **benutzt***.

To form the passive voice in German, you need two different components: the helping verb *werden*, and the participle of the main verb that expresses the action. Let's review the conjugation for *werden*, which is an irregular verb in the present tense. The conjugations for *werden* in the present tense and narrative past are:

werden (present)			
ich	werde	**wir**	werden
du	wirst	**ihr**	werdet
er-sie-es	wird	**(S)ie**	werden

werden (narrative past)			
ich	wurde	**wir**	wurden
du	wurdest	**ihr**	wurdet
er-sie-es	wurde	**(S)ie**	wurden

German has two different prepositions available to indicate the agent: *von* and *durch*. Use *von* if you are talking about a person or being with some sort of will and *durch* for something inanimate:

*Die Stadt wird **von** Godzilla zerstört.*	The city is being destroyed by Godzilla.
*Die Stadt wird **durch** einen Tsunami zerstört.*	The city is being destroyed by a tsunami.

Godzilla is actually a good example, because one could say *durch Godzilla*, but that looks at Godzilla then as a force of nature and not a thinking being, which is also a fair interpretation. If you change the form of *werden* from *wird* to *wurde*, you convert the sentence into the past:

*Die Stadt wurde **von** Godzilla zerstört.*	The city was destroyed by Godzilla.
*Die Stadt wurde **durch** einen Tsunami zerstört.*	The city was destroyed by a tsunami.

Irregular Verb Chart

Infinitive	3rd sg. present	Narrative past	Past participle	English
beginnen	-	begann	hat begonnen	to begin
beißen	-	biss	hat gebissen	to bite
biegen	-	bog	hat gebogen	to bend
binden	-	band	hat gebunden	to bind
bitten	-	bat	hat gebeten	to ask; request
bleiben	-	blieb	ist geblieben	to stay
brechen	bricht	brach	hat gebrochen	to break
brennen	-	brannte	hat gebrannt	to burn
bringen	-	brachte	hat gebracht	to bring
denken	-	dachte	hat gedacht	to think
essen	isst	aß	hat gegessen	to eat
fahren	fährt	fuhr	ist/hat gefahren	to drive; go
fallen	fällt	fiel	ist gefallen	to fall
fangen	fängt	fing	hat gefangen	to catch
finden	-	fand	hat gefunden	to find
fliegen	-	flog	ist/hat geflogen	to fly
geben	gibt	gab	hat gegeben	to give
gehen	-	ging	ist gegangen	to walk; go
genießen	-	genoss	hat genossen	to enjoy
geschehen	geschieht	geschah	ist geschehen	to occur
gewinnen	-	gewann	hat gewonnen	to win; gain
gießen	-	goss	hat gegossen	to pour
gleichen	-	glich	hat geglichen	to resemble
greifen	-	griff	hat gegriffen	to seize
haben	hat	hatte	hat gehabt	to have
halten	hält	hielt	hat gehalten	to hold
hängen	-	hing	hat gehangen	to hang
heben	-	hob	hat gehoben	to lift
heißen	-	hieß	hat geheißen	to be called
helfen	hilft	half	hat geholfen	to help
kennen	-	kannte	hat gekannt	to know
kommen	-	kam	ist gekommen	to come
laden	lädt	lud	hat geladen	to load
lassen	lässt	ließ	hat gelassen	to let
laufen	läuft	lief	ist/hat gelaufen	to run
leiden	-	litt	hat gelitten	to suffer
lesen	liest	las	hat gelesen	to read